HELMUT DÖRING

Arbeitnehmerhaftung und Verschulden

Schriften zum Sozial-und Arbeitsrecht

Band 34

Arbeitnehmerhaftung und Verschulden

Von

Dr. Helmut Döring

DUNCKER & HUMBLOT / BERLIN

Gedruckt 1977 bei Berliner Buchdruckerei Union GmbH., Berlin 61
Printed in Germany

ISBN 3 428 03949 1

Vorwort

Dies ist die überarbeitete Fassung einer Dissertation, die im Sommersemester 1974 dem Fachbereich Rechtswissenschaft der Freien Universität Berlin vorgelegen hat. Ich habe mich bemüht, sie auf den Stand von Anfang 1977 zu bringen.

Herr Professor Dr. Peter Hanau hat die Arbeit angeregt und gefördert. Dafür möchte ich ihm nochmals danken.

Ganz besonders danke ich meiner Frau Gabriele für ihre Hilfe beim Zustandekommen dieser Schrift.

Helmut Döring

Inhaltsverzeichnis

Abkürzungsverzeichnis

AcP	=	Archiv für die civilistische Praxis
a. E.	=	am Ende
a. F.	=	alte Fassung
AG	=	Arbeitgeber
AN	=	Arbeitnehmer
AKB	=	Allgemeine Bedingungen für die Kraftverkehrsversicherung
AöR	=	Archiv für öffentliches Recht
AP	=	Arbeitsrechtliche Praxis — Nachschlagewerk des Bundesarbeitsgerichts
ArbG	=	Arbeitsgericht
AT	=	Allgemeiner Teil
ARS	=	Arbeitsrechtssammlung
ARSt	=	Arbeitsrecht in Stichworten
Art.	=	Artikel
AuR	=	Arbeit und Recht
BAGE	=	Amtliche Sammlung der Entscheidungen des Bundesarbeitsgerichts
Bay ObLG	=	Bayerisches Oberstes Landesgericht
BB	=	Der Betriebs-Berater
BBG	=	Bundesbeamtengesetz
BGBl.	=	Bundesgesetzblatt
BGH	=	Bundesgerichtshof
BGHSt (Z)	=	Amtliche Sammlung der Entscheidungen des Bundesgerichtshofs in Strafsachen (Zivilsachen)
Blattei	=	Arbeitsrechts-Blattei
BRAO	=	Bundesrechtsanwaltsordnung
BRRG	=	Beamtenrechtsrahmengesetz
BSG	=	Bundessozialgericht
BT-Drucks.	=	Bundestagsdrucksache
BVerfGE	=	Amtliche Sammlung der Entscheidungen des Bundesverfassungsgerichts
BVerwG	=	Bundesverwaltungsgericht
DAR	=	Deutsches Autorecht
DB	=	Der Betrieb
DJT	=	Deutscher Juristentag
DöV	=	Die öffentliche Verwaltung
DVBl	=	Deutsches Verwaltungsblatt
DR	=	Deutsches Recht
Entsch. Kal.	=	Berliner Entscheidungskalender
GG	=	Grundgesetz
GS	=	Großer Senat
HUK	=	Verband der Haftpflicht-, Unfall- und Kraftverkehrsversicherer
JhJb.	=	Jherings Jahrbücher für die Dogmatik des bürgerlichen Rechts

JurA = Juristische Analysen
JuS = Juristische Schulung
JW = Juristische Wochenschrift
JZ = Juristenzeitung

LAG = Landesarbeitsgericht
LM = Lindenmaier / Möhring, Das Nachschlagewerk des Bundesgerichtshofs

MDR = Monatsschrift für Deutsches Recht
m.w.Nachw. = mit weiteren Nachweisen

n. F. = neue Fassung
NJW = Neue Juristische Wochenschrift

OLG = Oberlandesgericht
OVG = Oberverwaltungsgericht

RAG = Reichsarbeitsgericht
RdA = Recht der Arbeit
RGSt(Z) = Amtliche Sammlung der Entscheidungen des Reichsgerichts in Strafsachen (Zivilsachen)
RVO = Reichsversicherungsordnung

SAE = Sammlung Arbeitsrechtlicher Entscheidungen
SchuldR = Schuldrecht
StGB = Strafgesetzbuch
StPO = Strafprozeßordnung
StVG = Straßenverkehrsgesetz
StVO = Straßenverkehrsordnung
StVZO = Straßenverkehrszulassungsordnung

TVG = Tarifvertragsgesetz

VersR = Versicherungsrecht
VGH = Verfassungsgerichtshof
VRS = Verkehrsrechtssammlung
VVG = Versicherungsvertragsgesetz

WA = Westdeutsche Arbeitsrechtsprechung

ZfA = Zeitschrift für Arbeitsrecht
ZPO = Zivilprozeßordnung
ZRP = Zeitschrift für Rechtspolitik
ZZP = Zeitschrift für Zivilprozeß

§ 1 Das Problem der Arbeitnehmerhaftung

I. Das Problem und seine praktische Bedeutung

Die Haftung des Arbeitnehmers (AN) für Schäden, die er bei der Arbeit verursacht hat, gehört seit rund vier Jahrzehnten zu den meistbesprochenen Fragen des deutschen Arbeitsrechts. Das Problem ist bekannt unter dem Stichwort „Haftungsbeschränkung bei gefahrengeneigter oder schadensgeneigter Arbeit". Die Frage nach der Schadensersatzpflicht des AN taucht in drei Fällen auf: bei der Haftung gegenüber dem Arbeitgeber (AG), gegenüber Arbeitskollegen und gegenüber Dritten.

Im Mittelpunkt der Diskussion steht die Haftung des AN für Schäden, die er dem AG zugefügt hat. Der Schaden des AG kann hier auf zwei Ursachen zurückzuführen sein. In der Regel hat der AN Rechtsgüter des AG verletzt, z. B. ein Firmenfahrzeug beschädigt. Oft entsteht dem AG ein Nachteil erst dadurch, daß der AN einen Dritten verletzt hat und der AG dem Dritten nach § 278 oder § 831 BGB Ersatz leisten muß. In beiden Fällen haftet der AN dem AG — abweichend von den allgemeinen Regeln des Schadensersatzrechts — unter bestimmten Voraussetzungen überhaupt nicht oder nur beschränkt. Darüber sind sich Rechtsprechung und Lehre im Grundsatz seit Jahrzehnten einig. Wann die Haftungsbeschränkung eintritt und wieviel sie beträgt, ist dagegen nahezu so ungeklärt wie vor 30 Jahren.

Auch die Haftung des AN gegenüber Arbeitskollegen war früher umstritten. Sie ist seit 1963 in den §§ 636 ff. RVO geregelt. Danach haftet ein AN, der bei betrieblicher Tätigkeit einen Angehörigen desselben Betriebes verletzt hat, diesem oder seinen Hinterbliebenen für Personenschäden nur bei Vorsatz oder bei Teilnahme am allgemeinen Verkehr (§§ 636, 637 RVO). Bei grober Fahrlässigkeit kann der Sozialversicherungsträger Rückgriff gegen ihn nehmen (§ 640 RVO).

Dritten gegenüber haftet der AN nach bis vor kurzem überwiegend vertretener Ansicht unbeschränkt. Wird er vom Dritten in Anspruch genommen, so hat er in den meisten Fällen jedoch einen Freistellungsanspruch gegen den AG; soweit er an den Dritten bereits Ersatz geleistet hat, muß ihm der AG den gezahlten Betrag erstatten. Der Freistellungs- bzw. Erstattungsanspruch steht dem AN unter denselben

Voraussetzungen zu wie seine Haftung gegenüber dem AG beschränkt ist. Damit haftet er im Ergebnis auch Dritten gegenüber nur bis zu dem Betrag, den der AG — wäre er verletzt worden — von ihm fordern könnte.

Das Problem der Arbeitnehmerhaftung hat erhebliche praktische Bedeutung. Mehr als 22 Millionen Einwohner der Bundesrepublik sind in abhängiger Arbeit beschäftigt, also vier von fünf Berufstätigen[1]. Nach einer in Hessen in den sechziger Jahren durchgeführten Umfrage hatte jeder dritte Prozeß vor den Arbeitsgerichten auch Schadensersatz zum Gegenstand[2]. Bis Ende 1976 wurden rund 400 Urteile zur Arbeitnehmerhaftung veröffentlicht. Das Reichsarbeitsgericht (RAG), das Bundesarbeitsgericht (BAG) und der Bundesgerichtshof (BGH) haben in mehr als 80 publizierten Entscheidungen zu dem Fragenkreis Stellung genommen. Von den Urteilen der ersten und der mittleren Instanzen sind bisher jeweils etwa 150 veröffentlicht worden. Dabei geht es keineswegs etwa nur um kleinere Beträge[3].

Am häufigsten wird der AN auf Ersatz von Schäden verklagt, die beim Umgang mit Kraftfahrzeugen entstanden sind[4]. Meist handelt es sich dabei um Verkehrsunfälle. Der angestellte Fahrer ist zwar durch die gesetzliche Kraftfahrzeug-Haftpflichtversicherung geschützt, soweit bei einem Unfall Dritte geschädigt werden (§ 10 AKB). Dieser Schutz deckt Schäden des AG jedoch regelmäßig nicht. Nach § 11 Nr. 3, 4 AKB sind nämlich Haftpflichtansprüche des Versicherungsnehmers, des Halters oder Eigentümers gegen mitversicherte Personen von der Versicherung ausgeschlossen. Die genannte Pflichtversicherung greift also nicht ein, wenn der Fahrer seinen AG bei dem Betrieb eines diesem gehörenden Kraftfahrzeuges tötet, verletzt oder sonst schädigt. Zudem sind Haftpflichtansprüche wegen Beschädigung, Zerstörung oder Abhandenkommens des Fahrzeuges, auf das sich die Versicherung bezieht, und seiner oft wertvollen Ladung nach § 11 Nr. 6 AKB ausgeschlossen. Soweit der AG schließlich eine Kaskoversicherung abgeschlossen hat, ist der Fahrer bei grober Fahrlässigkeit dem Rückgriff des Versicherers ausgesetzt (§ 67 Abs. 1 VVG, § 15 Abs. 2 AKB)[5]. An zweiter Stelle in der Häufigkeit stehen die Klagen gegen Arbeiter und Angestellte aus dem Baugewerbe, gegen Putzer und Fliesenleger, Poliere, Schachtmeister und die örtlichen Bauführer. Die dritte Gruppe bilden Schadensersatz-

---

[1] Statistisches Jahrbuch 1975, 150.

[2] *Joachim*, Verh. des 45. DJT (1964), Band 2, G 50.

[3] BAG AP Nr. 66 zu § 611 BGB Haftung des AN: Verurteilung eines angestellten Försters in Höhe von 50 000 DM; BAG AP Nr. 55 zu § 611 BGB Haftung des AN: 60 000 DM, Kraftfahrer.

[4] Vgl. *Stehl*, AuR 1970, 257.

[5] Ausführlich dazu *Hanau*, BB 1972, 4 ff.

prozesse gegen Kassenführer und Filialleiter. An vierter Stelle stehen Klagen gegen leitende Angestellte wegen mangelhafter technischer Planung oder falscher kaufmännischer Disposition. Wegen fehlerhafter Arbeiten im Betrieb werden AN dagegen nur selten vom AG verklagt.

II. Die Lösungen des Problems in Rechtsprechung und Schrifttum, Gegenstand der Darstellung

1. Der Anwendungsbereich der Haftungsbeschränkung

Die Grundsätze über die Haftungsbeschränkung bei gefahrengeneigter Arbeit sind nach herrschender Meinung nur bei AN, nicht jedoch bei Selbständigen anwendbar, die aufgrund eines Dienstvertrages tätig werden[6]. Sie gelten außerdem im Leiharbeitsverhältnis[7] und werden überwiegend auch bei fiskalischer Tätigkeit des Beamten herangezogen[8]. Vereinzelt wird gefordert, die Haftungsmilderung auf arbeitnehmerähnliche Personen auszudehnen[9]. Dagegen haften leitende Angestellte nach Ansicht des BGH stets nach den allgemeinen Regeln des Schadensersatzrechts[10], während die Mehrheit im Schrifttum die entgegengesetzte Auffassung vertritt[11].

Die Gerichte schränken die Haftung des AN nicht bei jeder Tätigkeit ein, sondern nur bei den sog. „schadensgeneigten" oder „gefahrengeneigten" Arbeiten. Eine Tätigkeit gilt als schadensgeneigt, wenn auch einem sorgfältigen AN in dieser Situation ein Fehler unterlaufen kann, der wegen menschlicher Unzulänglichkeit auf Dauer unvermeidbar ist. In den übrigen Fällen, in denen die Arbeit nicht schadensgeneigt ist, gilt die Regel der unbeschränkten Haftung auch für leichte Sorgfaltsverstöße[12]. Nach der im Schrifttum überwiegenden Auffassung sollten

---

[6] BGH AP Nr. 28 zu § 611 BGB Haftung des AN; *Gamillscheg / Hanau*, Die Haftung des AN, 21, 57; a. A. *Neumann-Duesberg*, JZ 1964, 433; vgl. auch *J. Hübner*, Schadenszurechnung nach Risikosphären, 137, 150.

[7] BGH NJW 1973, 2020.

[8] OVG Münster ZBR 1961, 29; 1966, 290; DöV 1969, 214; VGH Kassel DVBl 1966, 150; Bay VGH DVBl 1966, 151; OVG Saarlouis DVBl 1968, 434; *Achterberg*, DVBl 1964, 605; *Fischbach*, BBG, 4 b zu § 78; *Plog / Wiedow / Beck*, BBG, 12 zu § 78; unentschieden gelassen von BVerwG DVBl 1968, 431.

[9] *Andresen*, BB 1962, 490; *Neumann-Duesberg*, JZ 1964, 433; *Becker-Schaffner*, NJW 1969, 1235.

[10] BGH VersR 1969, 475; BGH AP Nr. 51 zu § 611 BGB Haftung des AN.

[11] *Gamillscheg / Hanau*, 20; *Bobrowski / Gaul*, Das Arbeitsrecht im Betrieb, 495; *Buchner*, Anm. zu BAG AP Nr. 66 zu § 611 BGB Haftung des AN; *Boergen*, MDR 1971, 178; *F. Baumgärtel*, VersR 1970, 127; wie BGH: *Monjau*, DB 1969, 84; *Ronke*, Festschrift G. Küchenhoff 1972, Band 1, 367.

[12] BAG AP Nr. 18 zu §§ 898, 899 RVO; AP Nr. 1 zu § 276 BGB; AP Nr. 22, 26, 47, 50, 53, 56, 57, 62, 66 zu § 611 BGB Haftung des AN; BGH VersR 1969, 475; AP Nr. 51 zu § 611 BGB Haftung des AN; a. A. LAG Stuttgart, AP Nr. 2

das Tatbestandsmerkmal der Gefahrneigung der Arbeit aufgegeben und die Haftung des AN allgemein eingeschränkt werden[13].

Obwohl beim Umgang mit Geld — vor allem bei großen Umsätzen mit vielen kleinen Einzelbeträgen — Schäden besonders leicht entstehen können, werden die Grundsätze zur gefahrengeneigten Arbeit auf die Haftung von Kassierern, Leitern von Zahlstellen und Lagerverwaltern für Fehlbestände (sog. Mankohaftung) nicht angewendet[14].

Auch bei gefahrengeneigten Tätigkeiten haftet der AN nach herrschender Meinung unbeschränkt, wenn er pflichtversichert ist und für den Schaden deshalb nicht selbst aufzukommen braucht[15]. Ein Teil der Lehre lehnt diese Ansicht ab und sieht darin einen Verstoß gegen das Prinzip, daß die Versicherung sich nach der Haftung zu richten habe und nicht umgekehrt[16]. Für die Fahrer privater AG tritt die Pflichtversicherung für Schäden Dritter selbst bei grober Fahrlässigkeit des AN ein, § 152 VVG. Die Fahrer der öffentlichen Hand dagegen sind durch die Kfz-Pflichtversicherung nicht geschützt, da ihr AG nach § 2 des Pflichtversicherungsgesetzes von der gesetzlichen Versicherungspflicht befreit ist. Damit eine ungleiche Behandlung vermieden wird, haften die Behördenfahrer nur in dem Umfang wie ihre durch die Pflichtversicherung geschützten Kollegen in der Privatwirtschaft[17].

---

zu § 611 BGB Haftung des AN; LAG Frankfurt AuR 1962, 347; DB 1964, 1159; NJW 1965, 788; LAG Baden-Württemberg BB 1965, 1108.

[13] *Denecke*, RdA 1952, 209; *Frey*, AuR 1953 7; *Schnorr von Carolsfeld*, ArbR, 304 f.; *Scheuerle*, RdA 1958, 251; *Steindorff*, JZ 1959, 1 ff. und AuR 1966, 67; *Helm*, AcP 1960, 149; *Oehmann*, DB 1964, 1556; *Rother*, Haftungsbeschränkung im Schadensrecht, 260; *Gamillscheg / Hanau*, Die Haftung des AN, 53, vgl. aber S. 59, 64; *Gamillscheg*, AcP 165, 383; *Hanau*, Anm. zu BAG AP Nr. 53, 56 zu § 611 BGB Haftung des AN; *E. von Hippel*, ZRP 1971, 217; *Buchner*, Anm. zu BAG AP Nr. 66 zu § 611 BGB Haftung des AN; *Bokelmann*, ZRP 1972, 283; *dies.*: Grobe Fahrlässigkeit, 86; *Bringezu*, Begrenzung der Arbeitnehmerhaftung in der Bundesrepublik Deutschland, in England und Frankreich, 130; a. A. *Dersch*, AP 1953, 200; BB 1956, 502; *Galperin*, Blattei, Haftung des AN III C I 4; *Gaul*, DB 1958, 1014; NJW 1966, 329; *Gumpert*, BB 1958, 741; *Mayer-Maly*, JZ 1961, 560; *Ruppert*, Die Haftung des AN bei schadensgeneigter Arbeit, 20 f.; *Achterberg*, AcP 1964, 28; *Becker-Schaffner*, NJW 1965, 1981; BB 1967, 506; *Canaris*, RdA 1966, 46; *Soergel / Wlotzke / Volze*, Rn. 67 zu § 611.

[14] BAG AP Nr. 4, 20, 49, 54, 64, 67 zu § 611 BGB Haftung des AN.

[15] BAG AP Nr. 4, 18 zu §§ 898, 899 RVO; AP Nr. 25, 27, 30, 31, 36, 38 zu § 611 BGB Haftung des AN; BGH AP Nr. 19, 25 zu §§ 898, 899 RVO; Nr. 68 zu § 611 BGB Haftung des AN; *G. Hueck*, Anm. zu BGH AP Nr. 19 zu §§ 898, 899 RVO; *Steindorff*, SAE 1962, 33; *Hirschberg*, VersR 1973, 786 ff., jeweils m. w. Nachw.; vgl. aber BVerwG DVBl 1968, 432 (volle Haftung auch bei freiwilliger Versicherung), ebenso *Böhmer*, MDR 1959, 985.

[16] *Gumpert*, BB 1958, 743; *Klein*, JZ 1958, 591; *Gaul*, DB 1962, 206; *E. Prölss*, Anm. zu BAG AP Nr. 25 zu § 611 BGB Haftung des AN; ebenso OVG Saarlouis DVBl 1968, 434.

[17] Art. 8 Ziff. 1 des Gesetzes über Maßnahmen auf dem Gebiet des Verkehrsrechts und Verkehrshaftpflichtrechts vom 16. 7. 1957 (BGBl I 710); vor-

Das RAG und zunächst auch das BAG hatten die Grundsätze zur gefahrengeneigten Arbeit auch auf Schäden angewendet, die der AN selbst erlitten hat, und ihm einen Ersatzanspruch gegen den AG gewährt[18]. Der Große Senat des BAG war in der bekannten Entscheidung über die Entschädigung für verdorbene Kleidung jedoch der Ansicht, der Ersatz eines dem AN selbst entstandenen Sachschadens sei tatbestandsmäßig etwas anderes als die Freistellung des AN von seiner Haftung. Bei außergewöhnlichen Schäden gewährt das BAG dem AN einen Ersatzanspruch in entsprechender Anwendung des § 670 BGB[19].

2. Die dogmatische Rechtfertigung der Haftungsbegrenzung

Die Regeln zur schadensgeneigten Arbeit bedeuten nach überwiegend vertretener Ansicht eine Einschränkung des § 276 Abs. 1 Satz 2 BGB, wonach der Schuldner jede Fahrlässigkeit zu vertreten hat[20]. Rechtsprechung und Lehre haben zahlreiche Konstruktionen entwickelt, um die Abweichung von den allgemeinen Haftungsgrundsätzen dogmatisch zu rechtfertigen.

Das RAG war zunächst der Auffassung, die Haftung des AN werde von den Vertragsparteien stillschweigend auf grobe Fahrlässigkeit beschränkt[21]. Später ließ es den Ersatzanspruch des AG bei leichten Fehlern an der Einrede der unzulässigen Rechtsausübung scheitern[22] oder argumentierte mit dem Gedanken der Betriebsgemeinschaft[23]. In seinem Urteil vom 18. 12. 1940 tauchten schließlich die Begriffe „Fürsorgepflicht" und „Betriebsrisiko" auf, welche die Gerichte seitdem zur Begründung ihrer Ergebnisse herangezogen haben[24]. Der AG verletze seine Fürsorgepflicht gegenüber dem AN, wenn er ihn für die auf Dauer praktisch unvermeidbaren leichten Versehen in Anspruch nehme. Derartige Fehler gehörten bis zu einer gewissen Grenze zum Betriebsrisiko des Unternehmers[25] oder seien Teil seines allgemeinen Wagnisses[26]. Die Begründung mit dem Gedanken der Fürsorgepflicht steht in der Rechtsprechung immer seltener im Vordergrund[27]. Dagegen gewinnt

---

her schon BGHZ 27, 63; BAG AP Nr. 18 zu §§ 898, 899 RVO; AP Nr. 9, 21, 24, 25 zu § 611 BGB Haftung des AN.

[18] RAG ARS 43, 112; BAG AP Nr. 19 zu § 611 BGB Haftung des AN.

[19] BAG (GS) AP Nr. 2 zu § 611 BGB Gefährdungshaftung des AG.

[20] A. A. die in Anm. 31 bis 33 genannten Verfasser.

[21] RAG ARS 30, 1; 37, 269; 41, 256.

[22] ARS 34, 357.

[23] ARS 41, 256; 46, 136.

[24] ARS 41, 55.

[25] RAG ARS 43, 108, 46 136.

[26] RAG ARS 41, 259; vgl. schon *Müller-Erzbach*, AcP 106 (1910), 309 ff., 388 f.

[27] BAGE 5, 1 = AP Nr. 4 zu §§ 898, 899 RVO; BAG AP Nr. 69 zu § 611 BGB Haftung des AN; BGH AP Nr. 1, 52 zu § 611 BGB Haftung des AN.

das Betriebsrisiko, dessen Bedeutung für die Haftungsreduktion *Gamillscheg* in seinem Referat auf dem 45. Deutschen Juristentag besonders betont hat[28], in den neuesten Urteilen zur Haftung des AN zunehmend größere Relevanz[29].

Die Fürsorgepflicht des AG wird auch im Schrifttum häufig als Grund der Haftungsbeschränkung genannt[30]. Darüber hinaus hat die Lehre zahlreiche weitere Konstruktionen entwickelt. Einige Verfasser verneinen bei leichten Versehen des AN bereits den Tatbestand einer Vertragsverletzung[31], andere halten die leichten Fehler für nicht rechtswidrig[32]. Besonders viele Anhänger fand die Ansicht, daß die auf Dauer unvermeidbaren Fehler nicht schuldhaft seien[33]. Mehrere Verfasser haben zur Begründung dieses Ergebnisses einen besonderen arbeitsrechtlichen Fahrlässigkeitsbegriff entwickelt[34]. Die in der Lehre wohl überwiegend vertretene Ansicht löst das Problem auf der Rechtsfolgeseite und versucht zu begründen, weshalb der AN für leichte Fehler trotz Rechtswidrigkeit und Verschuldens nicht haften soll. Dabei werden Art. 34 GG[35] und § 708 BGB[36] entsprechend herangezogen sowie § 254 BGB für direkt[37] oder analog[38] anwendbar angesehen. Das Prinzip der Risikohaftung bei Tätigkeit im fremden Interesse[39], die Störung des Äquivalenzgedankens[40] und das Persönlichkeitsrecht des AN[41] sind weitere Begründungen der Haftungsbegrenzung. *Gamillscheg/Hanau*[42] rechtfertigen sie mit dem Risiko- und Sphärengedanken, die eine Grundnorm des Schadensersatzrechts sei, gleichberechtigt neben dem Zurechnungsgesichtspunkt des Verschuldens stehe und ihn bei leichten Fehlern des AN verdränge[43].

---

[28] Verh. des 45 DJT, Band 2, G 7—35; *Gamillscheg / Hanau*, 46 ff.

[29] BAG AP Nr. 50, 55, 58, 59, 61, 63, 69, 74, BGH AP Nr. 68 zu § 611 BGB Haftung des AN.

[30] *A. Hueck*, Anm. zu RAG ARS 37, 269; *Hueck / Nipperdey*, I, 233; *Gumpert*, BB 1955, 482; *Nikisch*, I, 305; *Achterberg*, AcP 164, 49.

[31] *Rother*, Haftungsbeschränkung, 268.

[32] Schnorr von Carolsfeld, ArbR 305.

[33] *Reuß / Siebert*, Die konkrete Ordnung des Betriebes, 74; *Bulla*, DAR 1942, 21 f., 35; *Herschel*, JhJb 90, 158 f.; *Nikisch*, RdA 1948, 106; *Dersch*, BB 1956, 501; *Scheuerle*, RdA 1958, 247; *Steindorff*, JZ 1959, 1 ff.; *Klein*, Schadenshaftung, 44 ff.; *Hanau*, VersR 1967, 524; *Küchenhoff*, AuR 1969, 193.

[34] *Scheuerle, Steindorff, Küchenhoff* ebd.

[35] *Denecke*, RdA 1952, 209 ff.; ebenso LAG Stuttgart AP Nr. 2 zu § 611 BGB Haftung des AN.

[36] *Clauß*, NJW 1959, 1408.

[37] *Gaul*, NJW 1966, 330.

[38] *Dersch*, RdA 1951, 78; *Kaskel / Dersch*, ArbR, 145.

[39] *Larenz*, JuS 1965, 375; *Canaris*, RdA 1966, 41 ff.

[40] *Gaul*, AuR 1965, 229; *Buchner*, RdA 1972, 157.

[41] *Steindorff*, AuR 1966, 66.

[42] *Gamillscheg / Hanau*, 48.

3. Höhe der Haftung

Die Höhe der Haftung des AN bei gefahrgeneigter Arbeit hängt vor allem von dem Grad seines Verschuldens ab[44].

Bei vorsätzlicher Schädigung haftet er unstreitig unbeschränkt. Solche Fälle haben die Gerichte jedoch bisher kaum beschäftigt.

Die größte praktische Bedeutung hat die Haftung für grobe Fahrlässigkeit. Über ihre Höhe waren BAG und BGH lange Zeit verschiedener Ansicht. Das BAG vertrat in seinen früheren Urteilen die Auffassung, bei dieser Verschuldensstufe hafte der AN in vollem Umfang[45]; es hat diese Regel allerdings vor kurzem deutlich eingeschränkt[46]. Der BGH hingegen hatte bereits in seinem Grundsatzurteil zur Arbeitnehmerhaftung eine solche Regel als zu starr abgelehnt[47]. In einer neueren Entscheidung verurteilte er einen jugendlichen Fahrer trotz Annahme schweren Verschuldens nur zur Zahlung der Hälfte des geringen (650 DM) Kaskoschadens[48].

Im Bereich der nicht groben Fahrlässigkeit unterscheidet das BAG in ständiger Rechtsprechung[49] eine mittlere und eine leichteste Fahrlässigkeit. Bei leichtester Fahrlässigkeit hafte der AN überhaupt nicht, für mittlere nur zum Teil. Bei der Bestimmung der Höhe dieses Anteils seien folgende Umstände zu berücksichtigen: die Größe der Gefahr, das vom AG einkalkulierte und durch Versicherung deckbare Risiko, die Stellung des AN im Betrieb, die Höhe seines Entgelts und des Schadens, der Verschuldensgrad und persönliche Umstände des AN wie Dauer der Betriebszugehörigkeit, Alter, Familienverhältnisse und bisheriges Verhalten[50]. Der BGH hatte auch die Dreiteilung der Fahrlässigkeit abgelehnt[51]. Nach seiner Ansicht haftet der AN bei nicht grober Fahrlässigkeit überhaupt nicht[52].

---

[43] Zum Prinzip der Haftung nach Risikosphären eingehend *J. Hübner*, Schadenszurechnung nach Risikosphären, bes. S. 111 ff.; vgl. auch *Bringezu*, Begrenzung der Arbeitnehmerhaftung, 127.

[44] Vgl. dazu die Grundsatzurteile RAG ARS 41, 55; BAGE 5, 1; 7, 290; BGHZ 16, 111.

[45] BAG AP Nr. 8, 14, 16, 19, 33, 42, 56, 58, 59, 61, 63 zu § 611 BGB Haftung des AN; BAG AP Nr. 5 zu § 282 BGB; BAG JZ 1969, 74.

[46] BAG AP Nr. 69, 74 (vgl. schon Nr. 55) zu § 611 BGB Haftung des AN.

[47] BGH AP Nr. 1 zu § 611 BGB Haftung des AN = BGHZ 16, 111; ebenso BGH BB 1962, 110; zust. VGH Kassel DVBl 1966, 150.

[48] BGH AP Nr. 52 zu § 611 BGB Haftung des AN.

[49] Wie Anm. 45.

[50] BAG AP Nr. 8 zu § 611 BGB Haftung des AN, ständige Rechtsprechung, wie Anm. 45.

[51] BGH AP Nr. 1 zu § 611 BGB Haftung des AN = BGHZ 16, 111 (120).

[52] BGH AP Nr. 68 zu § 611 BGB Haftung des AN.

Die Unterscheidung von drei Graden der Fahrlässigkeit ist auch im Schrifttum auf Widerspruch gestoßen[53]. Die Lehre lehnt eine Ersatzpflicht des AN bei nicht grober Fahrlässigkeit überwiegend ab[54]. Sogar der Grundsatz der vollen Haftung bei grober Fahrlässigkeit wird in Frage gestellt und ihre Beschränkung auf einen Höchstbetrag gefordert[55].

Soweit der AG ein Mitverschulden an dem Schaden trägt, mindert sich sein Schadensersatzanspruch nach § 254 BGB oder entfällt ganz.

4. Anlaß, Ziel und Aufbau der Darstellung

Wer heute zur Haftung des AN Stellung nimmt, läuft Gefahr, lediglich die alten Argumente zu wiederholen. *Gamillschegs* Feststellung aus dem Jahre 1965, über das Thema sei schon zuviel geschrieben worden[56], müßte inzwischen erst recht zutreffen, zumal die Begrenzung der Haftung des AN im Prinzip schon lange unbestritten ist und überwiegend als Gewohnheitsrecht angesehen wird[57] und die vielen zu diesem Fragenkreis veröffentlichten Urteile und Literaturbeiträge eigentlich schon längst eine Klärung gebracht haben müßten. Trotzdem gilt ein Haftungsprozeß noch immer als ein „Lotteriespiel"[58] und wird die Rechtsprechung konturlos[59] und willkürlich[60] genannt. Auch die neueren Urteile des BAG enthalten immer wieder überraschende Modifikationen der bis dahin geltenden Grundsätze[61]. Zudem empfindet das

---

[53] *Larenz,* SAE 1959, 189 und Anm. zu BAG AP Nr. 16 zu § 611 BGB Haftung des AN; *Deutsch,* Fahrlässigkeit, 156 f.; *Hueck / Nipperdey,* I, 234 Anm. 43; *Mayer-Maly,* AcP 163, 131 f.; Anm. zu BAG AP Nr. 33 ebd.; SAE 1965, 35; *Loebell,* DB 1964, Beilage Nr. 8, VI; *Rother,* Haftungsbeschränkung, 262 f.; *E. von Hippel,* ZRP 1971, 217; a. A. *Gumpert,* BB 1955, 482; *Isele,* AcP 1965, 382.

[54] *Denecke,* RdA 1952, 209; *Frey,* AuR 1953, 7; *Steindorff,* JZ 1959, 7; AuR 1966, 68; *Mayer-Maly,* JZ 1961, 560; *Gamillscheg / Hanau,* 81; *Baum,* AuR 1966, 355; *Canaris,* RdA 1966, 470; *Soergel / Wlotzke / Volze,* Rn 69 zu § 611 BGB; *G. Küchenhoff,* AuR 1969, 4; *Hanau,* ZfA 1970, 433; *E. Lorenz,* SAE 1971, 205; *E. v. Hippel,* 217; *Bokelmann,* Grobe Fahrlässigkeit, 92; *Bringezu,* Begrenzung der Arbeitnehmerhaftung, 132; a. A. *Isele,* NJW 1964, 1148; *ders.:* AcP 165, 387.

[55] *Steindorff,* AuR 1966, 68; *Bokelmann,* Grobe Fahrlässigkeit, 92; *E v. Hippel,* ZRP 1971, 218 f. (ein Monatsgehalt); *Däubler,* SAE 1970, 224 (ein, höchsens zwei Monatsgehälter); *Hanau,* BB 1972, 9 (ein Betrag, dessen Aufbringung aus eigenen Mitteln dem AN zumutbar ist).

[56] *Gamillscheg / Hanau,* 1. Aufl., 1.

[57] *Gamillscheg / Hanau,* 6, 34; *Gamillscheg,* AcP 165, 383; *Larenz,* SchuldR II, § 52 II d; *Canaris,* RdA 1966, 49; *Ruppert,* Die Haftung, 43; a. A. *Isele,* AcP 165, 381; *Mayer-Maly,* RdA 1967, 112.

[58] *Gamillscheg,* AcP 165, 384; *E. v. Hippel,* ZRP 1971, 217.

[59] *Canaris,* RdA 1966, 47.

[60] *van Gelder,* JurA 1971, 238.

BAG die Ergebnisse seiner Rechtsprechung trotz zahlreicher Korrekturen noch immer als für den AN zu hart, wie einige seiner Richter 1971 auf einer Pressekonferenz zu erkennen gaben[62].

Alles dies deutet darauf hin, daß die dogmatischen und praktischen Schwierigkeiten des Problems tiefere Ursachen haben[63]. Es liegt nahe, sie in grundsätzlichen Mängeln der gegenwärtig angewandten Haftungsregeln zu suchen, wie sich an folgendem Beispiel zeigt: Nach seiner Entscheidung des BAG soll die Überanstrengung des AN das Mitverschulden des AG begründen[64], nach einer anderen den Verschuldensgrad des AN beeinflussen[65], nach einer dritten die Arbeit gefahrengeneigt machen[66]. Die Unterschiede in der jeweiligen Konstruktion haben weitgehende Auswirkungen auf den Umfang der Haftung des AN. Wertet man die Überanstrengung des AN nämlich nur als Mitverschulden des AG, wird ein bestehender Anspruch des AG regelmäßig lediglich gekürzt. Sieht man in der Überanstrengung jedoch einen für die Art der Arbeit erheblichen Umstand oder ein Verschuldenselement, so kann dies zur Annahme gefahrengeneigter Arbeit und eines geringeren Verschuldens des AN führen und damit seine Haftung ganz entfallen lassen.

Eine gesetzliche Regelung der Arbeitnehmerhaftung entsprechend dem im Bundesarbeitsministerieum erarbeiteten Entwurf eines 2. Arbeitsrechtsbereinigungsgesetzes[67] in der 1971 bekanntgewordenen Fassung dürfte die bestehenden Probleme kaum lösen. Der Entwurf verzichtete auf das Merkmal der Gefahrneigung der Arbeit und entsprach damit der herrschenden Lehre. Bei grober Fahrlässigkeit sollte die Schadensersatzpflicht des AN gemindert sein, „wenn und soweit es die Billigkeit nach den Umständen" erfordert. Bei mittlerer Fahrlässigkeit hätte sie drei Monatsverdienste nicht überstiegen; sie sollte entfallen, wenn und soweit sie „nach den Umständen unbillig" wäre. Bei einem entschuldbaren Versehen sollte keine Schadensersatzpflicht bestehen. Der Entwurf folgte damit im wesentlichen der Rechtsprechung des

[61] *Hanau*, SAE 1970, 253 und *E. Lorenz*, SAE 1971, 206 meinen beispielsweise, die von ihnen ebd. besprochenen Urteile des BAG würfen „Fragen über Fragen" auf.

[62] Vgl. den Bericht von *Rohling*, Der Arbeitgeber 1971, 613 und *Hanau*, BB 1972, 4.

[63] *E. Lorenz*, SAE 1971, 202, sieht in der schwankenden Rechtsprechung die Aufforderung, die neue Lehre weiterhin von Grund auf zu diskutieren.

[64] BAG AP Nr. 24 zu § 611 BGB Haftung des AN.

[65] BAG AP Nr. 69 zu § 611 BGB Haftung des AN.

[66] BAG AP Nr. 53 zu § 611 BGB Haftung des AN.

[67] RdA 1971, 355; *E. Lorenz*, SAE 1971, 202, hält eine gesetzliche Regelung für noch nicht genug vorbereitet; *Schöneich*, AcP 175, 273 hält sie ebenfalls für verfrüht.

BAG, bei der Haftung für grobe Fahrlässigkeit dem BGH und dem Schrifttum. Die Verabschiedung eines entsprechenden Gesetzes würde also im wesentlichen die bestehende Praxis auf eine feste Grundlage stellen. Allerdings würde die Bezugnahme auf die Generalklauseln „Billigkeit" und „Umstände" keinen Fortschritt an Rechtssicherheit bedeuten[68]; denn die Entscheidung darüber, unter welchen Umständen die Haftung des Arbeitnehmers unbillig ist, bliebe weiterhin dem Richter überlassen, ohne daß die dafür erheblichen Gesichtspunkte im Gesetz festgelegt wären.

Die folgende Darstellung zielt nicht darauf ab, den verschiedenen Theorien über die Zulässigkeit der Haftungsbegrenzung eine weitere hinzuzufügen. Vielmehr soll die Rechtsprechung auf die zahlreichen „Umstände des Einzelfalles" hin untersucht werden, von denen die Haftung des AN abhängt. Die induktive Betrachtung der Einzelergebnisse wird möglicherweise Gesetzmäßigkeiten erkennen lassen, die in dem geltenden Haftungssystem nicht angemessen berücksichtigt werden können. Dabei sollen die für das Verschulden des AN, vor allem für die grobe Fahrlässigkeit, relevanten Gesichtspunkte im Vordergrund stehen. Denn trotz aller Meinungsverschiedenheiten über die theoretischen Grundlagen der Arbeitnehmerhaftung besteht Einvernehmen darüber, daß es bei der Bestimmung ihres Umfanges in erster Linie auf den Grad des Verschuldens des AN ankommt. Seine Feststellung bereitet in der Praxis aber erhebliche Schwierigkeiten. Umsomehr überrascht es, daß es nur wenig Schrifttum hierzu gibt[69]. Die meisten Literaturbeiträge zur Haftung des AN beschäftigen sich vor allem mit ihrer dogmatischen Rechtfertigung, dem Merkmal „gefahrengeneigte Arbeit" oder mit einzelnen Elementen der Schadensverteilung.

Die Höhe der Ersatzpflicht des AN kann im derzeitigen Haftungsschema an vier Stellen beeinflußt werden: bei der Bestimmung des Kreises der gefahrengeneigten Arbeiten, des Verschuldensgrades des AN und des Mitverschuldens des AG und bei der prozessualen Behandlung des Verschuldens. Die folgende Darstellung gliedert sich entsprechend diesen vier Problemkreisen. § 2 behandelt die Gefahrneigung der Arbeit; in den §§ 3—9 wird das Verschulden des AN, besonders die grobe Fahrlässigkeit, untersucht; in § 10 folgt eine Erörterung des Mitverschuldens des AG, § 11 hat einige prozessuale Fragen zum Gegenstand.

---

[68] Vgl. *Buchner*, RdA 1972, 170.

[69] Vgl. *Bokelmann*, Grobe Fahrlässigkeit, 58 ff., 126 ff. und die in § 5 Anm. 18 genannten Aufsätze.

§ 2 Die Gefahrneigung der Arbeit

I. Der Begriff und seine Entwicklung

1. Der Begriff

Wie bereits gesagt, beschränkt die Rechtsprechung die Haftung es AN nur bei bestimmten Tätigkeiten[1]. Man nennt diese Arbeiten schaden(s)-geneigt, gefahr(en)geneigt, schadensgefährdet, gefahrbelastet, gefahrbehaftet oder spricht von typischem Abirren der Arbeitsleistung, betriebstypischer Gefahr, typischer Betriebsgefahr oder innerbetrieblichem Schadensausgleich. Diese Bezeichnungen bedeuten alle dasselbe. Die Praxis gebraucht die Begriffe gefahr(en)geneigt und schaden(s)geneigt am häufigsten[2], manchmal auch nebeneinander. Nach der seit Jahrzehnten verwendeten Definition ist die Arbeit dann gefahrengeneigt, „wenn die Eigenart der vom AN zu leistenden Dienste es mit großer Wahrscheinlichkeit mit sich bringt, daß auch dem sorgfältigen AN gelegentlich Fehler unterlaufen, die zwar — für sich betrachtet — jedesmal vermeidbar waren, also fahrlässig herbeigeführt worden sind, mit denen aber angesichts der menschlichen Unzulänglichkeit als mit einem typischen Abirren der Dienstleistung erfahrungsgemäß zu rechnen ist"[3]. Die Gefahrenneigung der Arbeit ist also die erste Voraussetzung, die erfüllt sein muß, wenn der Arbeitnehmer abweichend vom allgemeinen Schadensersatzrecht haften soll. Ihre Erörterung nimmt in den Urteilen oft einen breiten Raum ein. Das war nicht immer so.

2. Überblick über die Entwicklung des Begriffs

Ausgangspunkt der neuen Lehre war die Ansicht der Gerichte, daß es unter bestimmten Voraussetzungen unbillig ist, den AN für einen Schaden in Anspruch zu nehmen, den er

— durch einen leichten Fehler

— bei einer gefährlichen Arbeit

---

[1] Oben § 1 Anm. 12.

[2] Ausführliche Nachweise bei G. *Küchenhoff*, AuR 1969, 195, Anm. 28.

[3] RAG ARS 41, 59; BAG (GS) BAGE 5,1 ff. (5) = AP Nr. 4 zu §§ 898, 899 RVO; BAG AP Nr. 1 zu § 276 BGB; AP Nr. 8 zu § 611 BGB Haftung des AN, BGH AP Nr. 51 zu § 611 BGB Haftung des AN.

verursacht hat. Es gibt zwei Möglichkeiten, um den Haftungsausschluß in diesen Fällen zu begründen: Entweder man stellt die Leichtigkeit des Fehlers und seine Unvermeidbarkeit auf Dauer in den Vordergrund oder man rechtfertigt das Ergebnis mit der Gefährlichkeit der Arbeit.

Bei leichten Sorgfaltsverstößen liegt es nahe, ein Verschulden des AN zu verneinen, da sie auf Dauer unvermeidbar und daher zumindest im Regelfall nicht vorwerfbar sind. Diese Ansicht hat im Schrifttum zahlreiche Anhänger gefunden[4]. Rechtsprechung und herrschende Lehre sahen sich an dieser Lösung jedoch durch § 276 Abs. 1 Satz 2 BGB gehindert, wonach fahrlässig handelt, wer die im Verkehr erforderliche Sorgfalt außer acht läßt. Nach der früher ganz einhelligen und noch heute in der Rechtsprechung vertretenen Ansicht definiert § 276 Abs. 1 Satz 2 BGB das Verschulden[5]. Da es danach bei der Beurteilung des Verschuldens allein auf die objektiv erforderliche Sorgfalt ankommt (objektiver Verschuldensbegriff), werden auch die geringsten Verstöße gegen diese Sorgfalt als schuldhaft angesehen, auch wenn sie auf Dauer unvermeidbar sind; die Grundsätze über die schadensgeneigte Arbeit führen nach dieser Auffassung zu einer Einschränkung des § 276 BGB.

Die Gerichte wählten daher den zweiten Weg, um ihre Ergebnisse zu begründen. Das RAG stellte die Gefahr der Arbeit in den Vordergrund, bei der kein AN auf Dauer Schäden völlig verhindern kann. Es setzte der objektiven Forderung des § 276 BGB den — wie sich noch zeigen wird nur scheinbar — objektiven Gesichtspunkt der „Eigenart gewisser Dienste“[6] entgegen und rechtfertigte damit die Abweichung vom allgemeinen Schadensersatzrecht. Das Beispiel des Kraftfahrers wirkte dabei besonders überzeugend.

Das RAG verwendete die Begriffe gefahrengeneigte oder schadensgeneigte Arbeit noch nicht. Sie sind erst im Schrifttum[7] entwickelt worden und dienten zunächst lediglich zur Bezeichnung der neuen Rechtsprechung, die § 276 BGB für die Haftung des AN einschränkte. Der Begriff „Gefahrneigung der Arbeit“ hatte noch nicht die heutige Bedeutung eines selbständigen Tatbestandsmerkmals, das gegeben sein mußte, damit eine Haftungsbeschränkung eingreifen konnte[8]. Auch das BAG und der BGH verwendeten in ihren ersten Urteilen die Begriffe „gefahrengeneigte Arbeit“[9] und „gefahrenbehaftete Tätigkeit“[10] in diesem Sinne.

---

[4] Ausführliche Nachweise oben § 1 Anm. 33.

[5] BGH (GS) BGHZ 24, 21 (27); ausf. dazu unten § 3 II 1.

[6] RAG ARS 41, 59; ebenso BAGE (GS) 5,1 ff. = AP Nr. 4 zu §§ 898, 899 RVO: „Eigenart der Arbeit“.

[7] *Bulla*, DAR 1942, 19 ff., 34 ff.

[8] Vgl. die Fundhefte für Arbeitsrecht, Jahrgänge 1945 bis 1955.

[9] BAGE 5, 1 ff.

Das Urteil des BAG vom 14. 12. 1958 führte eine wichtige Differenzierung in die Rechtsprechung zur Arbeitnehmerhaftung ein[11]. Das BAG interpretierte die Grundsatzentscheidung seines Großen Senats[12] so, daß in einem Haftungsprozeß gegen den AN zunächst zu prüfen sei, ob die Arbeit gefahrengeneigt war. Erst wenn dies feststehe, könne untersucht werden, ob der AN mit schwerer oder leichter Schuld gehandelt hat. Während bis dahin die Gefahr der Arbeit und das Verschulden des AN gegenübergestellt und gegeneinander abgewogen worden waren[13], wurde die Gefahrneigung der Arbeit jetzt zu einem selbständigen Tatbestandsmerkmal verfestigt, das vorrangig zu prüfen war und gegeben sein mußte, damit eine Haftungsbeschränkung überhaupt in Betracht kam[14]. Die Frage nach dem „Wesen der Gefahrneigung der Arbeit", die bereits vorher im Schrifttum gestellt worden war[15], leitete eine Entwicklung ein, die später zu erheblichen praktischen Schwierigkeiten führte. Die heute bestehende Rechtsunsicherheit hat ihre Ursachen zu einem wesentlichen Teil in dieser Weichenstellung. Nachdem die Gefahrneigung der Arbeit so zur ersten Voraussetzung der Haftungsbeschränkung geworden war, konzentrierten Rechtsprechung und Lehre ihre Aufmerksamkeit nunmehr auf diesen Begriff. Das Verschulden des AN dagegen rückte dabei etwas in den Hintergrund des allgemeinen Interesses.

Im Schrifttum wurden zahlreiche Versuche unternommen, um das Eigentümliche der gefahrgeneigten Arbeit systematisch zu erfassen. *Gumpert*[16] stellt auf die starke körperliche oder nervliche Beanspruchung des AN und auf die ständige Gleichförmigkeit der Arbeit ab, die einen gelegentlichen Fehler wahrscheinlich machen. *Frey*[17] sieht die schwere Beherrschbarkeit der Naturkräfte, technische Vorgänge, Eintönigkeit, Ablenkung und Übermüdung als das Wesentliche an. *Galperin*[18] unterscheidet vier Fallgruppen der Gefahrneigung der Arbeit: die im Stoff bedingte (Tellerwäscher), die in der Arbeitstechnik (schnelles Tempo, komplizierte Tätigkeit) oder der körperlichen Leistungsfähigkeit des AN (Übermüdung, Eintönigkeit, schnelle Reaktion) begründete Gefahrneigung und einen Auffangtatbestand, z. B. eine über-

10 BGH AP Nr. 1 zu § 611 BGB Haftung des AN.

11 BAG AP Nr. 18 zu §§ 898, 899 RVO.

12 BAGE 5, 1 ff. = AP Nr. 4 zu §§ 898, 899 RVO.

13 Deutlich RAG ARS 46, 136 und BAGE 5, 1 ff., Leitsatz.

14 Ebenso BAG AP Nr. 1 zu § 276 BGB, seitdem ständige Rechtsprechung des BAG, wie § 1 Anm. 12.

15 *Bulla*, DAR 1942, 34; *Dersch*, AP 1951, II, 389; AP 1953, 200; BB 1956, 502; *Galperin*, Blattei Haftung des AN III C I 4; *Dahns*, DB 1956, 869; vgl. auch LAG Bremen, AP 1953, 198.

16 BB 1958, 741.

17 BB 1960, 412.

18 Blattei, Haftung des AN III C I 4.

raschende Situation. Den umfassendsten systematischen Gesichtspunkt für die Bestimmung der Gefahrneigung der Arbeit hat *Gamillscheg*[19] gefunden: Es komme nicht so sehr auf die Art der Arbeit und ihre typische Gefährlichkeit an; das Entscheidende sei die Situation im Augenblick der Schadenverursachung[20], die „Drucksituation“ (Monotonie, Gewöhnung an die Gefahr, psychische Reaktion der Entspannung), der sich der AN nicht entziehen könne. *Gamillscheg/Hanau* sprechen deshalb von einer psychisch bedingten Gefahrneigung der Arbeit[21].

II. Die Ansatzpunkte für die Bestimmung der Gefahrneigung der Arbeit

Das RAG rechtfertigte die Haftungsbeschränkung mit der „Eigenart der zu leistenden Dienste“[22], mit der „in diesem Beruf praktisch unvermeidbaren Gefahr“[23] oder mit der „Eigenart des Betriebes“[24]. Diese generalisierende Betrachtungsweise, die vor allem am Beispiel der Kraftfahrertätigkeit entwickelt wurde, führte dazu, daß man die Frage der Gefahrneigung der Arbeit lange Zeit abstrakt nach ihrer typischen Erscheinungsform, dem Berufsbild, entschied[25].

Das erste Urteil des BAG, in dem die Gefahrneigung der Arbeit verneint wurde, führte zu einer Einschränkung der allein am Berufsbild ausgerichteten Abgrenzung dieses Merkmals. In dem „Paketefall“ hatte der AN auf einem LKW sieben Pakete mehr befördert als in dem Warenbegleitschein eingetragen waren. Der AG mußte deshalb 1050 DM Strafe bezahlen. Das BAG verurteilte den Fahrer zum Ersatz dieses Betrages, weil Paketezählen keine gefahrengeneigte Arbeit sei. Bei der Prüfung dieses Tatbestandsmerkmals komme es nicht auf die Gesamtheit der vom AN zu erbringenden Leistungen an; entscheidend sei vielmehr der Sachverhalt, der im konkreten Fall zu einem Schaden geführt habe[26].

---

[19] Verh. des 45. DJT, Band 2, G 17 ff.; *Gamillscheg / Hanau*, Die Haftung des AN, 54 ff.

[20] Ebenso BAG AP Nr. 1 zu § 276 BGB und AP Nr. 22, 26 zu § 611 BGB Haftung des AN.

[21] *Gamillscheg / Hanau*, 55.

[22] ARS 41, 55.

[23] ARS 41, 259.

[24] ARS 43, 108; 46, 136.

[25] Ebenso *G. Hueck*, Anm. zu BAG AP Nr. 22 zu § 611 BGB Haftung des AN; *A. Hueck*, Anm. zu BAG AP Nr. 26 zu § 611 BGB Haftung des AN und *Hueck / Nipperdey*, I, 232 Anm. 36 a; *Sieg*, Anm. zu BAG AP Nr. 42 zu § 611 BGB Haftung des AN; *Brox*, SAE 1967, 146; vgl. auch *Richardi*, Fälle und Lösungen, Fall 5 I. 4.

[26] BAG AP Nr. 1 zu § 276 BGB.

Einige Anhänger der abstrakten Betrachtungsweise folgerten aus diesem Urteil, die Verletzung von Nebenpflichten sei nicht privilegiert[27]. Andere nahmen sie zum Anlaß, bei der Bestimmung der Gefahrneigung der Arbeit nicht mehr allein auf das Berufsbild, sondern auf den konkreten Arbeitsauftrag abzustellen[28].

Die Rechtsprechung vertritt heute die konkrete Betrachtungsweise. Die Entwicklung hierzu vollzog sich in vier Stufen.

Den Anfang bildete der genannte Paketefall[29], in dem das BAG bei der Frage nach der Gefahrneigung der Arbeit zum ersten Mal auf die konkreten Umstände zur Zeit der Schadensverursachung abgestellt hatte. Dieser Fall betraf eine Nebenpflicht des Kraftfahrers, und nur so ist es zu erklären, daß er keine größere Beachtung gefunden hat.

Das nächste Urteil, in dem das BAG die Gefahrneigung der Arbeit vereinte, behandelte die Haupttätigkeit des Kraftfahrers. Es wurde sehr bekannt und stieß auf starken Widerspruch im Schrifttum. Das BAG entschied, daß der Fahrer eines VW-Transporters keine gefahrengeneigte Arbeit verrichte, wenn er bei gutem Wetter auf einer verkehrsarmen, übersichtlichen und trockenen Straße fahre[30].

Im „Werbeassistenten-Fall"[31] meinte das BAG, erkennbar beeinflußt von *Gamillschegs* Lehre von der „Drucksituation", daß auch die sonst ungefährliche Arbeit eines kaufmännischen Gehilfen gefahrengeneigt werden könne, wenn der AN überlastet sei. Das BAG spricht folgerichtig nicht mehr von gefahrgeneigter *Arbeit*, sondern von einer gefahrgeneigten *Situation*[31].

In dem „Bagger-Fall"[32] hielt das BAG die Grundsätze zur gefahrengeneigten Arbeit schließlich selbst dann für anwendbar, wenn die zum Schaden führende Tätigkeit (Bergen einer im Sumpf versinkenden Raupe) gar nicht zu den Aufgaben des AN gehörte[33].

Die konkrete Festellung der Schadensneigung der Arbeit führt zu erheblicher Rechtsunsicherheit[34], da nunmehr jede Arbeit unter besonderen Umständen gefahrgeneigt werden kann[35], ohne daß es bisher gelungen wäre, die Voraussetzungen hierfür zu klären. Das zeigt sich be-

[27] *Hueck / Nipperdey*, I, 232 Anm. 36 a.

[28] *Gumpert*, BB 1961, 372; *Rewolle*, DB 1961, 1066; *Klein*, Schadenshaftung, 114, 118; *Becker-Schaffner*, VersR 1971, 22; LAG Saarland AuR 1968, 59.

[29] BAG AP Nr. 1 zu § 276 BGB.

[30] BAG AP Nr. 22 zu § 611 BGB Haftung des AN.

[31] BAG AP Nr. 53 zu § 611 BGB Haftung des AN.

[32] BAG AP Nr. 50 zu § 611 BGB Haftung des AN.

[33] Vgl. *Söllner*, Anm. zu BAG AP Nr. 50 zu § 611 BGB Haftung des AN.

[34] *Larenz*, Anm. zu BAG AP Nr. 16, *G. Hueck*, Anm. zu AP Nr. 22 zu § 611.

[35] *Hanau*, Anm. zu BAG AP Nr. 53 zu § 611 BGB Haftung des AN.

sonders an der Rechtsprechung zur Tätigkeit des Kraftfahrers, die ja den Ausgangspunkt der neuen Lehre bildete[36]. Bis zur „VW-Transporter-Entscheidung“[37] galt Autofahren als Schulbeispiel einer gefahrengeneigten Arbeit. In diesem Urteil entschied das BAG jedoch, daß das Fahren unter besonders günstigen Bedingungen keine gefahrgeneigte Arbeit sei. In den folgenden Urteilen meinte es hingegen, das Führen eines Kraftfahrzeuges sei „der typische Fall“[38], „grundsätzlich“[39] und „in aller Regel“[40] als gefahrengeneigte Arbeit anzusehen. Später betonte das Gericht wiederum, das Fahren eines LKW (auf einem Betriebshof) sei nicht in jedem Fall gefahrengeneigt, vielmehr komme es auf die jeweilige Situation an[41]. Im Leitsatz der nächsten Entscheidung hielt das BAG das Fahren eines LKW auf einer Bundesstraße ganz allgemein für gefahrengeneigt, ohne daß es dabei auf das Verhalten des Fahrers im Einzelfall ankomme; in den Gründen desselben Urteils führte es dagegen aus, das Fahren eines LKW auf einer Bundesstraße sei „in aller Regel“ eine gefahrengeneigte Arbeit[42].

Wenn es für die Gefahrneigung der Arbeit auf die konkrete Situation ankommt, wird die Grenze zur Verschuldensprüfung unscharf[43]. Die „Thermoswagen-Entscheidung“ des BAG[44] zeigt dies besonders deutlich. Der Senat meinte, auf die Frage, ob das Fahren eines Thermoswagens auf dem Betriebshof eine gefahrengeneigte Arbeit sei, komme es auf die Sichtverhältnisse, die Größe und Beschaffenheit des Hofes und darauf an, wieviel Platz dem Fahrer zum Bewegen des Wagens zur Verfügung gestanden habe; einige Zeilen weiter erklärte das Gericht, dieselben Umstände seien auch für die Bestimmung des Verschuldensgrades von Bedeutung. Der offensichtlich enge Zusammenhang zwischen der Gefahrneigung der Arbeit und dem Verschulden des AN legt es daher nahe, das Verhältnis dieser beiden Haftungsmerkmale zueinander genauer zu untersuchen.

---

[36] ArbG Plauen 4. 11. 1936 = ARS 29, 62; RAG ARS 30, 1.

[37] BAG AP Nr. 22 zu § 611 BGB Haftung des AN.

[38] BAG AP Nr. 23 zu § 611 BGB Haftung des AN.

[39] BAG AP Nr. 5 zu § 282 BGB.

[40] BAG AP Nr. 42 zu § 611 BGB Haftung des AN.

[41] BAG AP Nr. 56 zu § 611 BGB Haftung des AN.

[42] BAG AP Nr. 59 zu § 611 BGB Haftung des AN.

[43] *G. Hueck*, Anm. zu BAG AP Nr. 22; *Sieg*, Anm. zu BAG AP Nr. 42; *Hanau*, Anm. zu BAG AP Nr. 56, alle zu § 611 BGB Haftung des AN.

[44] BAG AP Nr. 56 zu § 611 BGB Haftung des AN.

III. Gefahrneigung der Arbeit und Verschulden des Arbeitnehmers

1. Die Wechselwirkung zwischen Gefahr der Arbeit und Verschulden des Arbeitnehmers und die Verschuldenselemente in der Definition der gefahrengeneigten Arbeit

Schon auf den ersten Blick zeigt sich eine Wechselwirkung zwischen der Gefahr der Arbeit und dem Verschulden des AN: Je gefährlicher die Arbeit ist, umso geringer braucht ein Versehen des AN zu sein, um einen Schaden herbeizuführen. Der Zusammenhang von Arbeit und Verschulden wird im Beschluß des Großen Senats des BAG[45] und in anderen Entscheidungen zur Arbeitnehmerhaftung[46] besonders deutlich: Danach haftet der AN nicht, wenn „seine Schuld im Hinblick auf die besondere Gefahr der ihm übertragenen Arbeit nach den Umständen des Falles nicht schwer ist“[47].

Die übliche Definition[48] der gefahrengeneigten Arbeit lautet: Die Arbeit (jetzt: Situation[49]) ist dann schadensgeneigt, „wenn

a) die Eigenart der vom AN zu leistenden Dienste es mit

b) großer Wahrscheinlichkeit mit sich bringt, daß

c) auch dem sorgfältigen AN

d) gelegentlich

e) Fehler unterlaufen,

f) die zwar — für sich betrachtet — jedesmal vermeidbar waren, also fahrlässig herbeigeführt worden sind,

g) mit denen aber angesichts der menschlichen Unzulänglichkeit

h) als mit einem typischen Abirren der Dienstleistung

i) erfahrungsgemäß zu rechnen ist.“

Diese Begriffsbestimmung enthält ein Verschuldenselement, nämlich das Merkmal c). Danach ist für die Gefahrneigung der *Arbeit* entscheidend, daß auch ein *sorgfältiger* AN bei dieser Tätigkeit Fehler auf Dauer nicht vermeiden kann. Maßstab für die Gefahrneigung der Arbeit ist also die Sorgfalt eines ordentlichen AN. Die Definition der Gefahrneigung der Arbeit enthält damit zugleich die Umschreibung der Sorgfalt eines gedachten durchschnittlichen AN.

---

[45] BAG (GS) AP Nr. 4 zu §§ 898, 899 RVO = BAGE 5, 1 ff.

[46] BAG AP Nr. 18 und BGH AP Nr. 19, 25 zu §§ 898, 899 RVO.

[47] So die Leitsätze der in Anm. 45 und 46 genannten Entscheidungen.

[48] Wie Anm. 3.

[49] BAG AP Nr. 53 zu § 611 BGH Haftung des AN.

Bringt man die einzelnen Elemente der Definition in eine andere Reihenfolge, ohne ihren Sinn zu verändern, so ist die Arbeit (Situation) dann schadensgeneigt, wenn c) auch einem sorgfältigen AN a) in dieser Situation (bei dieser Arbeit) f) fahrlässig e) ein Fehler unterläuft, g) der angesichts der menschlichen Unzulänglichkeit b) mit großer Wahrscheinlichkeit i) erfahrungsgemäß d) gelegentlich eintritt und mit dem h) als typisch gerechnet wird. Kürzer lautet die Definition: eine Situation, in der auch einem sorgfältigen AN ein Fehler unterläuft, und zwar gelegentlich, erfahrungsgemäß, typischerweise, mit großer Wahrscheinlichkeit. Umgekehrt folgt daraus: Die Arbeit (Situation) ist dann nicht schadensgeneigt, wenn der Fehler für einen sorgfältigen AN ungewöhnlich, unwahrscheinlich und untypisch ist, ihm nicht nur gelegentlich unterläuft.

Es fällt auf, daß die negative Bestimmung der Gefahrneigung der Arbeit große Ähnlichkeit mit der Definition der groben Fahrlässigkeit aufweist. Die Rechtsprechung umschreibt die grobe Fahrlässigkeit nämlich u. a. als „ein Handeln, bei dem die erforderliche Sorgfalt in ungewöhnlich schwerem Maße verletzt wird“[50]. Daraus folgt: Die Situation ist dann nicht gefahrgeneigt, wenn der AN grob fahrlässig gehandelt hat; umgekehrt ist die Arbeit (Situation) schadensgeneigt, wenn der AN nicht grob fahrlässig, sondern trotz durchschnittlicher Sorgfalt einen Schaden verursacht hat.

2. Die Fälle fehlender Gefahrneigung der Arbeit

Wenn es zutrifft, daß fehlende Gefahrneigung der Arbeit und grobe Fahrlässigkeit des AN dasselbe sind, müßten die AN in den Fällen, in denen die Gerichte die Arbeit nicht als gefahrengeneigt angesehen haben, grob fahrlässig gehandelt haben.

In dem „Paketfahrer-Fall“[51] verneinte das BAG die Gefahrneigung der Arbeit, weil der konkrete Sachverhalt, der zu dem Schaden führe, dafür entscheidend sei und nicht die typische Erscheinungsform der Tätigkeit. Der Senat begründete seine Ansicht wie folgt: Der Fahrer habe aufgrund einer ausdrücklichen Weisung gewußt, daß sich in keinem Fall mehr Pakete auf dem Wagen befinden durften als in den Begleitpapieren angegeben. Es sei von ihm somit nur verlangt worden, daß er bis 126 zählen kann. Er sei sich der an der Grenze zu erwartenden Schwierigkeiten bewußt gewesen, habe trotzdem etwas unterlassen, was leicht zu bewerkstelligen war, und damit die „großen Gefahren in Kauf (genommen)“. Mit diesen Erwägungen hätte sich auch die grobe Fahrlässigkeit des Fahrers begründen lassen.

---

[50] RG JW 1924, 1977; RGZ 141, 131; 163, 106; 166, 101; BGHZ 10, 16; VersR 1972, 144, 197, 944; BAG AP Nr. 19, 42, 55 zu § 611 BGB Haftung des AN; AP Nr. 1 zu § 640 RVO.

[51] BAG AP Nr. 1 zu § 276 BGB.

In dem bekannten „VW-Transporter-Fall"[52] war der AN, den der AG einige Tage zuvor wegen zu schnellen Fahrens verwarnt hatte, mit einem Fahrzeug bei besten Verkehrsbedingungen in einer Kurve von der Straße abgekommen. Das BAG verneinte die Gefahrneigung des Fahrens unter diesen Umständen, ohne dafür eine besondere Begründung zu geben. Es hielt das Verhalten des Fahrers außerdem für grob fahrlässig. *Götz Hueck* hat mit Recht darauf hingewiesen, daß die grobe Fahrlässigkeit des AN für das Ergebnis des Urteils entscheidend war[53].

In einem anderen Fall hatte ein Polizeibeamter seine geladene Pistole im Dienstraum gereinigt, anstatt, wie es in einer Dienstanweisung vorgeschrieben war, in einer dafür vorgesehenen Ladeecke. Er hatte auch das Magazin nicht vorher entfernt und den Pistolenlauf zur Seite und nicht nach unten gehalten. Als er mit dem Finger an den Abzug geriet, löste sich ein Schuß und traf einen Kollegen. Der BGH verneinte die Anwendbarkeit der Grundsätze zur gefahrengeneigten Arbeit schon deshalb, weil der Beamte wegen der zahlreichen schweren Pflichtverstöße grob fahrlässig gehandelt habe[54].

Ein siebzehnjähriger Tankstellenlehrling war mit dem Wagen eines Kunden gefahren, obwohl der AG es ihm verboten hatte, und hatte ihn beschädigt. Das BAG hielt die Tätigkeit des Lehrlings für nicht gefahrengeneigt. Seine Dienstpflichten hätten nicht darin bestanden, als Kraftfahrer tätig zu werden, sondern gerade darin, keine Kundenfahrzeuge zu fahren. Außerdem habe er grob fahrlässig gehandelt, da er ohne Fahrerlaubnis gefahren sei[55].

In einer Universitätsklinik war ein Kleinkind mit Streptomycin behandelt worden. Es wurde dadurch völlig taub und verlor seinen Gleichgewichtssinn. Schon Medizinstudenten ist bekannt, daß Streptomycin ein äußerst gefährliches Arzneimittel ist. Die Eintragungen in den Krankenblättern wiesen die doppelte Menge der höchstzulässigen Dosis auf. In einem ersten Rechtsstreit wurden der für die Dosierung verantwortliche Assistenzarzt und der Träger der Klinik vom BGH zum Schadensersatz verurteilt. Die Richter glaubten dem Arzt nicht, daß er nur die zulässige Dosis verabreicht habe, da die Krankenblatteintragungen urkundlichen Beweis für die Verabreichung der Überdosis lieferten. In dem vom BAG[56] entschiedenen Prozeß des Assistenzarztes gegen seinen AG auf Freistellung von der Schadensersatzverpflichtung aus dem ersten Urteil war das Landesarbeitsgericht entgegen den Unteilen des Vorprozesses davon ausgegangen, daß die Verabreichung einer Überdosis Streptomycin nicht bewiesen sei. LAG und BAG lehnten jedoch die Anwendung der Grundsätze zur gefahrengeneigten Arbeit ab. Die Kontrolle von Krankenblättern und die Erteilung falscher Prozeßinformationen, die zu der Verurteilung im ersten Rechtsstreit geführt hätten, seien keine gefahrengeneigten Arbeiten. „Wollte man anderer Ansicht sein, so müßte man unterstellen, daß solche Fehler (in den Krankenhäusern) gleichsam an der Tagesordnung wären[57]." Überzeugender wäre es gewesen, den nachlässigen Umgang mit dem als höchst gefährlich bekannten Medikament als grob fahrlässig zu beureilen.

---

[52] BAG AP Nr. 22 zu § 611 BGB Haftung des AN.

[53] G. *Hueck*, Anm. zu BAG ebd.

[54] BGH VersR 1963, 1177.

[55] BAG AP Nr. 1 zu § 67 VVG.

[56] BAG AP Nr. 47 zu § 611 BGB Haftung des AN.

[57] BAG ebd.; kritisch zu dieser Begründung *Hanau*, SAE 1970, 80.

In einem anderen vom BAG entschiedenen Fall[58] war ein Angestellter mit der Abrechnung mit Kassierern beauftragt. Obwohl er vermutete, daß einer der Kassierer ständig Geld unterschlug (insgesamt 64 000 DM), meldete er es seinem AG nicht. Das BAG verneinte die Gefahrenneigung der Arbeit, da „die Überlegung, daß (der AN) zur Meldung an den AG verpflichtet war ..., derart einfach und naheliegend (war)". Er sei auch ohne weiteres in der Lage gewesen, zu erkennen, welche Gefahren durch seine Untätigkeit für den AG entstehen konnten. Die grobe Fahrlässigkeit des Angestellten drängte sich hier geradezu auf; das LAG Düsseldorf hatte die Pflichtwidrigkeit des Angestellten sogar für bedingt vorsätzlich gehalten.

Der Leiter der Kreditabteilung einer Bank hatte an einen Landwirt ein Darlehen von mehr als 100 000 DM ausgezahlt. Ihm war von früheren Kreditverhandlungen her bekannt, daß der Hof des Darlehensnehmers keine Sicherheit bot. Er hatte lediglich auf zwei Schreiben eines Notars vertraut, die an den Landwirt gerichtet waren. Darin bestätigte der Notar, daß die Ehefrau des Darlehensempfängers die Eintragung einer Grundschuld auf ihrem Hof beantragt und das Grundstück der sofortigen Zwangsvollstreckung unterworfen habe. Die Ehefrau war aber nur Vorerbin des Hofes, was auch im Grundbuch eingetragen war. Der beklagte Prokurist hatte das Grundbuch jedoch nicht geprüft. Später konnte der Landwirt die Schulden nicht zurückzahlen. In dem Rechtsstreit der Bank gegen den Notar war zu entscheiden, ob die Bank einen anderweitigen Ersatzanspruch im Sinne des § 19 Abs. 1 Satz 2 BNotO gegen ihren Abteilungsleiter hatte. Der BGH nahm das an[59]. Er lehnte die Anwendung der Grundsätze zur schadensgeneigten Arbeit zugunsten des Prokuristen ab, da leitende Angestellte sich darauf allgemein nicht berufen könnten. Damit stellte er unnötigerweise einen in dieser Allgemeinheit nicht überzeugenden Grundsatz auf[60]. Das Berufungsgericht hatte grobe Fahrlässigkeit des Abteilungsleiters angenommen und seine Haftung aus diesem Grunde als gerechtfertigt angesehen. Der BGH hob selbst hervor, „mit welcher Unbekümmertheit" der Prokurist bei der Behandlung der Kreditsicherungsfrage verfahren sei[59].

Der BGH hat die Grundsätze zur Haftung leitender Angestellter in einem Urteil zur Tätigkeit eines Justitiars bestätigt[61]. In diesem Fall hatten alle Miteigentümer eines Grundstücks, bis auf einen, ihr Land gemeinschaftlich nach § 747 Satz 2 BGB an die Klägerin verkauft. Da der letzte Miteigentümer seine Zustimmung verweigert hatte, war die Veräußerung im Ganzen unwirksam. Sie wäre aber hinsichtlich der einzelnen Bruchteile der übrigen Miteigentümer wirksam gewesen, wenn die Veräußerer nicht das Gesamtgrundstück nach § 747 Satz 2 BGB, sondern nur ihre einzelnen Bruchteile gem. § 747 Satz 1 BGB hätten verkaufen wollen. Das war nicht der Fall. Der Justitiar der Klägerin sah das Problem. Er kümmerte sich jedoch nicht weiter darum, sondern beruhigte sogar noch seinen Vorgesetzten, der kein Jurist war, der Notar werde schon alles richtig machen. Die Unklarheiten verursachten Rechtsstreitigkeiten und erhebliche Kosten. Der BGH hielt einen Schadensersatzanspruch der Klägerin gegen ihren Justitiar für begründet, da leitende Angestellte sich auf die Haftungsbeschränkungen nach den Grund-

---

[58] BAG AP Nr. 57 zu § 611 BGB Haftung des AN.

[59] BGH VersR 1969, 475.

[60] Anders noch BGH AP Nr. 1 zu § 611 BGB Haftung des AN = BGHZ 16, 111; ausführlicher zur Haftung des leitenden Angestellten unten § 7 III 2.

[61] BGH AP Nr. 51 zu § 611 BGB Haftung des AN.

sätzen über die schadensgeneigte Arbeit nicht berufen könnten. Die Arbeit eines Justitiars sei außerdem nicht gefahrgeneigt, da sie unter anderem ohne ermüdende Routine geleistet werde und der Betriebsinhaber durch die Anstellung eines Justitiars gerade solche Risiken ausschalten wolle. Der Rechtsberater der Klägerin habe genug Zeit gehabt, um seine Auffassung zu überprüfen. Sein Fehler lasse sich nicht mit menschlicher Unzulänglichkeit entschuldigen, da er nicht typisch sei. Das OLG Hamm hatte grobe Fahrlässigkeit des Justitiars angenommen und seine Haftung damit begründet[62].

Die Frage der Haftung leitender Angestellter stellte sich auch in dem „Waldbrand-Fall" des BAG[63]. Der Beklagte — ein angestellter Revierförster — hatte eine Kolonne von Waldarbeitern beim Abbrennen von Kronenholz gefällter Bäume anzuweisen und zu beaufsichtigen. Dabei ließ er aus den Ästen kleine Haufen bilden, die später verbrannt werden sollten. Einige Haufen errichtete man nur zwei Meter neben hohem trockenem Gras. Feuerlöschmittel befanden sich nicht am Arbeitsplatz. Beim Abbrennen des Holzes flogen Funken auf das Gras und verursachten einen Waldbrand mit einem Schaden von mehr als 50 000 DM. Das BAG verurteilte den Förster zu vollem Schadensersatz. Er habe keine gefahrgeneigte Arbeit verrichtet, denn er habe die Arbeiterkolonne nur geleitet. Die Erteilung von Weisungen sei keine schadensgeneigte Arbeit. Der Beklagte sei an dem Verbrennen selbst nicht beteiligt gewesen, da er an jenem Tag gar nicht auf der Arbeitsstelle anwesend gewesen sei. Außerdem habe er in keinerlei Drucksituation gehandelt[63]. *Buchner* hat zu Recht darauf hingewiesen, daß man hier die Tätigkeit des Försters nicht anders beurteilen könne als die der Waldarbeiter. Er bestimmte nämlich sämtliche Einzelheiten des Abbrennens, auch wenn er die Arbeit nicht eigenhändig durchführte[64]. Auch das Ergebnis dieses Falles hätte sich überzeugender mit der groben Fahrlässigkeit des Revierförsters begründen lassen[65]. Wenn er es nicht beanstandete, daß zwei Meter neben hohem trockenen Gras Holz verbrannt wurde, ohne daß Löschmittel zur Stelle waren, so stellt dies einen besonders schweren und für einen Förster schlechthin unentschuldbaren Pflichtenverstoß dar und rechtfertigt deshalb seine Haftung.

Somit haben alle bisher besprochenen Fälle die These bestätigt, daß fehlende Gefahrneigung der Arbeit und grobe Fahrlässigkeit des AN dasselbe sind. Es gibt jedoch zwei weitere Fälle, die in diese Regel nicht zu passen scheinen.

Den ersten hatte der BGH zu entscheiden[66]. Auch hier hatte ein Förster einen Brand verursacht. Die Forstverwaltung hatte in einem Rundschreiben an alle Forstmeister auf die Brandgefahren hingewiesen, die durch unsachgemäßes Aufstellen von Öfen entstehen können, und den Forstmeistern deshalb alle Veränderungen an Heizungsanlagen verboten. Derartige Arbeiten sollten nur von den Hochbauämtern durchgeführt werden. Der Beklagte ließ entgegen dieser Weisung in seinem

[62] Mitgeteilt in BGH ebd.

[63] BAG AP Nr. 66 zu § 611 BGB Haftung des AN.

[64] *Buchner*, Anm. zu BAG ebd.

[65] Vgl. *Buchner* ebd.

[66] BGH VersR 1962, 426.

Forsthaus — einem mit Holz verkleideten Lehmfachwerkbau — von einem Ofensetzer einen Ofen mit Kachelummauerung aufstellen, wobei eine Massivmauer allerdings nicht gezogen wurde. Da der Ofen damit unzureichend gesichert war, fing das Haus Feuer. Der BGH gab der Klage des Dienstherrn auf Schadensersatz statt, weil der Verstoß gegen eine Weisung keine gefahrgeneigte Arbeit sei.

Es ist zweifelhaft, ob der Förster grob fahrlässig gehandelt hat. Zwar hat er in einem mit Holz verkleideten Fachwerkbau einen Ofen aufstellen lassen, ohne die Stelle durch eine Massivmauer zu sichern. Aber immerhin hat er die Arbeit von einem Ofensetzer, den er für einen Fachmann halten durfte, ausführen lassen. Es läßt sich daher nicht sagen, daß er die erforderliche Sorgfalt in ungewöhnlich schwerem Maße verletzt oder einfachste, ganz naheliegende Überlegungen nicht angestellt habe[67]. Der Forstmeister hat den Schaden auch nicht etwa vorsätzlich verursacht, weil er sich vorsätzlich über ein Verbot seines AG hinwegsetzte. Denn das Verschulden des AN muß — abweichend vom allgemeinen Schadensersatzrecht — nicht nur die Pflichtverletzung, sondern auch den Schaden umfassen[68]. Das Ergebnis des BGH läßt sich aber damit begründen, daß die Forstverwaltung dem Forstmeister Veränderungen an Heizungsanlagen allgemein verboten hatte. Wenn der AN nämlich eine Tätigkeit ausübt, die ihm vom AG generell verboten worden war, dann erscheint es grundsätzlich auch gerechtfertigt, ihm die Risiken seines eigenmächtigen Handels aufzuerlegen[69]. Auch das Urteil des BAG zur Schwarzfahrt des Tankstellenlehrlings[70] läßt sich auf diese Erwägung stützen.

Den zweiten Fall, in dem das Gericht die Gefahrneigung der Arbeit verneint hat, obwohl eine grobe Fahrlässigkeit des AN zweifelhaft ist, hat das BAG entschieden[71]. Ein junger Fahrer, der seit acht Monaten die Fahrerlaubnis hatte und erst sechs Tage bei der Klägerin beschäftigt war, sollte mit einem LKW leere Eisenfässer befördern. Der AG hatte ihn angewiesen, die Fässer mit Holzkeilen gegen Hin- und Herrollen zu sichern. Der Fahrer verwendete die Holzkeile, nagelte sie aber entgegen der Weisung nicht fest. Auf der Fahrt kamen die Fässer auf der Ladefläche in Bewegung und eines davon prallte mit lautem Knall gegen die Fahrerkabine. Der Beklagte drehte sich dabei erschreckt um und fuhr gegen einen Baum. Die Vorinstanzen wiesen die Schadensersatzansprüche des AG ab und sahen in dem plötzlichen Umdrehen allenfalls einen Fall leichtester Fahrlässigkeit. Das BAG hingegen hielt

[67] Vgl. § 5 Anm. 3 ff.

[68] Ausf. dazu § 4.

[69] Vgl. *Gamillscheg / Hanau*, 64.

[70] BAG AP Nr. 1 zu § 67 VVG, oben vor Anm. 55.

[71] BAG AP Nr. 62 zu § 611 BGB Haftung des AN.

die Haftung des Fahrers für gerechtfertigt, wenn das Nichtfestnageln der Keile für den Schaden ursächlich war. Darin sei nämlich keine gefahrgeneigte Arbeit zu sehen, da der Beklagte damit gegen eine Weisung des AG verstoßen habe.

Schnorr von Carolsfeld hat Begründung und Ergebnis dieses Urteils abgelehnt. Er meint, das Nichtfestnageln der Keile sei nicht adäquat ursächlich für den infolge des plötzlichen Umdrehens entstandenen Schaden. Außerdem sei es zweifelhaft, ob die Weisung des AG den Zweck verfolgt habe, derartige Unfallverläufe auszuschließen; vielmehr habe damit vermieden werden sollen, daß die Fässer herabfallen, sich verschieben und dadurch das Gleichgewicht des Fahrzeuges stören oder das Ladegut beschädigen[72].

Diesen Bedenken Schnorr von Carolsfelds lassen sich weitere hinzufügen, zumal das Urteil des BAG in Widerspruch zu zahlreichen früheren Entscheidungen des Gerichts steht.

Der Senat sieht in der Weisung des AG den für eine unbeschränkte Haftung des Fahrers entscheidenden Umstand. Es ist deshalb erstaunlich, welche geringen Anforderungen das BAG an die Wirksamkeit und Eindringlichkeit der Weisung stellt. Es spricht von „der zu unterstellenden ausdrücklichen“ und der „angeblich erteilten“ Weisung[71]. Die Frage, wie eine Weisung erteilt wird, ist aber von ganz erheblicher Bedeutung. Sonst könnte der AG durch eine Fülle von Anordnungen, die kein AN auf die Dauer im Gedächtnis behalten kann, die von der Rechtsprechung zur Haftung des AN entwickelten Grundsätze außer Kraft setzen. Der vom BAG entschiedene Fall bot einigen Anlaß, die Wirksamkeit der Weisung genauer zu untersuchen. Der Beklagte war Fahranfänger und erst sechs Tage bei der Klägerin beschäftigt. Erfahrungsgemäß erteilt der AG dem AN gerade in den ersten Tagen besonders viele Belehrungen. Eine einzelne, nur nebenbei erteilte Weisung kann unter diesen Umständen in der großen Zahl der Informationen leicht untergehen. Das BAG hätte daher untersuchen müssen, wie eindringlich der AG den jungen Mitarbeiter auf die Notwendigkeit hingewiesen hatte, die Holzkeile auch festzunageln. Das Gericht will eine unzureichende Anordnung nur als Mitverschulden des AG bewerten und damit seinen Anspruch lediglich kürzen. Das reicht aber nicht aus; denn wenn ein AN über seine Arbeitspflichten nicht hinreichend aufgeklärt wird, kann aus diesem Grunde u. U. sein Verschulden und damit seine Haftung ganz entfallen. Das BAG hatte in einem früheren Urteil auch erheblich strengere Anforderungen an die Wirksamkeit einer Weisung gestellt. Dort hatte das Gericht — im Rahmen der Verschuldensprüfung — eine Weisung in Form eines zahlreiche Einzelheiten enthaltenden Aushangs

[72] *Schnorr von Carolsfeld*, Anm. zu BAG ebd.

am schwarzen Brett für unzureichend erachtet. Man habe von dem AN nämlich nicht erwarten können, daß er sich den Inhalt des Aushangs ausreichend einprägte. Die Weisung müsse vielmehr so erteilt werden, daß der AN sie „wirklich in sich aufnehmen“ könne[73].

Die „Holzkeile-Entscheidung“ steht auch zu einem weiteren Urteil des BAG im Gegensatz. In jenem Fall entlastete das BAG einen Elektrolehrling, der einen Verkehrsunfall verursacht hatte, mit der Erwägung, daß sein AG sich nicht ausreichend davon überzeugt habe, ob er vorsichtig fuhr, und ihm keinen erfahrenen Kollegen zur Aufsicht mitgegeben habe[74]. In dem hier besprochenen Urteil untersucht das BAG die Frage der notwendigen Kontrolle des AN überhaupt nicht.

Das BAG hält es außerdem für unerheblich, daß der Fahrer schon den ganzen Tag gearbeitet hatte, als er es unterließ, die Holzkeile festzunageln. In einem anderen Fall hingegen hatte das Gericht die Gefahrneigung der Arbeit u. a. damit begründet, daß der AN zur Unfallzeit schon 5 Stunden gearbeitet hatte[75]. Die Begründung des BAG im „Holzkeile-Fall“ steht schließlich auch im Widerspruch zu der sich in der neueren Rechtsprechung des Gerichts verstärkenden Tendenz, die „Drucksituation“[76] zu berücksichtigen. Es leuchtet nicht ein, weshalb ein kaufmännischer Angestellter, der überlastet ist und deshalb ein Telegramm falsch liest[77], oder ein Lehrling, der einen Autounfall verursacht[78], besser behandelt werden sollen als ein Anfänger, der — nach erst sechs Tagen in der Firma mit vielen Einzelheiten seiner Tätigkeit noch nicht ganz vertraut — es am Ende eines langen Arbeitstages versäumt, die Holzkeile auf der Ladefläche auch festzunageln.

Zehn von elf Urteilen des BAG und des BGH haben die Hypothese bestätigt, daß bei einer Schadensverursachung innerhalb des Aufgabenbereichs des AN das Fehlen der Gefahrneigung der Arbeit mit einem groben Fehlverhalten des AN gleichgesetzt werden kann. Die Begründung des elften Urteils widerspricht vielen anderen Entscheidungen des BAG und kann deshalb außer Betracht bleiben.

3. Ergebnis

Die Arbeit ist somit immer dann gefahrengeneigt, wenn der AN den Schaden nicht grob fahrlässig verursacht hat. Die Gefahrneigung der

---

[73] BAG AP Nr. 58 zu § 611 BGB Haftung des AN.

[74] BAG AP Nr. 59 zu § 611 BGB Haftung des AN.

[75] BAG AP Nr. 42 zu § 611 BGB Haftung des AN.

[76] Vgl. *Gamillscheg*, Verh. des 45. DJT, Band 2, G 17 ff.; *Gamillscheg / Hanau*, 54 ff.; BAG AP Nr. 50, 53, 66 zu § 611 BGB Haftung des AN.

[77] BAG AP Nr. 53 zu § 611 BGB Haftung des AN.

[78] BAG AP Nr. 59 zu § 611 BGB Haftung des AN.

Arbeit ist daher ein überflüssiger Begriff. Der bereits erwähnte Entwurf eines 2. Arbeitsrechtsbereinigungsgesetzes verzichtet also zu Recht auf dieses Tatbestandsmerkmal[79]. Die unnötige doppelte Prüfung der Gefahrneigung der Arbeit und des Verschuldens des AN widerspricht dem Gebot der Prozeßökonomie, da ihr Gegenstand derselbe ist. Es leuchtet auch ein, warum eine positive Bestimmung der Gefahrneigung der Arbeit nicht gelingen konnte: Einen nicht groben Fehler kann der AN bei allen nur denkbaren Arbeiten machen. Eine Systematisierung dieser Fälle unter dem Gesichtspunkt der *Arbeit* ist unmöglich; denn allen diesen Urteilen ist in Wirklichkeit das nicht grobe *Verschulden* des AN gemeinsam. Die große Bedeutung, die der Begriff der Gefahrneigung der Arbeit in Rechtsprechung und Lehre gewonnen hat, läßt sich nur aus seiner Entstehungsgeschichte erklären. Das Gebot der objektiv erforderlichen Sorgfalt (§ 276 Abs. 1 Satz 2 BGB) schien es auszuschließen, das für jeden AN unvermeidbare Nachlassen der Aufmerksamkeit auf der Verschuldensebene mildernd zu berücksichtigen. Als Ausweg blieb somit der — nur scheinbar objektive und von der Verschuldensfrage losgelöste — Gesichtspunkt der Gefahr(neigung) der Arbeit[80].

Der Begriff der Gefahrneigung der Arbeit ist nicht nur überflüssig. Er verleitet auch zu undifferenzierten Folgerungen, wie sich im „Holzkeile-Fall" des BAG[81] gezeigt hat. Seine größte Gefahr für die Rechtssicherheit liegt aber wohl darin, daß er in vielen Fällen die eigentlichen Gründe für die Annahme der Haftung verdeckt. In zahlreichen Urteilen dient er nämlich als „Begründung" für eine unbeschränkte Haftung des AN, indem die Gerichte lediglich erklären, eine bestimmte Tätigkeit sei nicht gefahrengeneigt[82]. Das entscheidende (Krypto-)Argument — das grobe Verschulden des AN — wird nicht diskutiert und dürfte den Richtern oft nicht einmal bewußt geworden sein. So konnte die in nahezu allen Urteilen billigenswerte Unterscheidung als willkürlich[83] empfunden werden, weil die Systematisierung dieser Fälle unter dem Gesichtspunkt der Arbeit unmöglich ist. Stellt man dagegen auf den allein maßgeblichen Gesichtspunkt des schweren Verschuldens des AN ab, so liegen die Urteile des BAG und BGH auf einer erstaunlich geraden Linie.

Gamillscheg scheint ebenso der Ansicht zu sein, daß die Gefahrneigung der Arbeit ein überflüssiger Begriff ist, wenn er meint, man könne

---

[79] RdA 1971, 355.

[80] Vgl. oben I 2.

[81] BAG AP Nr. 62 zu § 611 BGB Haftung des AN, oben bei Anm. 71.

[82] BAG AP Nr. 22 (VW-Transporter), 47 (Streptomycin), 62 (Holzkeile), 66 (Waldbrand) zu § 611 BGB Haftung des AN.

[83] *van Gelder*, JurA 1971, 238.

vom Schaden auf die konkrete Gefährlichkeit dieser Tätigkeit schließen[84]. Er schränkt dieses Ergebnis jedoch wieder ein, indem er der Fallgruppe der „Drucksituation" die Fälle gegenüberstellt, in denen ein geringes Versehen des AN zu einem übermäßig hohen Schaden geführt[85] oder in denen ein altbewährter Mitarbeiter den AG leicht schuldhaft geschädigt hat[86]. Verzichtet man auf den künstlichen Begriff der Gefahrneigung der Arbeit, so bereitet auch der Fall keine besonderen Schwierigkeiten, in dem ein leichtes Versehen des AN zu einem sehr hohen Schaden geführt hat, denn für ganz leichte Fehler haftet der AN nach allgemeiner Ansicht nicht. Das BAG bestätigt dies, wenn es sagt, die Schadensneigung der Arbeit ergebe sich gerade daraus, daß eine geringe Unaufmerksamkeit des AN zu sehr schweren Folgen führen könne[87].

Die Gefahrneigung der Arbeit ist somit ein überflüssiger und künstlicher Begriff, der den Gerichten unnötige Schwierigkeiten bereitet, zu undifferenzierten Folgerungen verleiten kann und oft die eigentlichen Gründe einer Entscheidung verdeckt. Er hat lange Zeit die Aufmerksamkeit von Rechtsprechung und Schrifttum auf sich gezogen und damit von dem wesentlichen Merkmal der Arbeitnehmerhaftung abgelenkt, nämlich dem Verschulden des AN, das in den folgenden Abschnitten behandelt wird.

---

84 Verh. des 45. DJT, Band 2, G 17, 33.
85 Verh. des 45. DJT, Band 2, G 19, 34.
86 Verh. des 45. DJT, Band 2, G 26, 29, 35.
87 BAG AP Nr. 42 zu § 611 BGB Haftung des AN.

§ 3 Die Rolle des Verschuldens im System der Arbeitnehmerhaftung

I. Verschuldensgrad und Haftungsumfang

Der Grad des Verschuldens des AN war neben der Gefahr(neigung) der Arbeit von Anfang an[1] ein entscheidender Faktor im Haftungssystem der Rechtsprechung. Die volle Ersatzpflicht bei Vorsatz war nie zweifelhaft; der Streit geht darum, bei welchem Grad von Fahrlässigkeit und in welchem Umfang der AN haftet.

Das RAG vertrat in seinen ersten Urteilen die Ansicht, der AN brauche regelmäßig nur für grobe Fahrlässigkeit einzustehen[2]. Es müsse im Einzelfall geprüft werden, ob die Haftung auf Fälle leichter Fahrlässigkeit ausgedehnt werden könne[3]. In seinen späteren Urteilen entschied es dagegen, bei leichter Fahrlässigkeit sei eine „angemessene Beteiligung"[4] des AN am Schaden gerechtfertigt. Der Unternehmer müsse jedoch den überwiegenden Teil des Schadens tragen.

Das BAG und der BGH haben in ihren Grundsatzentscheidungen zur Arbeitnehmerhaftung zunächst alle Umstände zusammengestellt, die für ihren Umfang von Bedeutung sein sollten: die Größe der in der Arbeit liegenden Gefahr, das vom AG einkalkulierte und durch eine Versicherung abdeckbare Risiko, die Stellung des AN im Betrieb, die Höhe des Arbeitsentgelts, in dem eine Risikoprämie enthalten sein kann, die Höhe des Schadens, besonders der Grad des Verschuldens und persönliche Umstände wie Dauer der Betriebszugehörigkeit, Alter, Familienverhältnisse und bisheriges Verhalten des AN[5].

Der Große Senat des BAG entwickelte daraus die Regel, daß der AN gegenüber Arbeitskollegen bei grober Fahrlässigkeit unbeschränkt und bei leichter überhaupt nicht hafte[6]. Dem 2. Senat des BAG schien der

---

[1] Vgl. schon ArbG Plauen ARS 29, 62

[2] RAG ARS 30,1; ebenso ArbG Plauen ebd.; LAG Königsberg, mitgeteilt in RAG ebd.; RAG ARS 37, 269 (Leitsatz).

[3] RAG ARS 30, 1 (Leitsatz).

[4] RAG ARS 41, 55; 41, 259; 43, 108.

[5] BAG (GS) AP Nr. 4 zu § 898, § 899 RVO = BAGE 5, 1 (7); BGH AP Nr. 1 zu § 611 BGB Haftung des AN = BGHZ 16, 111 (117 ff.).

[6] BAGE 5, 1 ff.

völlige Ausschluß der Haftung bei leichter Fahrlässigkeit im Verhältnis zum AG nicht gerechtfertigt zu sein. Er unterschied deshalb innerhalb der nicht groben Fahrlässigkeit zwischen der mittleren und der leichtesten Fahrlässigkeit, allerdings ohne auf die in dieser Differenzierung liegenden Abweichung von dem Beschluß des Großen Senats näher einzugehen[7]. Nur bei leichtester Fahrlässigkeit entfällt nach seiner Ansicht die Ersatzpflicht. Bei mittlerer Fahrlässigkeit hafte der AN für einen Teil des Schadens, dessen Höhe durch Abwägung der verschiedenen oben genannten Umstände zu ermitteln sei. Das BAG hat damit die von einigen Landesarbeitsgerichten schon vorher vertretene[8] Dreiteilung mit der Regel der vollen Haftung bei grober Fahrlässigkeit übernommen und legt sie seitdem seiner Rechtsprechung zugrunde[9].

Der BGH hingegen hat diese Unterscheidung und feste Regeln für den Umfang der Haftung des AN in seinem Grundsatzurteil abgelehnt[10]. Er hält eine Haftungsreduktion selbst bei grober Fahrlässigkeit für zulässig[11]. In einem seiner neuesten Urteile[12] teilt er die Wertung des Großen Senats des BAG und der Mehrheit im Schrifttum[13] und läßt die Haftung des AN bei nicht grober Fahrlässigkeit ganz entfallen.

II. Der Streit um den Verschuldensbegriff im Zivilrecht und seine Bedeutung für die Haftung des Arbeitnehmers

Die Ergebnisse der Lehre zur gefahrengeneigten Arbeit führen nach überwiegend vertretener Ansicht zu einer Einschränkung des § 276 BGB. Einige Verfasser haben versucht, diese Konsequenz durch eine besondere arbeitsrechtliche Auslegung der Vorschrift zu vermeiden[14]. Das legt es nahe, diese Bestimmung genauer zu untersuchen.

1. Die Auswirkungen des Streits

Nach § 276 Abs. 1 Satz 2 BGB handelt fahrlässig, wer die im Verkehr erforderliche Sorgfalt außer acht läßt. Die in der Rechtsprechung nahe-

[7] BAG AP Nr. 8 zu § 611 BGB Haftung des AN = BAGE 7, 290.

[8] LAG Bremen RdA 1951, 77; LAG Stuttgart DB 1951, 744; LAG Düsseldorf DB 1954, 520.

[9] Wie § 1 Anm. 45, einschränkend aber BAG AP Nr. 69, 74 zu § 611 BGB Haftung des AN.

[10] BGHZ 16, 111 (120).

[11] BGH ebd.; BB 1962, 110; AP Nr. 52 zu § 611 BGB Haftung des AN.

[12] BGH AP Nr. 68 zu § 611 BGB Haftung des AN.

[13] Wie § 1 Anm. 54.

[14] Wie § 1 Anm. 33; ausführlich unten III 1.

zu einhellige und im Schrifttum bis vor kurzem noch ganz herrschende Auffassung sieht darin eine Definition des Verschuldens fahrlässigen Handelns[15]. Sie folgert daraus, daß für das Verschulden im Zivilrecht ein objektiver Maßstab gelte. Der Täter hafte für die objektiv erforderliche und nicht für die ihm persönlich mögliche Sorgfalt. Schuldhaft handelt nach dieser Auffassung auch der Schädiger, dessen Kenntnisse und körperliche Leistungsfähigkeit nicht ausreichen, um die objektiv erforderliche Sorgfalt aufzubringen (objektiver Verschuldensbegriff)[16].

Diese strenge, auf die Schwächen des Schädigers keine Rücksicht nehmende Auffassung ist schon früh auf Widerspruch gestoßen. Die Gegner des objektiven Verschuldensbegriffs empfinden es als unbillig, den Täter haften zu lassen, wenn er größere Sorgfalt aufzubringen nicht imstande war. Nach dieser Ansicht handelt nur derjenige schuldhaft, dem der Fehler persönlich vorgeworfen werden kann[17].

Soweit die Auswirkungen des Streits um den Verschuldensbegriff auf die Arbeitnehmerhaftung überhaupt erörtert werden, hält man sie für praktisch bedeutungslos[18]. Die Frage wird fast immer an dem Fall des AN diskutiert, der eine Tätigkeit übernimmt, für die ihm die nötige Vorbildung fehlt. Hier halten auch die Vertreter des subjektiven Verschuldensbegriffs seine Haftung für gerechtfertigt. Zwar treffe ihn bei der Schädigung selbst kein Verschulden, wenn er infolge fehlender Vorbildung nicht in der Lage war, das objektive Erforderliche zu erkennen; sein schuldhaftes Verhalten liege aber darin, daß er die Arbeit übernommen habe, ohne seine Eignung dafür ausreichend zu prüfen (Übernahmeverschulden)[19].

Damit ist die Bedeutung des Problems jedoch erheblich unterschätzt. Die Auswirkungen der verschiedenen Verschuldensbegriffe auf die Arbeitnehmerhaftung dürften bisher deshalb so wenig beachtet geblieben

---

[15] RGZ 95, 17; 127, 315; 152, 240; BGHZ 24, 27; 39, 281; RAG ARS 41, 60; BAGE 7, 297; vgl. aber BAGE (GS) 5, 1 ff.. 18; *Blomeyer*, Allg SchuldR, § 24 II 3; *Erman / Battes*, BGB, 5 zu § 276; *Esser* SchuldR I, § 38 II, vgl. aber auch § 9 II 3; *Fikentscher*, SchuldR, § 53 IV; *Larenz*, SchuldR I, § 20 III; *Soergel / Reimer Schmidt*, BGB, 14 ff. zu § 276; *Staudinger / Werner*, BGB, 12 zu § 276; ausführlich *Deutsch*, Fahrlässigkeit und erforderliche Sorgfalt, 28 ff. mit Nachw. des älteren Schrifttums.

[16] Besonders deutlich BAG AP Nr. 58 (Leitsatz) und Nr. 59 zu § 611 BGB Haftung des AN.

[17] *Brodmann*, AcP 99, 371; *von Tuhr*, Allgemeiner Teil III, 489; *Siber*, SchuldR, 44; in neuerer Zeit vor allem *Nipperdey*, NJW 1957, 1777 ff. und *Enneccerus / Nipperdey*, Allgemeiner Teil, I/2, §§ 211 ff. mit Nachweisen.

[18] *Schnorr von Carolsfeld*, Arbeitsrecht, 306; *Ruppert*, Die Haftung des AN bei schadensgeneigter Arbeit, 57; *Bobrowski / Gaul*, Das Arbeitsrecht im Betrieb, 495; *Bringezu*, Begrenzung der Arbeitnehmerhaftung, 19.

[19] *Schnorr von Carolsfeld, Nipperdey, Ruppert, Bobrowski, Gaul, Bringezu* ebd.

sein, weil auch die Vertreter der subjektiven Auffassung die Diskussion mit dem Hinweis auf das Übernahmeverschulden vorzeitig abbrechen[20]. Der Fall des Übernahmeverschuldens ist in der Praxis jedoch verhältnismäßig selten; sehr zahlreich sind dagegen die Fälle, in denen der AN den Schaden infolge Übermüdung oder fehlender Erfahrung und Übung verursacht. Hier kann es für den Ausgang des Prozesses entscheidend sein, ob man bei der Verschuldensprüfung allein auf das objektiv Erforderliche oder auf die persönliche Vorwerfbarkeit des Sorgfaltsverstoßes abstellt. Das zeigt sich an folgendem: Wer bei der Verschuldensprüfung auf das von der Sache her objektiv Erforderliche abstellt — im Gegensatz zum von der Person her subjektiv Vorwerfbaren —, wird dazu neigen, immer nach einem Schuldigen zu suchen, nachdem ein vermeidbarer Schaden entstanden ist[21]. Bei solcher Betrachtungsweise steht der Schaden im Vordergrund. Das verleitet dazu, rückschauend zu untersuchen, was zu seiner Verhinderung nötig gewesen wäre. Dem Täter wird dann der Vorwurf gemacht, das Erforderliche nicht beachtet zu haben. Dabei werden seine Sorgfaltspflichten oft überspannt[22] und Vermeidbarkeit mit Verschulden gleichgesetzt[23]. Die subjektive Lehre hingegen untersucht nicht nur, was objektiv erforderlich war, um den Schaden zu vermeiden; vielmehr stellt sie auch darauf ab, ob dem Täter im Hinblick auf seine individuellen Eigenschaften ein persönlicher Vorwurf daraus gemacht werden kann, daß er die objektiv erforderliche Sorgfalt nicht beachtet hat.

Die unterschiedlichen Auswirkungen der jeweiligen Betrachtungsweise lassen sich in der Rechtsprechung zur Haftung des AN sogar bei der Bewertung einzelner Sachverhaltselemente nachweisen. Dazu zwei Beispiele: Fährt ein angestellter Fahrer mit dem Wagen bei Regen auf ein anderes Fahrzeug auf, so kann man das schlechte Wetter auf zweierlei Weise bewerten. Mann kann sagen, bei solcher Witterung ereigneten sich Unfälle häufiger, und den Fahrer damit entlasten (subjektive Betrachtungsweise)[24]. Es läßt sich aber auch umgekehrt argumentieren, daß gerade das schlechte Wetter den Fahrer hätte veranlassen müssen, Geschwindigkeit und Sicherheitsabstand auf die sich daraus ergebenden Gefährdungsmöglichkeiten einzurichten[25]. Ist der Fahrer übermüdet, so kann man darin einen entlastenden Umstand sehen[26], ihm aber auch

---

[20] *Schnorr von Carolsfeld, Nipperdey, Ruppert,* ebd.

[21] So schon *A. Hueck,* Anm. zu RAG ARS 41, 259.

[22] *A. Hueck,* ebd.; *Soergel / Reimer Schmidt,* 17 zu § 276; *Geigel,* Haftpflichtprozeß, I 2., 11.

[23] Vgl. die Definition der gefahrengeneigten Arbeit, Element f), oben § 2 III 1.

[24] LAG Düsseldorf AP 1951 Nr. 255.

[25] BGH AP Nr. 52 zu § 611 BGB Haftung des AN.

[26] LAG Frankfurt VersR 1956, 327; BAG AP Nr. 69 zu § 611 BGB Haftung des AN.

umgekehrt einen Vorwurf gerade daraus machen, daß er sich müde ans Steuer setzt[27].

Wie erheblich die praktischen Konsequenzen der verschiedenen Perspektiven sind, zeigt sich in aller Deutlichkeit erst an den zahlreichen arbeitsbedingten Umständen, welche die Leistungsfähigkeit des AN beeinträchtigen können (z. B. Übermüdung, Überanstrengung, Hetze, Monotonie) und die *Gamillscheg* in einem anderen Zusammenhang als „Drucksituation" bezeichnet hat[28]. Die objektive Auffassung, die allein auf das zur Vermeidung des Schadens Erforderliche abstellt, kann diese Gesichtspunkte folgerichtig ebensowenig in die Verschuldensprüfung einbeziehen wie das geringe Alter oder die fehlende Erfahrung des AN. Die Gerichte berücksichtigen jedoch trotz Festhaltens am objektiven Verschuldensbegriff immer häufiger Umstände, die den AN subjektiv entlasten, wie Übermüdung[29], berufliche Überanstrengung[30], Zwang zu schnellen Entschlüssen[31], die Jugend und Unerfahrenheit des AN[32] oder allgemein die „Drucksituation"[33]. Vom Standpunkt des objektiven Verschuldensbegriffs aus liegt darin eine Inkonsequenz, die, wie sich noch zeigen wird, die Gerichte oft vor erhebliche Schwierigkeiten stellt.

Überhaupt ist die ganze Lehre von der gefahrengeneigten Arbeit aus dem Spannungsverhältnis zwischen dem objektiv Erforderlichen und subjektiv Vorwerfbaren entstanden. § 276 Abs. 1 Satz 2 BGB macht es dem AN zur Pflicht, ohne jeden Fehler zu arbeiten. Niemand bezweifelt aber, daß selbst der sorgfältigste AN diese Pflicht auf Dauer nicht erfüllen kann. Die menschliche Unzulänglichkeit, Ansatzpunkt der neuen Lehre und Kern aller Definitionen der gefahrgeneigten Arbeit[34], taucht schon in den ersten Urteilen[35] zur Arbeitnehmerhaftung auf. Das BAG stellt der objektiven Forderung des § 276 Abs. 1 Satz 2 BGB ein „entschuldigendes Verständnis"[36] entgegen. Im System des objektiven Verschuldensbegriffs haben „entschuldigendes Verständnis", „menschliche Unzulänglichkeit" und „Drucksituation" jedoch keinen Platz. Das scheint auch das BAG zu meinen, wenn es sagt, die Haftungsmilderung beruhe „letzten Endes nicht auf einer Billigung durch die Rechtsordnung, sondern lediglich auf einem Verständnisgedanken"[37].

---

[27] BAG AP Nr. 33 zu § 611 BGB Haftung des AN; LAG Bad.-Württ. DB 1961, 711.

[28] *Gamillscheg / Hanau*, 54.

[29] BAG AP Nr. 69, 70 zu § 611 BGB Haftung des AN.

[30] BAG AP Nr. 53 zu § 611 BGB Haftung des AN.

[31] BAG AP Nr. 50 zu § 611 BGB Haftung des AN.

[32] BAG AP Nr. 69, 70 zu § 611 BGB Haftung des AN.

[33] BAG AP Nr. 66 zu § 611 BGB Haftung des AN.

[34] Oben § 2 III 1, Element g).

[35] ArbG Plauen 4. 11. 1936 = ARS 29, 62.

[36] BAG AP Nr. 8 zu § 611 BGB Haftung des AN = BAGE 7, 290 (299).

Es zeigt sich somit, daß der Streit um den Verschuldensbegriff im Zivilrecht erhebliche Auswirkungen auf die Haftung des AN hat. Deshalb soll im folgenden dazu Stellung genommen werden. Zwei Fragen sind dabei zu unterscheiden, die in der Diskussion um den Verschuldensbegriff nicht immer deutlich genug auseinander gehalten werden: 1. Regelt § 276 Abs. 1 Satz 2 BGB das Verschulden der Fahrlässigkeitstat (unten 2)? 2. Wenn § 276 Abs. 1 Satz 2 BGB das Verschulden nicht definiert: Nach welchen Gesichtspunkten ist das Verschulden im allgemeinen Schadensrecht und im Bereich der Arbeitnehmerhaftung zu bestimmen (unten III 3)?

2. § 276 Absatz 1 Satz 2 BGB und die Lehre vom Verhaltensunrecht

a) Die Stellungnahme zum Streit um § 276 Abs. 1 Satz 2 BGB und den Verschuldensbegriff im Zivilrecht setzt Klarheit über seinen dogmatischen Hintergrund voraus[38].

Die Unterscheidung zwischen Tatbestand, Rechtswidrigkeit und Schuld war den Verfassern des BGB unbekannt. Sie ist erst etwa 50 Jahre alt[39]. Bis zum Ende des 19. Jahrhunderts gab es in der strafrechtlichen und zivilrechtlichen Dogmatik den Begriff der „Zurechnung". Dieser Begriff war von *Samuel von Pufendorf* im 17. Jahrhundert entwickelt und im 18. Jahrhundert von *J. S. Fr. von Böhmer* in die Strafrechtswissenschaft übernommen worden. Er bedeutete soviel wie menschliche Handlung, umfaßte jedoch nicht alle Folgen, die der Mensch verursachte, sondern nur diejenigen, die von ihm beherrscht waren. Nur diese Folgen konnten ihm als „Willenswerk" „zugerechnet" werden. Es galt der Satz: „Kein Unrecht ohne Schuld"[40].

Erst im Jahre 1867 entwickelte *Rudolf von Jhering* in seiner Schrift „Das Schuldmoment im römischen Privatrecht" den Begriff der objektiven Rechtswidrigkeit. Damit war die Unterscheidung zwischen Rechtswidrigkeit und Schuld geschaffen. Später wurde der dritte Teil im Deliktsaufbau, der Tatbestand, ausgegliedert. Die von Jhering begründete Differenzierung führte zu der Frage, wodurch die Rechtswidrigkeit bestimmt werde: durch den Schaden oder durch die Pflichtwidrigkeit des Verhaltens? Der Streit darüber ist bis heute nicht beendet und hat unmittelbare Auswirkungen auf das Verständnis des § 276 Abs. 1 Satz 2

---

[37] BAG ebd. S. 300; ebenso *Nikisch*, I, S. 30: Man sei großzügiger als das Recht, wenn der AN bei kleinen Versehen nicht zu haften brauche.

[38] Ausführlich dazu *Welzel*, JuS 1966, 421 ff.; *ders.*, Lehrbuch § 8 III; *Deutsch*, Fahrlässigkeit, 43 ff., vgl. auch *Deutsch*, Festschrift Welzel, 227 ff.

[39] Vgl. z. B. *Staudinger / Engelmann*, 9. Aufl., 1929 § 823 Anm. II A.

[40] *Welzel*, JuS 1966, 421.

BGB. Die gegensätzlichen Standpunkte sind unter dem Begriffspaar „Erfolgsunrecht" und „Handlungs- oder Verhaltensunrecht" bekannt[41].

b) Nach der traditionellen Lehre, die im Straftrecht[42] und im Zivilrecht[43] noch häufig vertreten wird, indiziert der Schaden die Rechtswidrigkeit der Handlung, die zu ihm geführt hat (Lehre vom Erfolgsunrecht). Jedes gewollte Verhalten, das für einen Schaden ursächlich war, ist tatbestandsmäßig (kausale Handlungslehre) und damit regelmäßig rechtswidrig. Die Prüfung der Rechtswidrigkeit besteht in der negativen Feststellung, daß der Täter keine Rechtfertigungsgründe geltend machen kann.

Die Lehre vom Erfolgsunrecht enthält eine gewisse Vorentscheidung bei der Stellungnahme zu § 276 Abs. 1 Satz 2 BGB und zum Verschuldensbegriff im Zivilrecht. Die Rechtswidrigkeit wurde im bürgerlichen Recht lange Zeit vorwiegend an dem Erfolgsdelikt des § 823 Abs. 1 BGB erörtert[44]. Diese Vorschrift unterscheidet ausdrücklich zwischen der Rechtswidrigkeit und der Fahrlässigkeit. Da nach der Lehre vom Erfolgsunrecht die Rechtswidrigkeit durch den Schaden indiziert wird, scheint § 823 Abs. 1 BGB mit der Fahrlässigkeit das Verschulden zu meinen. § 276 Abs. 1 Satz 2 BGB ist nach dieser Auffassung also eine das Verschulden definierende Norm, die auf die objektiv erforderliche und nicht die persönlich mögliche Sorgfalt abstellt[45]. Daher scheint die Bestimmung auch einen subjektiven Verschuldensbegriff auszuschließen und damit keine Sonderregeln für AN zuzulassen, die leichte Fehler auf Dauer nicht vermeiden können. Trotzdem haben Rechtsprechung und Lehre den als Verschuldensnorm verstandenen § 276 BGB von Anfang an eingeschränkt. Sie haben darin eine Abweichung vom Wortlaut des Gesetzes gesehen und deshalb verschiedene Konstruktionen entwickelt, um den vermeintlichen Bruch mit dem BGB zu rechtfertigen[46]. Aber gerade die Haftung des AN hätte Anlaß sein können, die Deutung des § 276 Abs. 1 Satz 2 BGB als Verschuldensnorm in Frage zu stellen.

c) § 276 Abs. 1 Satz 2 BGB brauchte im Bereich der Arbeitnehmerhaftung nicht eingeschränkt zu werden und der Weg zu einem subjek-

---

[41] Vgl. *Münzberg*, Verhalten und Erfolg als Grundlagen der Rechtswidrigkeit und Haftung, 47 ff.; *Enneccerus / Nipperdey*, I/2, § 209 IV A.

[42] BGHSt 7, 114; *Baumann*, AT, § 28 I m. Nachw.; a. A. vor allem *Welzel* wie Anm. 47.

[43] *Erman / Battes*, 10 zu § 276; *Larenz*, SchuldR II, § 72 I c); *Palandt / Thomas*, 7 A zu § 823; *Soergel / Reimer Schmidt*, 19 ff. vor § 276; *Staudinger / Werner*, 81 ff. vor § 276; weitere Nachw. bei *Deutsch*, Fahrlässigkeit, 43 ff.; a. A. BGHZ (GS) 24, 21; *Esser*, SchuldR I, § 9 II 3.

[44] *Deutsch*, Fahrlässigkeit, 43 f.

[45] Vgl. z. B. *Larenz*, SchuldR I, § 20 IV; *Staudinger / Werner*, 12 zu § 276; *Palandt / Thomas*, 7 A zu § 823; *Erman / Battes*, 10 zu § 276.

[46] Vgl. oben § 1 II 2.

tiven Verschuldensbegriff wäre nicht versperrt, wenn diese Vorschrift nicht das Verschulden, sondern die Rechtswidrigkeit (oder den Tatbestand) der fahrlässigen Handlung umschreibt. Dies ist der Standpunkt der Lehre vom Verhaltens- oder Handlungsunrecht, die vor allem unter dem Einfluß der finalen Handlungslehre entwickelt wurde[47]. Sie beruht auf folgenden Überlegungen[48]: Die Rechtsordnung kann nicht alle gefährlichen Tätigkeiten verbieten, weil viele von ihnen erwünscht und sogar unentbehrlich sind, z. B. der Kraftfahrzeugverkehr oder der Betrieb von Atomreaktoren. Um dabei erfahrungsgemäß auftretende Schäden möglichst zu verhindern, stellt sie Regeln auf, die bestimmte Verhaltensweisen fordern, also „die im Verkehr erforderliche Sorgfalt" bestimmen. Für Tätigkeiten, welche die Allgemeinheit sehr häufig beeinträchtigen, sind die Verhaltensregeln in besonderen Vorschriften (z. B. StVG, StVO) niedergelegt. Für die übrigen Fälle gilt die Generalklausel des § 276 Abs. 1 Satz 2 BGB, die im Einzelfall unter Berücksichtigung von Erfahrungssätzen konkretisiert werden muß[49]. Wer diese Verhaltensregeln, „die objektiv erforderliche Sorgfalt", beachtet, handelt rechtmäßig (sozialadäquat), auch wenn sein Verhalten zu einem Schaden führt. Derartige Schäden sind Unglück, nicht Unrecht[50]. Dazu ein Beispiel von *Welzel*[51]: Zwei Autos stoßen in einer Kurve zusammen, weil einer der Fahrer die Kurve geschnitten hat, während der zweite vorschriftsmäßig fuhr. Das Verhalten des zweiten Fahrers ist nicht schon deshalb rechtswidrig, weil es einen Schaden (mit-)verursacht hat. Vielmehr ist es rechtmäßig, weil der Fahrer die erforderliche Sorgfalt beachtet hat. Das hat auch der Große Senat des BGH in seinem Beschluß vom 4. 3. 1957 anerkannt[52].

Die traditionelle, am Erfolg orientierte Lehre hingegen führt in einigen Fällen zu offensichtlich unrichtigen Ergebnissen. Nach dieser Auffassung tötet der Automobilhersteller rechtswidrig und vorsätzlich die Unfallopfer. Denn die Tötung der Menschen ist nicht nur eine adäquate, sondern eine statistisch sichere Folge von Produktion und Verkauf; deshalb wird die Rechtswidrigkeit der Herstellung nach der Lehre vom Erfolgsunrecht durch die Tötung indiziert. Wegen der Gewißheit der Verletzungsfolgen müßte man auch vorsätzliches Handeln des Herstellers annehmen[53].

---

[47] Für das Strafrecht vor allem *Welzel*, Fahrlässigkeit und Verkehrsdelikte, 1961; *ders.*, Lehrbuch, § 18; für das Zivilrecht besonders *Nipperdey*, NJW 1957, 1777 und *Enneccerus / Nipperdey*, I/2 § 209, jeweils mit Nachweisen.

[48] *Welzel*, Lehrbuch, § 18 I; *Nipperdey*, NJW 1957, 1777.

[49] *Welzel*, ebd.

[50] *Niese*, JZ 1956, 466; *Nipperdey*, NJW 1957, 1778.

[51] *Welzel*, Fahrlässigkeit und Verkehrsdelikte, 8; *ders.*, NJW 1968, 427.

[52] BGHZ 24, 21.

[53] *Nipperdey*, NJW 1967, 1989; *Medicus*, Bürgerliches Recht, § 25, I 2 b.

Die Vertreter der Lehre vom Erfolgsunrecht sehen sich daher immer mehr veranlaßt, den Bereich der indizierten Rechtswidrigkeit einzuengen[54]. Einige unterscheiden dabei zwischen mittelbaren und unmittelbaren Verletzungen. Nur bei den unmittelbaren Eingriffen sei die Rechtswidrigkeit durch den Erfolg indiziert. Bei mittelbaren Verletzungen dagegen sei die Handlung nur rechtswidrig, wenn der Täter eine Verkehrssicherungspflicht verletzt[55]. Der Automobilhersteller handelt nach dieser Auffassung somit nur dann rechtswidrig, wenn er gegen eine Sorgfaltspflicht verstößt. Das entspricht der Lehre vom Handlungsunrecht. Im Bereich der „mittelbaren" Eingriffe ist also auch die traditionelle Auffassung dazu übergegangen, die Pflichtwidrigkeit der Handlung zum Maßstab für das Rechtswidrigkeitsurteil zu machen, um offensichtlich unrichtige Ergebnisse zu vermeiden. Darin liegt für den Bereich der „mittelbaren" Eingriffe eine Preisgabe der Lehre vom Erfolgsunrecht[56] und eine deutliche Annäherung an die Lehre vom Handlungsunrecht.

Ein weiteres Argument für die Lehre vom Verhaltensunrecht bildet das unechte Unterlassungsdelikt. Hier führt die Erfolgsunrechtslehre nicht weiter[57]. Bei einer Schadensverursachung durch Unterlassen kann der Schaden die Rechtswidrigkeit des Verhaltens nämlich nicht indizieren. Das zeigt sich etwa dann, wenn ein Fußgänger auf einer vereisten Treppe ausrutscht und sich verletzt. Würde hier schon der Verletzungserfolg ausreichen, um die Rechtswidrigkeit des Unterlassens zu begründen, so müßte jeder dem Verletzten Schadensersatz leisten, der zum Streuen in der Lage war. Das Beispiel zeigt, daß ein Schaden nur der Person als rechtswidrig zugerechnet werden kann, die zu seiner Abwendung verpflichtet war (Garantenpflicht)[58]. In dem „Treppenfall" haftet also der Eigentümer oder z. B. ein Angestellter, zu dessen Arbeitspflichten das Streuen der Treppe gehörte. Auch die Lehre vom Erfolgsunrecht muß im Bereich des unechten Unterlassungsdelikts die Rechtswidrigkeit des Verhaltens danach bestimmen, ob der Unterlassende eine Pflicht zur Schadensabwehr hatte. Das ist der Inhalt zahlreicher von der Rechtsprechung entwickelter Verkehrssicherungspflichten, die das Reichsgericht in dem „Treppenfall" zum ersten Mal konstruiert hat[59]. Damit ist im Bereich der Unterlassungsdelikte nicht der

---

[54] *Larenz,* SchuldR II, § 72 I c; *Stoll,* AcP 162, 235 ff.; *Deutsch,* Fahrlässigkeit, 229, 282; *ders.,* JuS 1967, 157; *Medicus* ebd.

[55] *Larenz, Deutsch, Medicus,* ebd.

[56] *Nipperdey,* NJW 1967, 1990.

[57] Vgl. *Enneccerus / Nipperdey,* I/2, § 209 IV A 2 a) und *Nipperdey,* NJW 1967, 1991.

[58] Vgl. etwa *Larenz,* SchuldR I, § 27 III c).

[59] RGZ 54, 53.

Erfolg, sondern unstreitig die Pflichtwidrigkeit des *Verhaltens* das Kriterium der Rechtswidrigkeit.

Die Lehre vom Erfolgsunrecht führt schließlich auch bei der Verletzung sogenannter Rahmenrechte (Persönlichkeitsrecht, Recht am eingerichteten und ausgeübten Gewerbebetrieb) zu Schwierigkeiten. Man ist sich darin einig, daß in diesen Fällen eine positive Rechtswidrigkeitsprüfung erforderlich ist, die sich an den Mitteln und Zwecken der Handlung und einer Abwägung der durch sie berührten Interessen orientieren muß[60]. Die Konstruktion der Rahmenrechte bedeutet in Wirklichkeit die Normierung bestimmter *Verhaltens*weisen, die mit deliktsrechtlichen Sanktionen belegt werden[61].

d) Insgesamt zeigt sich, daß die Lehre vom Erfolgsunrecht Schwierigkeiten schafft, die von der Lehre vom Handlungsunrecht vermieden werden können. Die traditionelle Auffassung muß für die notwendige Korrektur immer häufiger Verkehrssicherungspflichten konstruieren, die *Deutsch* einen „Wildwuchs im System des Deliktsrechts" genannt hat[62]. Sie nähert sich damit der Lehre vom Handlungsunrecht und bestätigt die Richtigkeit der Auffassung, daß die Rechtswidrigkeit nicht schon durch den Erfolg, sondern erst durch die Pflichtwidrigkeit der Handlung bestimmt wird. Bei der Notwehr und dem negatorischen Schutz kann die Verhaltensunrechtslehre allerdings in Ausnahmefällen Schwierigkeiten bereiten[63]. Sie lassen sich jedoch vermeiden, wenn man die Fragen, ob ein Verhalten rechtmäßig ist und ob es geduldet werden muß, nicht gleichsetzt[64]. Praktische Bedeutung dürften die Fälle, in denen eine mit der erforderlichen Sorgfalt vorgenommene Handlung trotzdem abgewehrt werden kann, jedoch kaum erlangen, während die oben dargestellten Schwächen der Erfolgsunrechtslehre sehr häufig auftreten.

Eine Handlung ist also zunächst nur rechtswidrig, wenn der Täter dabei gegen die objektiv erforderliche Sorgfalt verstößt, da § 276 Abs. 1 Satz 2 die Rechtswidrigkeit der Fahrlässigkeitstat definiert[65]. Damit

---

[60] BVerfGE 7, 206 ff.; BGHZ 24, 80; 45, 307; BGH NJW 1973, 1366; *Fikentscher*, SchuldR, § 103 II; *Larenz*, SchuldR II, § 72 III; *Nipperdey*, NJW 1967, 1988 ff. mit Nachw. in Anm. 21.

[61] *v. Caemmerer*, Festschrift Dt. Juristentag, 1960, Band 2, 89 ff.; *Esser*, SchuldR II, § 107 II 2 c); *Fikentscher* ebd.

[62] JuS 1967, 157.

[63] *Hans Stoll*, JZ 1958, 140; *Rudolf Schmidt*, NJW 1958, 488.

[64] *Welzel*, Fahrlässigkeit, 28 ff.; *Münzberg*, Verhalten und Erfolg, 339 ff., 441 ff.; *Enneccerus / Nipperdey*, I/2, § 209 IV B 2 b).

[65] *Nipperdey*, NJW 1957, 1777; *Niese*, JZ 1956, 457; *Wieacker*, JZ 1957, 535; *Esser*, SchuldR I, § 9, vgl. aber § 38 II; vgl. auch *von Caemmerer*, 74 ff., 131 ff.; *Welzel*, Lehrbuch § 18 (ab 9. Aufl., anders 4.—8. Aufl.), Fahrlässigkeit und Verkehrsdelikte, 15, und *Wiethölter*, Rechtfertigungsgrund, 41, sehen in der Sorg-

steht fest, daß die Grundsätze der Arbeitnehmerhaftung nicht in Widerspruch zu dieser Vorschrift stehen. Wenn sie nämlich nur die Rechtswidrigkeit definiert, ist mit der Verletzung der objektiv erforderlichen Sorgfalt erst die Widerrechtlichkeit der Schadensverursachung festgestellt. Auch kleinste und auf Dauer unvermeidbare Sorgfaltsverstöße sind zwar rechtswidrig; ob sie aber auch schuldhaft sind, muß noch geklärt werden.

III. Arbeitnehmerhaftung und subjektiver Verschuldensbegriff

1. Bisher vertretene Lösungen des Problems der Arbeitnehmerhaftung auf der Verschuldensebene

Der Gedanke, daß auf Dauer kein AN kleine Fehler vermeiden kann, hat schon früh zu Lösungen des Problems der Arbeiternehmerhaftung auf der Verschuldensebene geführt. Sie stimmen alle darin überein, daß die leichten Sorgfaltsverstöße des AN überhaupt nicht schuldhaft sind[66]. Sämtliche Vertreter dieser Lösung sehen in § 276 Abs. 1 Satz 2 BGB eine Definition des Verschuldens. Sie stehen damit vor der Schwierigkeit, ihre Ergebnisse mit dem Tatbestandsmerkmal „erforderliche“ Sorgfalt in Einklang zu bringen.

Bulla wollte die Lösung durch eine „arbeitsrechtliche Auslegung des Begriffs Fahrlässigkeit“ erreichen[67], die er mit der Billigkeit und dem Eigentumsrisiko des Unternehmers rechtfertigte[68], *Dersch* plädierte für eine „soziologisch elastische Auslegung des § 276 BGB“[69].

Scheuerle setzt bei dem Merkmal „erforderlich“ an und stellt die Frage, wozu die Sorgfalt erforderlich sei[70]. Er unterscheidet eine materielle Erforderlichkeit für die fehlerfreie Sachgestaltung und eine personelle Erforderlichkeit für das wohlverstandene Glück der arbeitenden Personen. Das Abstellen auf den materiellen Gesichtspunkt fördere den gesundheitlichen Abstieg der Menschen, weil sie dabei überfordert würden. Vorzuziehen sei daher die personelle Betrachtungsweise. Nach dieser Auffassung bleibt ein seltener Schaden außer Betracht, wenn der betreffende AN im allgemeinen fehlerfrei gearbeitet hat, wobei der

---

faltswidrigkeit ein Tatbestandsmerkmal, durch das die Rechtswidrigkeit indiziert wird.

[66] Wie § 1 Anm. 33; ähnlich ein Teil der französischen Lehre, *Bringezu*, Begrenzung der Arbeitnehmerhaftung, 100 f.

[67] DAR 1942, 21.

[68] DAR 1942, 22.

[69] DB 1956, 501.

[70] RdA 1958, 247 ff.

Lebenslauf des AN insgesamt zu berücksichtigen sei. Scheuerle bildet damit einen besonderen arbeitsrechtlichen Fahrlässigkeitsbegriff[71].

Der Dauercharakter der Arbeit ist ein wichtiges Argument auch in der Lehre *Steindorffs*[72]. Bei der Bestimmung der nach § 276 Abs. 1 Satz 2 BGB erforderlichen Sorgfalt sei nicht wie sonst von dem Durchschnittstyp des „ordentlichen Hausvaters" auszugehen. Im Arbeitsrecht nämlich müsse das Durchschnittsmaß die gelegentlich vorkommenden Versehen berücksichtigen und als normal entschuldigen. Diese gelegentlichen Fehler seien unvermeidbar und daher nicht vorwerfbar[73].

G. Küchenhoff entwickelt einen besonderen arbeitsrechtlichen Fahrlässigkeitsbegriff[74], der aus dem Verständnisgedanken folge[75], zwischen dem objektiven Fahrlässigkeitsbegriff des § 276 BGB und dem subjektiven Fahrlässigkeitsbegriff des Strafrechts stehe[76] und zur Schuldlosigkeit bei leichtesten Sorgfaltsverstößen des AN führe.

Alle diese Lösungen sind mit ihrem Ausgangspunkt unvereinbar. Wer in § 276 Abs. 1 Satz 2 BGB die Bestimmung des Verschuldens sieht, muß zwangsläufig zu dem Ergebnis gelangen, daß auch leichteste Fehler dem Gebot der *erforderlichen* Sorgfalt widersprechen und daher — bei dieser Deutung der Vorschrift — schuldhaft sind[77].

2. Lösung durch den subjektiven Verschuldensbegriff

Auch die soeben dargestellten Lösungen versuchen den Widerspruch zu überwinden, der darin liegt, daß einerseits § 276 Abs. 1 Satz 2 zu fehlerfreier Arbeit verpflichtet, andererseits auf Dauer kein AN Verletzungen dieser Pflicht völlig vermeiden kann[78]. Ein Widerspruch besteht aber nicht, wenn man in der Vorschrift eine Definition der Rechtswidrigkeit sieht und im Bereich der Arbeitnehmerhaftung einen subjektiven Verschuldensbegriff anwendet. Da ein Verstoß gegen § 276 ja nur die Widerrechtlichkeit des Verhaltens begründet[79], ist das Verschulden unabhängig davon festzustellen. Dabei lassen sich dann alle die Gesichtspunkte berücksichtigen, die in Rechtsprechung und Lehre als erheblich anerkannt sind: die menschliche Unzulänglichkeit, die bereits

---

[71] Seite 252 f.
[72] JZ 1959, 1 ff.
[73] Seite 4.
[74] AuR 1969, 193 ff.
[75] Seite 199.
[76] Seite 198.
[77] *Gamillscheg / Hanau*, 43; *Mayer-Maly*, RdA 1967, 112.
[78] Oben II 1.
[79] Wie oben Anm. 65.

in den ersten Urteilen als Argument herangezogen wird[80] und den Kern aller Begriffsbestimmungen der gefahrengeneigten Arbeit bildet[81], der vom BAG betonte Verständnisgedanke[82], die Lehren von der Drucksituation[83], von der personellen Seite der Fahrlässigkeit[84], vom modifizierten Verschuldensmaßstab[85] und vom Schuldverständnisrecht[86]. Da auf lange Sicht kein AN unbewußte leichte Pflichtwidrigkeiten vermeiden kann, sind sie nicht persönlich vorwerfbar und nach der subjektiven Verschuldenslehre nicht schuldhaft. Dementsprechend werden auch im deutschen und im ausländischen Strafrecht immer wieder grundsätzliche Bedenken gegen die Strafbarkeit leichter Fahrlässigkeit erhoben[87].

Im Ergebnis trifft auch das BAG diese Unterscheidung, indem es darauf hinweist, daß die Haftungsreduktion nicht auf einer Billigung durch die Rechtsordnung, sondern auf dem Verständnisgedanken beruhe[88]; noch deutlicher spricht es an anderer Stelle vom *entschuldigenden* Verständnis[89].

Sieht man dagegen das Verschulden schon in dem Außerachtlassen der erforderlichen Sorgfalt, so läßt sich der eben zitierte Satz des BAG nicht rechtfertigen. Wenn nämlich die Haftungsbeschränkung „nicht letzten Endes auf einer Billigung durch die Rechtsordnung beruht", dann wären auch die Urteile des BAG, soweit es darin die Haftung des AN bei leichten Pflichtverstößen verneinte, rechtswidrig.

Aus dem bisher Gesagten ergibt sich also, daß der subjektive Verschuldensbegriff die in Rechtsprechung und Schrifttum entwickelten Ergebnisse besser erklären kann und ihre Widersprüche beseitigt. Es wurde aber noch nicht begründet, daß seine Anwendung auf die Haftung des AN gerechtfertigt ist.

---

[80] ArbG Plauen 4. 11. 1936 ARS 29, 62.

[81] Vgl. oben § 2 I 2 und III 1, Element g.

[82] BAG AP Nr. 8 zu § 611 BGB Haftung des AN.

[83] *Gamillscheg / Hanau*, 54.

[84] *Scheuerle*, RdA 1958, 252.

[85] *Steindorff*, JZ 1959, 4.

[86] *G. Küchenhoff*, AuR 1969, 199.

[87] Vgl. § 16 Abs. 2 des Alternativenentwurfs eines Strafgesetzbuchs, Allgemeiner Teil, 2. Aufl. 1969; *Schroeder*, Leipziger Kommentar, 9. Aufl., § 59 Rdn. 238.

[88] BAGE 7, 290 (300).

[89] BAGE 7, 290 (299); vgl. zum Schweizer Recht, nach dem der AN nur für ein relatives Maß an Sorgfalt einzustehen hat, *Hug* in Das Arbeitsrecht der Gegenwart, Dokumentation 1968 (1969), S. 33.

3. Die Berechtigung des subjektiven Verschuldensbegriffs für die Haftung des Arbeitnehmers

a) Der Große Senat des BAG hat die Frage der Berechtigung des subjektiven Verschuldensbegriffs für das Zivilrecht ausdrücklich unentschieden gelassen. Deshalb verwendete er nicht die Begriffe grobe und leichte Fahrlässigkeit, sondern bildete „den subjektiv getönten Ausdruck der (schweren und) nicht schweren Schuld". Er wollte der künftigen Rechtsprechung möglichst viel Spielraum lassen, da er die Frage noch für offen hielt, „ob nicht der sogenannte objektive Verschuldensbegriff des § 276 Abs. 1 Satz 2 BGB für die nicht vorsätzlichen Handlungen in Wahrheit die Definition der Rechtswidrigkeit enthält, so daß außerdem noch das Verschulden festgestellt werden muß"[90].

Das BAG hat den ihm vom Großen Senat eingeräumten Spielraum nicht genutzt und den Verschuldensbegriff nie diskutiert. Im Urteil[91] vom 19. 3. 1959 und in allen späteren Entscheidungen[92] hat es die Begriffe „grobe Fahrlässigkeit" und „schwere Schuld" gleichgesetzt, ohne sich mit dem Problem des Verschuldensbegriffs auseinanderzusetzen. Es vertritt in ständiger Rechtsprechung auch für die Haftung des AN den objektiven Verschuldensbegriff[93].

b) Die Stellungnahme zu § 276 Abs. 1 Satz 2 BGB hat gezeigt, daß diese Vorschrift nicht das Verschulden definiert[94]. *Nipperdey* folgerte daraus, daß das Verschulden im Zivilrecht subjektiv zu bestimmen sei. Da § 276 BGB die Rechtswidrigkeit umschreibe, könne nur ein subjektiver Verschuldensbegriff richtig sein. Es sei inkonsequent, daß BGHZ 24, 21 bei verkehrsrichtigem Verhalten des Schädigers die Rechtswidrigkeit ausgeschlossen und trotzdem an dem objektiven Verschuldensbegriff für das Zivilrecht festgehalten habe[95].

Nipperdeys Folgerung ist nicht die einzig denkbare[96]. Wenn nämlich § 276 Abs. 1 Satz 2 BGB nur die Rechtswidrigkeit meint, ergibt sich daraus lediglich, daß der Verschuldensmaßstab dort nicht geregelt ist. Daß deshalb nur ein subjektiver Verschuldensbegriff richtig sein kann — wie Nipperdey meint —, steht damit noch nicht fest. §§ 827, 828 BGB bedeuten keine eindeutige Entscheidung zugunsten einer subjektiven

---

[90] BAGE 5, 1 (18).
[91] BAGE 7, 290 (300) = AP Nr. 8 zu § 611 BGB Haftung des AN: „grob fahrlässig", oder um mit dem Großen Senat (BAG 5, 1 (18)) zu sprechen, mit „schwerer Schuld".
[92] Wie § 1 Anm. 45.
[93] BAG AP Nr. 58 zu § 611 BGB Haftung des AN (Leitsatz 2); AP Nr. 59 ebd.
[94] Oben II 2.
[95] *Nipperdey*, NJW 1957, 1780; ebenso *Ruppert*, Die Haftung des AN, 57.
[96] Ebenso *Niese*, JZ 1956, 416 f.; *Deutsch*, Fahrlässigkeit, 191, 406; *ders.*, JZ 1971, 247 f.; *Gamillscheg / Hanau*, 66.

oder objektiven Auffassung. Diese Vorschriften werden — je nach dem angestrebten Ergebnis — als ein Argument für den subjektiven[97], aber auch für den objektiven Verschuldensbegriff[98] angeführt.

c) Die Anforderungen, die an den Verschuldensmaßstab zu stellen sind, müssen also noch bestimmt werden. Sie richten sich nach dem Regelungszweck, den der Verschuldensbegriff im jeweiligen Rechtsgebiet erfüllt[99]. Der Zweck ist als Grundlage aller Rechtsfindung anerkannt[100] und kommt in der Lehre von der teleologischen Gesetzesauslegung besonders deutlich zum Ausdruck. Gesetze und erst recht die zur Auslegung des Gesetzes entwickelten normativen Begriffe sind entsprechend dem Funktionszusammenhang des zu regelnden Rechtsgebiets zu bestimmen[101]. Der eindeutige Zweck einer gesetzlichen Regelung kann dem Richter sogar gestatten, sich über ihren Wortlaut hinwegzusetzen[102].

Es muß also untersucht werden, welchen Zweck das allgemeine Schadensersatzrecht verfolgt und welche Funktion der Verschuldensbegriff darin erfüllt (unten d). Danach ist der Zweck der Arbeitnehmerhaftung zu analysieren und zu prüfen, ob er sich mit dem Zweck des allgemeinen Schadensersatzrechts deckt (unten f). Bei Verschiedenheit der Zwecke muß geklärt werden, welche Auswirkungen sich daraus für den jeweiligen Verschuldensbegriff ergeben (unten g).

d) Der Meinungsstreit um den Verschuldensbegriff im Zivilrecht läuft im wesentlichen auf die Frage hinaus, wer den Schaden letzten Endes zu tragen hat[103]: der unbeteiligte Verletzte oder der Schädiger, dem kein persönlicher Vorwurf gemacht werden kann, weil gerade seine Kenntnisse, Fähigkeiten, körperliche Geschicklichkeit oder Leistungsfähigkeit dazu nicht ausreichen? Es erscheint unangemessen, den Schädiger haften zu lassen, wenn er zu größerer Sorgfalt nicht fähig war[104]. Die meisten halten es aber für noch unbilliger, den Verletzten mit dem Schaden zu belasten. Das ist gemeint, wenn gesagt wird, es gehe im Zivilrecht nicht um eine Bestrafung des Täters, sondern um eine „gerechte“ Schadensverteilung und einen „angemessenen“ Schadensausgleich[105]. Entscheidend ist dabei die Erwägung, daß der Schädiger, auch

---

[97] *Nipperdey*, NJW 1957, 1781.

[98] *Larenz*, SchuldR I, § 20 IV.

[99] BGH (GS) 4. 3. 1957 = BGHZ 24, 21 (27).

[100] BVerfG NJW 1973, 1494; *Deutsch*, JZ 1971, 244.

[101] *Larenz*, Methodenlehre, 467; *Deutsch* ebd.

[102] BVerfG NJW 1973, 1494.

[103] Vgl. z. B. *Esser*, SchuldR I, § 38 IV; *Larenz*, SchuldR I, 10. Aufl., § 20 III.

[104] *Enneccerus / Nipperdey*, I/2, § 213 III 2.

[105] *Esser*, SchuldR I, § 38 III; *Esser / Schmidt*, SchuldR I/1, § 7 II 3.2.; *Larenz*, SchuldR I, § 20 III; *Soergel / Reimer Schmidt*, 8, 17 zu § 276; *Buchner*, NJW 1967, 2382.

wenn er keinen persönlichen Vorwurf verdient, als Verursacher des Schadens näher daran sei, ihn zu tragen, als das unbeteiligte Opfer[106].

Dieses Ergebnis entspricht im allgemeinen Schadensersatzrecht der Wertung des Gesetzes. Die Haftung für Schadenszufügung durch Dritte (Gehilfen, Aufsichtsbedürftige) und Umkehrungen der Beweislast (bei Haustierhaltern, Gebäudebesitzern) lassen sich dadurch erklären, daß das Gesetz einem umfassenden Schadensausgleich den Vorzug einräumt. Besonders deutlich wird der Vorrang des Verursachungsgedankens in der Billigkeitshaftung des Schuldunfähigen (§ 829 BGB). Andererseits bleiben Rechtsverletzungen, die zu keinem Schaden geführt haben, und der Versuch einer Rechtsverletzung ohne Sanktion[107]. Daraus folgt, daß die Einwirkung auf den Täter im allgemeinen Schadensersatzrecht allenfalls ein Nebenzweck ist[108].

Der Zweck des Schadensersatzrechts besteht somit darin, den Geschädigten in möglichst vielen Fällen vom Schaden zu entlasten. Solange die Gefährdungshaftung auf wenige Ausnahmetatbestände beschränkt ist, bleibt allein der Weg über die Verschuldenshaftung, um den entscheidenden Verursachungsgedanken berücksichtigen zu können. Das ist nur möglich über einen weiten, objektiven Verschuldensbegriff, indem man Vermeidbarkeit häufig mit Verschulden gleichsetzt[109]. Der objektive Verschuldensbegriff führt dabei manchmal zu einer Überspannung der Sorgfaltspflichten, die selbst seine Vertreter beanstanden[110], und *Larenz* spricht von einer Risikohaftung als dem Preis, den das Zivilrecht für eine grundsätzliche Anerkennung des Verschuldensprinzips zahle[111]. Verschulden bedeutet im Schadensersatzrecht also nicht persönliche Vorwerfbarkeit, sondern ist ein Zurechnungsgesichtspunkt für die Folgen sorgfaltswidrigen Verhaltens[112]. Der objektive Verschuldensbegriff ist ein methodisches und begriffliches Instrument mit der Aufgabe, in Grenzfällen dem Verursachungsgedanken Rechnung zu tragen und einen möglicht umfassenden Schutz gegen durch menschliche Sorgfalt vermeidbare — also nicht zufällige — Schäden zu geben. Er ist aus diesem Grunde im Bereich des allgemeinen Schadensersatzrechts berechtigt und nicht, weil § 276 Abs. 1 Satz 2 BGB

---

106 *Soergel / Reimer Schmidt*, 8, 17 zu § 276.

107 *Deutsch*, JZ 1971, 246.

108 *Mertens*, Der Begriff des Vermögensschadens im bürgerlichen Recht, 93 ff., 109; *Deutsch*, Fahrlässigkeit, 84, 201, 238 f.; *ders.*, JZ 1971, 246.

109 Vgl. die Definition der schadensgeneigten Arbeit, Element f), oben § 2 III hinter Anm. 49.

110 Wie Anm. 22.

111 *Larenz*, SchuldR I, § 20 III; *Soergel / Siebert Reimer Schmidt*, 17 zu § 276; eine der Gefährdungshaftung nahe kommende Einstandspflicht, die in der Praxis häufig zu einer Haftung ohne Verschulden führe.

112 *Larenz* ebd.

keine andere Entscheidung zuließe. Er ist nicht unbillig, weil der Schädiger sich gegen Haftpflichtansprüche versichern kann. Auch die Vertreter des subjektiven Verschuldensbegriffs scheinen die Auswirkungen einer auf die persönliche Vorwerfbarkeit abstellenden Verschuldensprüfung als unangemessen zu empfinden[113]; sie haben nämlich schon früh die Konstruktion des Übernahmeverschuldens geschaffen, um den Verletzten nicht mit dem Schaden zu belasten[114].

Steht somit fest, daß der objektive Verschuldensbegriff im allgemeinen Schadensersatzrecht notwendig ist, so muß nunmehr untersucht werden, ob er auch für die Haftung des AN berechtigt ist. Das hängt davon ab, welche Bedeutung der Verursachungsgedanke für die Haftung des AN hat (unten e) und worin der Zweck dieser Haftung besteht (unten f).

e) Das wesentliche Argument für den objektiven Verschuldensbegriff — nämlich daß der Schädiger als Verursacher näher daran sei, den Schaden zu tragen — trifft auf das Verhältnis AG — AN nicht zu. Denn die Beschränkung der Arbeitnehmerhaftung ist in Rechtsprechung[115] und Lehre[116] gerade auch mit der Erwägung begründet worden, daß der AG die Gefahren der Arbeit und damit die Möglichkeiten des Versagens in gefährlichen Situationen schaffe. Aus diesem Grunde haben einige Verfasser § 254 BGB direkt[117] oder entsprechend[118] herangezogen, um das Problem der Arbeitnehmerhaftung zu lösen. Dabei wird im Verhältnis AG — AN der AG als der eigentliche Verursacher der auf Dauer unvermeidbaren leichten Fehler angesehen.

Hiergegen könnte der selbständige Dienstverpflichtete allerdings einwenden, daß auch er kleine Fehler auf Dauer nicht vermeiden könne[119] und auch sein Auftraggeber den Anlaß dieser Fehler schaffe. Doch lassen sich diese Bedenken mit denselben Erwägungen ausräumen, die dafür sprechen, die Drucksituation zugunsten des AN zu berücksichtigen. Während der AN auf die äußeren Bedingungen seiner Tätigkeit (Tempo, Pausen, Arbeitszeit, Zahl der Arbeitsgänge) keinen Einfluß hat, da er die Weisungen des AG befolgen muß, kann der Selbständige seine Arbeit und ihren Ablauf selbst organisieren. Die unterschiedlichen Möglichkeiten selbstverantwortlicher Gegenwirkung rechtfertigen es, den AN zu entlasten[120] und sein Verschulden — im Gegensatz zum Ver-

[113] Wie Anm. 17.

[114] Vgl. schon *Leonhard*, Fahrlässigkeit, 51; ebenso *Nipperdey*, NJW 1957. 1781.

[115] BAG AP Nr. 8 zu § 611 BGB Haftung des AN = BAGE 7, 290 (299).

[116] *Gamillscheg / Hanau*, 50.

[117] *Gaul*, NJW 1966, 330.

[118] *Dersch*, RdA 1951, 78.

[119] Vgl. *Gamillscheg / Hanau*, 42.

schulden des Selbständigen — nicht nur nach objektiven Gesichtspunkten zu beurteilen.

f) Die entscheidenden Gründe zugunsten eines subjektiven Verschuldensbegriffs im Bereich der Arbeitnehmerhaftung müssen sich aus ihrem Zweck ergeben[121]. Dieser scheint zunächst gerade für den objektiven Verschuldensbegriff zu sprechen. Da nämlich das Individualarbeitsrecht nach allgemeiner Ansicht zum bürgerlichen Recht gehört, hält man die Haftung des AN oft für Schadensausgleich[122]. Aber diese Wertung wird der tatsächlichen Funktion der Arbeitnehmerhaftung nicht gerecht. Darin dürfte die Hauptursache dafür zu sehen sein, daß viele Fragen der Arbeitnehmerhaftung bis heute nicht befriedigend gelöst werden konnten.

Die Rechtsprechung sieht den Zweck der Haftung des AN schon seit langem vor allem in der bessernden Einwirkung auf den Schädiger und in der Abschreckung der Allgemeinheit vor nachlässiger Arbeitsweise. Das zeigt bereits der Katalog der Umstände, von denen nach den Grundsatzentscheidungen des BAG[123] und des BGH[124] die Höhe der Haftung des AN abhängen soll. Die Faktoren Grad des Verschuldens, Fehlergrad der bisherigen Arbeit, die persönlichen Umstände wie Dauer der Betriebszugehörigkeit, Alter, Familienverhältnisse, Berufsaussichten[125] und die schon vom RAG berücksichtigten wirtschaftlichen Verhältnisse[126] des AN entsprechen zum Teil wörtlich den Strafzumessungsgründen des § 46 StGB. Die Ansicht der Gerichte über den Zweck der Arbeitnehmerhaftung läßt sich besonders deutlich in den Urteilen erkennen, in denen ihre Grenzen diskutiert werden[127]. Das BAG begründet seinen Standpunkt nicht etwa damit — wie man erwarten könnte —, daß der AN als geschädigter Vertragspartner einen Anspruch auf Ersatz seines Schadens habe; vielmehr sei die Haftung des AN in einem bestimmten Umfang unerläßlich, um nicht „*Unordnung und Leichtsinn* einreißen“ zu lassen[128]. Das „*Ordnungsprinzip*“, die „Aufrechterhaltung einer schadensfreien Ordnung“, die „*Abschreckung* vor einem Sichgehen-lassen“, das „*Sühneprinzip*“ und der „Sühnegedanke“ forderten

---

[120] *Gamillscheg / Hanau*, 57.

[121] Oben c).

[122] Besonders deutlich *A. Hueck*, Anm. zu LAG Stuttgart AP Nr. 2 zu § 611 BGB Haftung des AN; *Dersch*, BB 1956, 501; *Mayer-Maly*, Verh. 45. DJT, Band 2, G 44; a. A. *Rother*, Haftungsbeschränkung im Schadensrecht, 275; *Bokelmann*, Grobe Fahrlässigkeit, 77; *dies.*, ZRP 1972, 283.

[123] BAGE (GS) 5, 1 (7).

[124] BGHZ 16, 111 (117 ff.).

[125] BAG AP Nr. 59 zu § 611 BGB Haftung des AN.

[126] RAG ARS 41, 267; anders die spätere Rspr.

[127] BAGE 7, 290 = AP Nr. 8 zu § 611 BGB Haftung des AN; AP Nr. 23 ebd.

[128] BAGE 7, 290 (299, 300).

eine Toleranzgrenze[129]. Eine Ausnahme von der Regel der vollen Ersatzpflicht bei grober Fahrlässigkeit hat das BAG in einer früheren Entscheidung abgelehnt, weil „andernfalls ein zu starker Anreiz für leichtsinniges Verhalten gegeben würde"[130]. Soll die Sanktion zivilrechtlicher Schadensausgleich sein, dann hätten die Gerichte ein Argument in den Vordergrund stellen müssen, nämlich daß man den durch eine Vertragsverletzung des AN geschädigten AG nicht mit dem Schaden belasten darf. Wenn das BAG diesen Gedanken in beiden Urteilen nicht einmal erwähnt, so zeigt sich daran sehr deutlich, daß es in der Haftung des AN lediglich ein Mittel zur Abschreckung des Täters und der Allgemeinheit vor Nachlässigkeit sieht[131].

Auch die geschädigten AG betrachten die Haftung des AN nicht als Schadensausgleich. Die meisten Ersatzansprüche werden von ihnen nicht verfolgt, auch wenn sie ihnen eindeutig zustehen, sofern der AN den Schaden im Rahmen seines übertragenen Aufgabenbereichs verursacht hat[132]. Die Schäden werden von den AG einkalkuliert[133]. Nahezu alle Ersatzansprüche werden im Wege der Widerklage geltend gemacht, oft erst nach langer Zeit und vorwiegend in Fällen, in denen das Arbeitsverhältnis aufgelöst ist und der AN Kündigungsschutzklage erhebt oder seinerseits Ansprüche geltend macht[134]. Wenn die Haftung des AN in der Praxis so selten durchgesetzt wird, kann ihr Zweck nicht ein umfassender Schadensausgleich sein.

Sie wäre außerdem nicht geeignet, dem AG einen wirksamen Schadensausgleich zu verschaffen[135]. Nach dem gegenwärtigen Rechtszustand ist ein Ersatzanspruch des AG eine seltene Ausnahme. Die unbeschränkte Haftung des AN für unvorsätzliches Handeln kommt nur bei grober Fahrlässigkeit in Betracht und selbst hier nicht ausnahmslos. In den immer weniger praktisch werdenden Fällen der vom BAG vertretenen mittleren Fahrlässigkeit haftet der AN nur für einen geringen Teil des Schadens. Bei leichtester Fahrlässigkeit — das sind die häufigsten Fälle — haftet er überhaupt nicht. Besteht ein Anspruch des AG

---

[129] BAG ebd.

[130] BAG AP Nr. 23 zu § 611 BGB Haftung des AN.

[131] Vgl. schon LAG Tübingen in RAG ARS 41, 61; *Rother*, Haftungsbeschränkung im Schadensrecht, 275; *Bokelmann*, Grobe Fahrlässigkeit, 77 ff.

[132] *Hanau*, BB 1972, 4; *Buchner*, RdA 1972, 162; *Gamillscheg*, Verh. des 45. DJT, Band 2, G 81, schätzt, daß von 1000 Fällen einer eingeklagt wird.

[133] *Buchner* ebd.

[134] *Joachim*, Verh. des 45. DJT, Band 2, G 50; *Gamillscheg / Hanau*, 33; *Buchner*, 162; einen besonders krassen Fall hatte BAG VersR 1969, 817, zu entscheiden: Der aus dem Betrieb des Beklagten ausgeschiedene AN machte einen Gehaltsrestbetrag von 214 DM geltend; der AG erhob Widerklage auf 21 177 DM.

[135] Ebenso *Hanau / Adomeit*, Arbeitsrecht, G VI 2, VII 5; *Bokelmann*, Grobe Fahrlässigkeit, 76.

rechtlich, scheitert häufig seine tatsächliche Durchsetzbarkeit. Das gilt vor allem dann, wenn der Schaden hoch ist und der AN kein Vermögen besitzt, so daß eine Vollstreckung keine Aussicht auf Erfolg bieten würde[136]. Von ganz erheblicher Bedeutung ist dabei die Tatsache, daß sich der AN — von wenigen Ausnahmefällen abgesehen — gegen Schadensersatzansprüche aus dem Arbeitsverhältnis nicht versichern kann[137].

Schließlich bestätigt auch die Rechtsvergleichung, daß die Arbeitnehmerhaftung nirgends einem umfassenden Schadensausgleich dient[138]. In einigen Staaten des Comecons ist die Haftung des AN für fahrlässig verursachte Schäden der Höhe nach begrenzt[139]. In den USA und in Großbritannien hat sie fast überhaupt keine, in Frankreich eine nur geringe praktische Bedeutung. In Frankreich und in den Niederlanden haben die Gerichte die Ersatzpflicht auf grobe Fahrlässigkeit beschränkt, obwohl die Gesetze dieser Staaten Anspruchsgrundlagen für eine unbeschränkte Haftung enthalten[140]. In Österreich braucht der AN nach § 2 Abs. 2 des Dienstnehmerhaftpflichtgesetzes von 1965 für eine entschuldbare Fehlleistung nicht einzustehen. Auch im Ausland sieht man den Zweck der Arbeitnehmerhaftung wohl überwiegend in der Abschreckung[141]. Insgesamt zeigt sich dabei, daß die Begrenzung der Haftung nicht Ausdruck einer bestimmten Wirtschaftsordnung ist[142]. Vielmehr ist sie überall eine notwendige Folge der Industrialisierung und Technisierung. In allen Ländern arbeiten die AN an ständig komplizierter und wertvoller werdenden Wirtschaftsgütern. Die ihnen dabei unterlaufenden, auf Dauer unvermeidbaren Fehlleistungen können sehr hohe Schäden nach sich ziehen, die sie doch nicht ersetzen könnten. Aus diesem Grunde ist die Haftung des AN in keinem Land ein Mittel umfassenden Schadensausgleichs, weil sie es gar nicht sein könnte.

g) Die Untersuchung der Haftungszwecke im allgemeinen Schadensersatzrecht und im Bereich der Arbeitnehmerhaftung hat wesentliche Unterschiede sichtbar werden lassen.

Das allgemeine Schadensersatzrecht bezweckt einen möglichst umfassenden Schadensausgleich zugunsten des Verletzten. Dieser Zweck

---

[136] *Buchner*, 163.

[137] *Hanau*, BB 1972, 4 ff.; *Buchner*, 159; vgl. den Bericht über eine Pressekonferenz des BAG zu dieser Frage von *Rohling*, Der Arbeitgeber, 1971, 613.

[138] *Gamillscheg / Hanau*, 127 ff.; *Köbler*, AcP 169, 412; *Bringezu*, Begrenzung der Arbeitnehmerhaftung, 49 ff. (England), 86 ff. (Frankreich).

[139] *Gamillscheg / Hanau*, 131 ff.

[140] *Gamillscheg / Hanau*, 146 f.

[141] *Gamillscheg / Hanau*, 124.

[142] *Mampel*, RdA 1971, 81; *Bokelmann*, ZRP 1972, 288; a. A. *Hohlfeld*, Arbeitnehmerhaftung und Wirtschaftsordnung, 47 ff.; skeptisch hierzu *Mayer-Maly*, RdA 1974, 120; vgl. auch *Gamillscheg / Hanau*, 143, und *Köbler*, 412.

erfordert einen weiten, objektiven Verschuldensbegriff, der im Zweifel dem entscheidenden Verursachungsgedanken Rechnung tragen kann. Entsprechend dem Bestreben nach einer möglichst lückenlosen Schadensabnahme ist im allgemeinen Schadensersatzrecht die Haftung des Schädigers die Regel, das Fehlen seiner Haftung eine Ausnahme.

Im Bereich der Arbeitnehmerhaftung ist das Regel-Ausnahmeverhältnis umgekehrt. In den meisten Fällen — bei leichten Versehen — haftet der AN nicht. Selbst dort, wo der geschädigte AG einen Ersatzanspruch hat, wird er nur ganz selten geltend gemacht und ist selbst dann häufig nicht durchsetzbar. Der Zweck einer in so wenigen Fällen eingreifenden Haftung kann nicht in einem umfassenden Schadensausgleich liegen. Er besteht in der bessernden Einwirkung auf den Täter und in der Abschreckung der anderen AN vor nachlässiger Arbeitsweise[143]. Dieser Zweck erfordert einen Verschuldensbegriff, der es gestattet, die individuellen Eigenschaften des Schädigers zu berücksichtigen. Dazu eignet sich nur ein subjektiver Verschuldensbegriff. Maßstab für das Verschuldensurteil ist somit nicht nur das zur Schadensverhinderung objektiv Erforderliche, sondern auch die persönliche Vorwerfbarkeit des Sorgfaltsverstoßes.

Rechtsprechung und Lehre haben den Zusammenhang von Haftungszweck und Verschuldensbegriff bisher zu wenig beachtet und den objektiven Verschuldensbegriff uneingeschränkt auf die Haftung des AN angewendet. Die auf Abschreckung zielende Einwirkung auf den Täter mit den ausschließlich an objektiven Gesichtspunkten orientierten und deshalb für diesen Zweck ungeeigneten Mitteln des Schadensausgleichsrechts muß jedoch immer wieder zu Schwierigkeiten führen. Die herrschende Meinung geht davon aus, daß der AN bei Verstößen gegen die objektiv erforderliche Sorgfalt grundsätzlich immer hafte, wie sich aus § 276 BGB ergebe. Man hat das zu Recht eine „platonische Feststellung“[144] genannt, weil die Haftung des AN in Wirklichkeit eine Ausnahme ist. Zu dieser den Tatsachen widersprechenden[145] Regel mußten Rechtsprechung und Lehre gelangen, solange sie in § 276 Abs. 1 Satz 2 BGB eine Verschuldensnorm sahen. Die Folge dieser Betrachtungsweise war die Suche nach Ausnahmen, mit denen man die — in Wirklichkeit nicht bestehende — Regel einer vollen Haftung einschränken konnte. Man fand den Ausweg in der wiederum nur scheinbaren Ausnahme der

[143] *Röhl*, JZ 1974, 521, weist darauf hin, daß selbst im allgemeinen Schadensersatzrecht der Hauptzweck der persönlichen Haftung für grobes Verschulden in der Prävention liege, weil in den wichtigsten übrigen Fällen ein Kollektivträger den Schaden ersetzt; vgl. auch *Deutsch*, Haftungsrecht, 290.

[144] *Frey*, AuR 1953, 9; *Rother*, Haftungsbeschränkung im Schadensrecht, 275.

[145] Schon das ArbG Plauen führte in seinem Urteil vom 4. 11. 1936 (ARS 29, 62) aus, es sei allgemeine Ansicht in den beteiligten Kreisen, daß der angestellte Fahrer für leichte Fehler nicht zu haften brauche.

„gefahrengeneigten Arbeiten“, die in Wahrheit doch wieder die Regel war; denn in den bei weitem meisten von den Gerichten entschiedenen Fällen war die Arbeit gefahrengeneigt. Sie war es nur dort nicht, wo der AN den Schaden grob fahrlässig verursacht hat[146]. Doch auch im Kreis der gefahrengeneigten Arbeiten muß die uneingeschränkte Anwendung des objektiven Verschuldensbegriffs zu Härten führen. Das zeigt sich besonders bei der groben Fahrlässigkeit[147]. Hier hatte der AN nach der vom BAG noch bis vor kurzem[148] vertretenen Ansicht auch einen sehr hohen Schaden voll zu ersetzen. Ist er sehr jung oder mit der Arbeit noch nicht ausreichend vertraut, so kann selbst eine nur anteilige Haftung bei mittlerer Fahrlässigkeit unbillig sein[149]. Das BAG hat deshalb einige Konstruktionen entwickelt, um die subjektiven Gesichtspunkte trotz Festhaltens am objektiven Verschuldensbegriff berücksichtigen zu können, nämlich die „Abwägung nach dem Gewicht der haftungsbegründenden Umstände“[150], die Erhöhung des Betriebsrisikos als Schadensteilungsgrund[151] und die Relativität des Verschuldens[152]. Diese Korrekturen des bestehenden Haftungssystems bleiben aber unzureichend, solange sie doch wieder nur auf objektive Gesichtspunkte (Erhöhung des Betriebsrisikos, Gewicht der haftungsbegründenden Umstände) abstellen und nicht die persönliche Vorwerfbarkeit des Sorgfaltsverstoßes zum Verschuldensmaßstab machen.

Man sollte daher das Dogma vom objektiven Verschuldensbegriff für den Bereich der Arbeitnehmerhaftung aufgeben und stattdessen einen subjektiven Verschuldensbegriff anwenden. Die Ergebnisse einer subjektiven Verschuldensprüfung würden von den Lösungen der heutigen Rechtsprechung weniger abweichen als es scheint; der Gewinn an systematischer Klarheit dagegen wäre beträchtlich. Die Rechtsprechung zur Haftung des AN ist von dem Schritt zum subjektiven Verschuldensbegriff nämlich weniger entfernt als die Begründungen ihrer Urteile es vermuten lassen. Der BGH, nach dessen Ansicht der AN nur bei grober Fahrlässigkeit haftet[153], fordert für diese Verschuldensstufe einen objektiv groben Fehler und seine schwere persönliche Vorwerfbarkeit[154]. Er

---

[146] Oben § 2 III 2.

[147] Vgl. BAG AP Nr. 37, 55 zu § 611 Haftung des AN.

[148] Wie § 1 Anm. 45, einschränkend aber BAG AP Nr. 69, 74 zu § 611 BGB Haftung des AN.

[149] BAG AP Nr. 58, 59 zu § 611 BGB Haftung des AN.

[150] BAG AP Nr. 55 zu § 611 BGB Haftung des AN.

[151] BAG AP Nr. 58, 59, 62, 69 zu § 611 BGB Haftung des AN.

[152] BAG AP Nr. 37 zu § 611 BGB Haftung des AN, ausführlich zu diesen Konstruktionen unten 5 b).

[153] BGH AP Nr. 68 zu § 611 BGB Haftung des AN.

[154] BGH VersR 1967, 909; VersR 1970, 568; VersR 1972, 144, 197, 944.

hat damit für die Haftung des AN schon jetzt im Ergebnis den subjektiven Verschuldensbegriff anerkannt. Das BAG hat lange Zeit auch die grobe Fahrlässigkeit nach ausschließlich objektiven Gesichtspunkten bestimmt[155]. In seinen neueren Urteilen hat es sich jedoch ausdrücklich der Ansicht des BGH angeschlossen und fordert für die grobe Fahrlässigkeit die persönliche Vorwerfbarkeit des objektiv schweren Sorgfaltsverstoßes[156]. Auch im Bereich der mittleren Fahrlässigkeit hat sich das BAG durch die Konstruktionen der Relativität des Verschuldens und der Berücksichtigung des Betriebsrisikos als einen selbständigen Schadensquotelungsgrund dem subjektiven Verschuldensbegriff stark angenähert[157].

Der subjektive Verschuldensbegriff ist somit im Verhältnis des AN zum AG wegen des Zwecks der Arbeitnehmerhaftung notwendig. Wie sich schon oben gezeigt hat, ist er auch geeignet, die Lösung der herrschenden Meinung zu rechtfertigen[158]. Es muß jedoch noch untersucht werden, ob er auch im Verhältnis zu Dritten anwendbar ist.

4. Subjektiver Verschuldensbegriff und Haftung des Arbeitnehmers gegenüber Dritten

a) Dritten gegenüber haftet der AN nach früher allgemein vertretener Ansicht unbeschränkt[159]. Das Problem ist bisher nur wenig erörtert worden, weil die Haftung des AN gegenüber Dritten eine nur geringe praktische Bedeutung haben dürfte. Betrachtet man leichte Sorgfaltsverstöße des AN jedoch als nicht schuldhaft, müßten in diesen Fällen auch die Ansprüche Dritter gegen den AN ausgeschlossen sein. Dieses Ergebnis scheint gegen eine Lösung des Haftungsproblems auf der Verschuldensebene zu sprechen, wird aber neuerdings immer häufiger zur Diskussion gestellt[160].

Gegen die Anwendbarkeit des subjektiven Verschuldensbegriffs im Außenverhältnis ließe sich einwenden, daß der Dritte auf die Bedingungen der Arbeit keinen Einfluß habe und mit der Haftung des AN im Verhältnis zu ihm nicht Abschreckung, sondern Schadensausgleich

---

155 BAG AP Nr. 21, 23, 24, 39, 55 zu § 611 BGB Haftung des AN.

156 BAG AP Nr. 69, 70, 74, vgl. auch schon Nr. 42 zu § 611 BGB Haftung des AN.

157 BAG AP Nr. 58, 59, 61, 63 zu § 611 BGB Haftung des AN.

158 Vgl. oben 2.

159 BAGE (GS) 5, 1 ff. (4); BGHZ 41, 203.

160 *Hanau*, Anm. zu BAG AP Nr. 53 zu § 611 BGB Haftung des AN; einschränkend auch *Ruppert*, Die Haftung des AN, 103; *Baumert*, Festschrift Wengler, Band 2, 139 ff., 146; *Gamillscheg*, VersR 1967, 513 ff., und Festschrift Rheinstein, Band 2, 1043 ff.; *Dersch*, RdA 1951, 80; ArbG Berlin, Entsch. Kal. 1962, 673.

bezweckt werde. Man könnte diesen Bedenken damit Rechnung tragen, daß man den subjektiven Verschuldensbegriff auf das Verhältnis AN—AG beschränkt und im Verhältnis zum Dritten den objektiven Verschuldensbegriff anwendet. Auch der neueren Rechtsprechung des BAG, nach welcher der AG sich unter bestimmten Voraussetzungen auf die grobe oder mittlere Fahrlässigkeit des AN „nicht berufen könne" (Relativität des Verschuldens)[161], liegt der Gedanke zugrunde, daß eine verschiedene Bewertung des Verschuldens im Verhältnis des AN zum AG und zum Dritten möglich ist.

Die Einwände gegen eine Lösung, welche die Haftung des AN für leichte Fehler auch gegenüber Dritten ausschließt, überzeugen jedoch bei näherer Betrachtung nicht. Man ist sich nämlich darüber einig, daß die Folgen leichter Sorgfaltsverstöße des AN im Ergebnis immer vom AG zu tragen sind. Hat der AN dem Dritten bereits Ersatz geleistet, steht ihm ein Erstattungsanspruch gegen den AG zu. Vorher hat er einen Freistellungsanspruch. Diesen Anspruch kann sich der Dritte abtreten lassen[162]. Er wird dies regelmäßig tun und dann gegen den AG vorgehen, wenn der AN zahlungsunfähig ist[163]. Die Belastung des AN mit Schadensersatzansprüchen Dritter ist bei leichten Sorgfaltsverstößen daher nur vorläufig und ein der Prozeßökonomie widersprechender Umweg, auf dem § 831 Abs. 1 Satz 2 BGB ausgeschaltet wird. Auch bei Verletzungen Dritter trägt der AN den Schaden im Ergebnis nur bei schwerem Verschulden und selbst dann nicht immer in vollem Umfang[164]. Der Zweck der nur ausnahmsweise eintretenden Belastung des AN kann daher nicht ein umfassender Schadensausgleich sein. Er liegt in der Abschreckung — ebenso wie im Verhältnis des AN zum AG — und spricht dafür, den subjektiven Verschuldensbegriff auch auf die Haftung des AN gegenüber Dritten anzuwenden.

b) Der Ausschluß der Haftung des AN bei leichten Sorgfaltsverstößen darf die Rechtsstellung des Dritten jedoch nicht unbillig schmälern. Das wäre nicht der Fall, wenn der Dritte dabei einen direkten Anspruch gegen den AG erhielte.

Soweit zwischen dem AG und dem Dritten ein Vertragsverhältnis besteht, ist der Dritte durch § 278 BGB geschützt. Seine Rechtsstellung

---

[161] BAG AP Nr. 37, 55, 58, 59, 69 zu § 611 BGB Haftung des AN; zuvor bereits *Gamillscheg / Hanau*, 1. Aufl., 55 ff.; zust. *G. Hueck*, Anm. zu BAG AP Nr. 37 ebd.

[162] RGZ 139, 321; 140, 378; 158, 12; BGHZ 12, 141; 23, 17; BAG AP Nr. 37 zu § 611 BGB Haftung des AN; *Gerhardt*, Befreiungsanspruch, 55 ff., 67, 127 ff., 140 f.; *Gamillscheg*, VersR 1967, 513 ff. und Festschrift *Rheinstein*, 1043 ff.; a. A. BGHZ 41, 203; dagegen *Gerhardt*, 127 ff.

[163] Vgl. BAG AP Nr. 37, 55 zu § 611 BGB Haftung des AN in einem Fall der Haftung gegenüber Arbeitskollegen vor Inkrafttreten des § 637 RVO n. F.

[164] Entsprechend oben I.

könnte jedoch beeinträchtigt sein, wenn nur ein deliktischer Anspruch aus § 831 BGB gegen den AG in Betracht kommt. Zwar reicht es für die Haftung des AG nach dieser Vorschrift aus, daß der AN rechtswidrig gehandelt hat. Auch bei Anwendung des subjektiven Verschuldensbegriffs sind alle Verstöße des AN gegen die objektiv erforderliche Sorgfalt rechtwidrig. Das fehlende Verschulden des AN schließt also einen Ersatzanspruch des Dritten gegen den AG nicht aus. Der Anspruch scheint jedoch an der Exkulpationsmöglichkeit des § 831 Abs. 1 Satz 2 BGB zu scheitern.

Dieser sogen. Exkulpationsbeweis wird seit langem als überholt angesehen. Man hat im allgemeinen Schuldrecht deshalb mehrere Konstruktionen entwickelt, um die Wirkungen der Vorschrift auszuschließen. Die bekanntesten davon sind die Haftung aus Verschulden bei Vertragsschluß, der Vertrag mit Schutzwirkung für Dritte und die Drittschadensliquidation. Sie alle dienen dazu, § 831 Abs. 1 Satz 2 BGB auszuschalten und § 278 BGB anwendbar zu machen[165]. Auch Rechtsprechung und Lehre zur Arbeitnehmerhaftung setzen sich über den Regelungszweck dieser Bestimmung hinweg, wenn sie dem AN einen Freistellungsanspruch gegen den AG gewähren[166]. Damit wurde ein neuer Haftungsgrund geschaffen, der nicht nur § 831 Abs. 1 Satz 2 BGB weitgehend außer Kraft setzt, sondern wie eine Haftpflichtversicherung des AN wirkt[167]. Nach der schon seit langem diskutierten[168] Beseitigung der in der Praxis weitgehend hinausinterpretierten Vorschrift durch den Gesetzgeber hätte der Dritte bei jedem Sorgfaltsverstoß des AN einen direkten Anspruch gegen den AG. Bis dahin müßte die Bestimmung auf die Fälle eingeschränkt werden, in denen der AN den Schaden im Ergebnis tragen muß.

Dabei sollte bedacht werden, daß auch die gegenwärtige Lösung des Problems der Arbeitnehmerhaftung auf der Grundlage des objektiven Verschuldensbegriffs diese Vorschrift und zahlreiche weitere einschränkt: Das gilt nicht nur für § 276 BGB, dessen Deutung als Verschuldensnorm der Rechtsprechung und Wissenschaft fast vier Jahrzehnte lang große Schwierigkeiten bereitet und immer wieder zu neuen Lösungen geführt hat; auch § 249 BGB, § 67 VVG, § 1542 RVO, § 7 Binnenschiffahrtsgesetz und zahlreiche gesetzliche Haftungserleichterungen zugunsten des AG müssen von der herrschenden Meinung eingeschränkt werden[169]. Am deutlichsten zeigt sich der Widerspruch der herrschenden Ansicht zum

---

[165] Vgl. *Medicus*, Bürgerliches Recht, § 33 IV.

[166] *Gamillscheg / Hanau*, 32.

[167] *Gerhardt*, 139 f.

[168] Vgl. den Referentenentwurf eines Gesetzes zur Änderung und Ergänzung schadensersatzrechtlicher Vorschriften, 1967.

[169] *Gamillscheg / Hanau*, 31 f.

Gesetzeswortlaut in § 840 Abs. 2 BGB[170]. Diese Vorschrift bestimmt, daß im Falle der gemeinsamen Haftung des AN aus § 823 und des AG aus § 831 BGB im Innenverhältnis der AN den Schaden allein zu tragen hat. Wenn man mit der herrschenden Meinung auch die leichten Sorgfaltsverstöße des AN für schuldhaft hält, müssen die Ergebnisse der neuen Lehre als ein Widerspruch zu dem eindeutigen Wortlaut des § 840 Abs. 2 BGB erscheinen. Die Auffassung dagegen, die in diesen Fällen das Verschulden des AN verneint, ist nicht nur mit dieser Vorschrift vereinbar, sondern könnte ihren Wortlaut sogar als ein Agument für sich anführen: Wenn nämlich bei leichten Fehlern des AN der AG den Schaden tragen soll — darüber ist man sich einig —, so läßt sich dieses Ergebnis mit § 840 Abs. 2 BGB nur vereinbaren, wenn der AN dem Dritten in diesen Fällen nicht aus § 823 haftet. Da auch der leichteste Sorgfaltsverstoß des AN rechtswidrig ist (§ 276 Abs. 1 Satz 2 BGB), ist der AN dem Dritten in diesen Fällen also nicht zum Schadensersatz verpflichtet, weil sein Verschulden fehlt.

Der Dritte hätte somit stets einen Anspruch gegen den AG aus § 831 Abs. 1 Satz 1, soweit dieser den Schaden letztlich tragen muß. Bei leichten unbewußten Sorgfaltsverstößen des AN wäre der Anspruch des Dritten gegen ihn aus § 823 BGB ausgeschlossen, weil solche Verstöße auf Dauer unvermeidbar, daher nicht persönlich vorwerfbar und aus diesem Grunde nach der subjektiven Verschuldensauffassung nicht schuldhaft sind.

Die Rechtsstellung des Dritten wird bei dieser Lösung nicht verschlechtert, sondern regelmäßig sogar verbessert. Der AG ist meist zahlungsfähiger als der AN. Das folgt bereits daraus, daß die meisten AG eine Betriebshaftpflichtversicherung abschließen[171]. Außerdem muß der Dritte bisher immer zuerst gegen den AN und dann gegen den AG klagen, da ein Zahlungstitel gegen den AN in der Regel weniger wert ist als dessen Freistellungsanspruch gegen seinen AG[172]. Es kann mehrere Jahrzehnte dauern, bis über beide Prozesse rechtskräftig entschieden worden ist[173]. Der Dritte muß nicht nur lange warten, bis er seinen Ersatzanspruch durchsetzen kann, sondern läuft auch Gefahr, daß er in der Zwischenzeit wichtige Beweismittel verliert. Eine Lösung, die ihm einen Anspruch gegen den AG gewährt, würde einen Dauerprozeß ver-

---

[170] *Gamillscheg / Hanau*, 32.

[171] Nach *Weyers*, Unfallschäden, 118, wird für 100 % der Großbetriebe und für 70—90 % der Mittelbetriebe eine Betriebshaftpflichtversicherung abgeschlossen; nur bei Einmannbetrieben sind derartige Versicherungen seltener.

[172] Vgl. besonders BAG AP Nr. 37, 55 zu § 611 BGB Haftung des AN.

[173] In BAG AP Nr. 47 ebd. z. B. kam der zweite Prozeß nach fast 19 Jahren vor das BAG, das das Urteil der Vorinstanz aufhob und die Sache zur erneuten Entscheidung an das LAG zurückverwies.

meiden und die darin liegende faktische Beeinträchtigung seiner Rechtsstellung verhindern.

Allerdings könnte der Ausschluß der Haftung des AN bei leichten Versehen dem Dritten gegenüber ausnahmsweise auch unbillig sein, wenn der AN pflichtversichert ist und deshalb nach herrschender Ansicht unbeschränkt haftet[174]. Die hier vorgeschlagene Lösung läßt sich damit in Einklang bringen. Da der Schaden von der Versicherung getragen wird, kann die Haftung den AN nicht persönlich belasten. Ihr Zweck kann daher nicht darin liegen, auf den AN bessernd und abschreckend einzuwirken. Die fingierte Ersatzpflicht des AN bildet hier lediglich die Voraussetzung für einen Schadensausgleich auf Kosten der Versicherung. Der Ausgleichszweck erfordert nicht eine subjektive Verschuldensprüfung, sondern rechtfertigt die Rückkehr zum objektiven Verschuldensbegriff mit der Folge einer Haftung nach den Regeln des allgemeinen Schadensersatzrechts.

c) Die Beschränkung der Arbeitnehmerhaftung gegenüber Dritten ist außerdem geeignet, den AG zu schützen. Dies ist immer dann der Fall, wenn der Anspruch des Dritten gegen den AG vertraglich oder gesetzlich ausgeschlossen, beschränkt oder aus rechtlichen Gründen nicht durchsetzbar, z. B. verjährt ist. Würde man hier den AN gegenüber dem Dritten unbeschränkt haften lassen, so könnte die günstige Rechtsstellung des AG durch einen Freistellungs- oder Erstattungsanspruch des AN beeinträchtigt werden. In diesen Fällen entsteht ein Interessengegensatz zwischen drei Personen, der eine Ausprägung eines allgemeinen schadensersatzrechtlichen Problems ist[175] und zu dessen Lösung es drei Wege gibt.

Der AG hat ein Interesse daran, daß seine günstige Rechtsposition nicht auf dem Umweg über die Haftung des AN und seinen Freistellungsanspruch wieder ausgehöhlt wird. Das könnte verhindert werden, wenn der Freistellungsanspruch des AN gegen den AG ausgeschlossen würde. Man ist sich jedoch darüber einig, daß eine Lösung des Interessenkonflikts zu Lasten des AN unzulässig ist[176]. Somit muß er zwischen dem AG und dem Dritten entschieden werden. Es gibt dafür zwei Möglichkeiten.

Gewährt man dem Dritten einen Anspruch gegen den AN, wird auf dem Umweg über den Freistellungsanspruch des AN der Schutz des AG wieder vereitelt, den die vertragliche oder gesetzliche Haftungsbe-

---

[174] Wie § 1 Anm. 15.

[175] Vgl. J. *Prölss*, JuS 1966, 400; *Medicus*, JZ 1967, 398 und Bürgerliches Recht, § 35 II 6; *Hanau*, VersR 1968, 516.

[176] BAG(GS)E 5, 1 ff., 10; BGHZ 41, 203; *Gerhardt*, Befreiungsanspruch, 116 ff.

schränkung bezweckte. Diesen Weg ist der BGH in zwei früheren Entscheidungen zum allgemeinen Schadensersatzrecht gegangen, in denen die Haftung des Begünstigten vertraglich[177] oder gesetzlich[178] beschränkt war. Der BGH hat diese Lösung auch in einem Fall der Arbeitnehmerhaftung angewendet, der die Schadensersatzpflicht eines Schiffskapitäns und eines Reeders zum Gegenstand hatte[179]. Der Reeder haftete dem Dritten gegenüber nach §§ 3, 4, 114 BinnSchiffG nur bis zu einem bestimmten Betrag. Der BGH billigte trotzdem eine beschränkte Haftung des Kapitäns und gewährte ihm einen Freistellungsanspruch gegen den Reeder. Er setzte sich damit über den Zweck der genannten Vorschriften des BinnSchiffG hinweg; denn die Beschränkung der Haftung des Reeders kann nur sinnvoll sein, wenn sie sich auch auf Ansprüche gegen seine Schiffsführer erstreckt, auf deren Mitwirkung er ebenso angewiesen ist wie jeder andere AG auf die Hilfe seiner AN. Dieses Urteil des BGH ist daher zu Recht abgelehnt worden[180].

Richtig ist somit die dritte Lösung, welche die persönliche Haftung des AN gegenüber dem Dritten von vornherein auf den Betrag beschränkt, für den der AN im Ergebnis aufkommen muß. Dieses Ergebnis ließe sich dadurch erreichen, daß man den subjektiven Verschuldensbegriff auch auf die Haftung des AN gegenüber Dritten anwendet. Der AG wäre hier wirksam geschützt, da der AN bei leichten Fehlern dem Dritten nicht zum Schadensersatz verpflichtet wäre und aus diesem Grunde auch keinen Freistellungsanspruch gegen den AG geltend machen könnte. Nimmt der Dritte dagegen den AG selbst in Anspruch, könnte dieser der Klage des Dritten alle vertraglichen und gesetzlichen Haftungsbeschränkungen entgegensetzen.

Die letzte Lösung dürfte inzwischen herrschender Ansicht entsprechen. Im Schriftum zur Gesamtschuld ist bereits mehrfach gefordert worden, den Interessengegensatz zu Lasten des Dritten zu lösen, dessen Rechtsstellung durch die Haftungsbeschränkung schon abgewertet ist[181]. Die entgegengesetzte frühere Rechtsprechung des BGH[182] führte nämlich zu einem merkwürdigen Ergebnis: Hätte der begünstigte Erstschädiger den Dritten allein verletzt, wäre er wegen des Haftungsausschlusses überhaupt nicht zum Schadensersatz verpflichtet. In dem weniger schweren Fall der bloßen Mitschädigung sollte er dagegen über den

---

177 BGHZ 12, 213.

178 BGHZ 35, 317.

179 BGHZ 41, 203.

180 *Gamillscheg*, VersR 1967, 513.

181 *von Caemmerer*, ZfRV 1968, 96; *Keuk*, AcP 168, 191; *Medicus*, JZ 1967, 398; *ders.*, Bürgerliches Recht, § 35 II 6; *Prölss*, JuS 1966, 400 und VersR 1967, 678; *Hanau*, VersR 1968, 516; *Thiele*, JuS 1968, 156; *Sieg*, JZ 1969, 263.

182 Wie Anm. 177—179.

Rückgriffsanspruch des Zweitschädigers doch am Schaden beteiligt werden[183]. Das wohl bekannteste Beispiel, in dem die Rechtsprechung den Drei-Personen-Konflikt zu Lasten des Geschädigten entschieden hat, bildet der Beschluß des Großen Senats des BAG zur Haftung des AN gegenüber Arbeitskollegen. Der Große Senat verneinte bei leichter Fahrlässigkeit des AN einen Anspruch des verletzten Kollegen aus § 823 BGB,weil sonst auf dem Umweg über den Freistellungsanspruch der Zweck des § 898 RVO a. F., die Haftung des AG gegenüber seinen AN auszuschließen, vereitelt würde[184]. Auf diesem Gedanken beruht auch § 637 RVO n. F.[185]. Aus demselben Grund hat der AN, der bei der Arbeit von seinem AG und gleichzeitig von einem Dritten verletzt wird, nach Ansicht des BGH gegen den Dritten nur einen beschränkten Anspruch. Wegen § 636 RVO mindert sich die Ersatzpflicht des Dritten in diesem Fall um den Betrag, der dem Anteil des AG an der Schadensverursachung entspricht[186]. In dem „Wachmann-Fall" hat der BGH eine vertragliche Haftungsfreizeichnung zugunsten des AG auch auf den nur leicht fahrlässig handelnden AN erstreckt[187]. Er rechtfertigte dieses Ergebnis mit dem mutmaßlichen Willen der Parteien. Diese Begründung versagt jedoch bei gesetzlichen Haftungsbeschränkungen oder wenn der Anspruch des Dritten gegen den AN verjährt ist. Nach Ansicht des BGH haftet der AN, der eine vom AG gemietete Sache beschädigt, bei leichter Fahrlässigkeit dem Vermieter nicht, wenn der Ersatzanspruch des Vermieters gegen den AG verjährt ist[188]. Der BGH betont, daß andernfalls mit der Haftung des Fahrers wegen seines Freistellungsanspruchs die Regelung des Gesetzes (§ 558 BGB) umgangen würde. Er bezieht deshalb den Fahrer in den Schutzbereich des Mietvertrages ein. Zum gleichen Ergebnis gelangt man, wenn man bei leichten Fehlern das Verschulden des AN auch im Verhältnis zu Dritten verneint.

Der AN haftet Dritten gegenüber somit nach schon jetzt allgemein anerkannter Ansicht nicht, soweit er gegen den AG Rückgriff nehmen könnte und der AG — hätte er den Schaden selbst verursacht — dem Dritten nicht haften würde[189].

---

[183] *Medicus, Hanau* ebd.

[184] BAG(GS)E 5, 1 ff., 10.

[185] *Gamillscheg / Hanau*, 151 ff., 158; *Medicus*, Bürgerliches Recht, § 35 II 6 e) bb).

[186] BGH NJW 1973, 1648.

[187] BGH VersR 1962, 141.

[188] BGHZ 49, 278.

[189] *Gamillscheg*, Festschrift Rheinstein, Band 2, 1054, mit weiteren Beispielen aus der Rechtsprechung.

5. Die Rechtsprechung des BAG als Bestätigung der Notwendigkeit eines subjektiven Verschuldensbegriffs im Bereich der Arbeitnehmerhaftung

Die Rechtsprechung des BAG zeigt, welche Schwierigkeiten auftreten, wenn man im Bereich der Arbeitnehmerhaftung uneingeschränkt den objektiven Verschuldensbegriff anwendet. Das BAG hat nämlich, im Gegensatz zum RAG[190] und zum BGH[191], persönliche Umstände, die den AN entlasten, bei der Verschuldensprüfung lange Zeit nicht berücksichtigt. Die Entwicklung seiner Rechtsprechung bildet drei Stufen: die streng objektive (a), die eingeschränkt objektive (b) und die subjektive Phase (c).

a) Obwohl das BAG die Praxis eines Berufsfahrers wiederholt als einen erschwerenden Umstand angesehen hatte[192], lehnte es zunächst ab, die geringe Erfahrung entlastend zu bewerten[193]. Die Argumentationsweise dieser Rechtsprechung, die konsequent den objektiven Verschuldensbegriff anwendete und das Verschulden grundsätzlich allein mit Voraussehbarkeit und Vermeidbarkeit des Schadens begründete[194], zeigt sich besonders deutlich in einer Entscheidung des BAG, in der die Ablenkung im Straßenverkehr zu berücksichtigen war[195].

Der Fahrer eines Lastzuges hatte das rote Blinklicht an einem ihm bekannten unbeschrankten Bahnübergang erst 30 Meter vor den Geleisen gesehen und konnte einen Zusammenstoß mit dem Zug nicht mehr verhindern. Kurz zuvor hatte ein Bus die Schienen überquert, als die Ampel gerade auf „Rot" wechselte. Danach war nur noch ein entgegenkommender Motorradfahrer über den Bahnübergang gefahren. Hinter dem LKW des beklagten AN fuhr ein zweiter Bus, der den Beklagten zu überholen versuchte, es dann aber unterließ. Der Fahrer des verunglückten Lastwagens hatte im Prozeß zu seiner Entlastung vorgetragen, er sei durch den Verkehr, insbesondere durch den Überholversuch des ihm folgenden Busses abgelenkt und von der tiefstehenden Sonne (19.00 Uhr im Mai) geblendet worden.

Das BAG bejahte „eindeutig" die grobe Fahrlässigkeit des beklagten Fahrers, ohne eine Definition dieser Verschuldensform zu geben. Gerade wegen der besonders schweren Folgen, die an einem unbeschrankten Bahnübergang eintreten könnten und hier auch eingetreten seien, müsse sein Verhalten als grob fahrlässig angesehen werden. Der Senat meinte, es könne den Fahrer auch nicht entlasten, daß er vom Verkehr abgelenkt und durch den vor ihm fahrenden Bus und die tiefstehende Sonne in der Sicht behindert gewesen sei. Er hätte seine Fahrweise so einrichten müssen, daß er das Rotlicht recht-

---

190 RAG ARS 46, 136.

191 BGH AP Nr. 1 zu § 611 BGB Haftung des AN; LM Nr. 4 zu § 640 RVO; VersR 1969, 77; 1972, 144, 197, 944.

192 BAG AP Nr. 8, 19, 70 zu § 611 BGB Haftung des AN.

193 BAG AP Nr. 39 zu § 611 BGB Haftung des AN.

194 Vgl. die Definition der schadensgeneigten Arbeit, § 2 III Element f).

195 BAG AP Nr. 23 zu § 611 BGB Haftung des AN.

zeitig hätte sehen können. Die Sonnenblendung sei unbeachtlich, da sie in keinem Zusammenhang mit dem Überholversuch des zweiten Busses und dem Entgegenkommen des Motorradfahrers gestanden habe. Diese Umstände „durften und konnten" den Beklagten nicht beeinflussen, wenn er pflichtgemäß auf die ihm bekannte Blinkanlage geachtet hätte. Notfalls hätte er anhalten müssen.

Diese Sätze sind bezeichnend für die Argumentation des BAG in fast allen früheren Urteilen: Weil die Umstände den AN nicht ablenken durften, erklärt das BAG, daß sie ihn nicht entlasten konnten. Der Gedankengang deckt sich mit den vom BGH mißbilligten Ausführungen des OLG Koblenz in dem Fall des erregten und von der Sonne geblendeten magenkranken Fahrers, dessen Wagen mit einer Straßenbahn zusammengestoßen war[196]. Wenn das BAG die Sonnenblendung unberücksichtigt ließ, weil sie in keinem Zusammenhang mit den übrigen Ablenkungen gestanden habe, so verstieß es damit gegen seine eigene immer wieder betonte Forderung, daß bei der Verschuldensprüfung alle Umstände des Falles zu berücksichtigen seien. Die Frage, ob der objektiv grobe Fehler in dieser Situation auch persönlich einen schweren Vorwurf gegenüber dem Fahrer rechtfertigte[197], stellte das BAG nicht, auch wenn es vom „Fehlen jeglicher Entschuldigungsmomente" sprach. Für derartige Entschuldigungsgründe bot der Sachverhalt aber mehrere Anhaltspunkte: Der Unfall ereignete sich gegen 19.00 Uhr. Der Fahrer, der bei dem Zusammenstoß mit dem Zug sein Leben gefährdete, hatte das Blinklicht erst 30 Meter vor den Geleisen bemerkt. Unter diesen Umständen lag es nahe zu prüfen, ob er übermüdet war, wie lange er an dem Tag schon gefahren war und welche Arbeitspausen er hatte einlegen können. Falls er übermüdet war und eine Ablenkung durch den Überholversuch eines anderen Fahrzeuges und durch die Sonnenblendung hinzukam, dann könnte es entschuldbar sein, wenn er infolge des Zusammenwirkens dieser Umstände eine Blinkampel zu spät bemerkte[198].

Das BAG hat in der ersten Phase seiner Rechtsprechung zur groben Fahrlässigkeit vereinzelt Störungen der körperlichen Leistungsfähigkeit wie plötzliches Herzversagen[199] oder Bewußtlosigkeit[200] des AN entlastend berücksichtigt. Diese dem § 827 BGB Rechnung tragenden Urteile bilden jedoch eine Ausnahme in der streng objektiven ersten Phase der Rechtsprechung des BAG.

---

[196] BGH VersR 1972, 197.

[197] So BGH gegen OLG Koblenz, ebd.

[198] Vgl. BGH VersR 1972, 197.

[199] BAG AP Nr. 16 zu § 611 BGB Haftung des AN.

[200] BAG AP Nr. 33 zu § 611 BGB Haftung des AN.

Die Richter scheinen die Konsequenzen ihrer rigorosen Verschuldensprüfung selbst als unbillig empfunden zu haben; sie untersuchten deshalb in einigen Fällen ein Mitverschulden des AG, obwohl der Vortrag der Parteien dafür keine Anhaltspunkte bot[201]. In manchen Urteilen beurteilte das BAG die fehlende Erfahrung des AN als Mitverschulden des AG[202], in anderen hingegen nicht[203].

b) Das Urteil vom 18. 1. 1966 leitete eine neue Entwicklung in der Rechtsprechung des BAG ein[204]. Unter dem Eindruck der von *Gamillscheg* entwickelten Lehre von der Drucksituation und der Diskussion auf dem 45. Deutschen Juristentag[205] begann das BAG, seine bis dahin strenge Rechtsprechung einzuschränken.

Den Anlaß dazu bot ein Sachverhalt, an dem besonders deutlich wurde, welche unbefriedigenden Auswirkungen eine nur objektive Verschuldensprüfung haben kann. Ein Bauunternehmer hatte einen jungen Maurerumschüler angewiesen, in einem PKW fünf Arbeitskollegen zu einer Baustelle zu fahren. Die Reifen des überlasteten Fahrzeuges waren abgefahren, ihr Luftdruck zu niedrig, die Straße naß. Auf einem mit Lehm beschmierten Straßenabschnitt geriet der Wagen ins Schleudern und prallte gegen einen Baum. Zwei Insassen wurden getötet, drei schwer verletzt. Die Klägerin zahlte als Trägerin der gesetzlichen Rentenversicherung Rente an die Hinterbliebenen der Getöteten und an die Verletzten. In einem ersten Prozeß verurteilte ein Landesarbeitsgericht den AN zum Ersatz aller von der Klägerin erbrachten Leistungen, da er den Unfall grob fahrlässig verursacht habe. In dem vom BAG zu entscheidenden zweiten Rechtsstreit machte die Klägerin den ihr vom AN abgetretenen Freistellungsanspruch gegen den AG geltend. Das BAG gab der Klage in Höhe der Mindestgrenzen der Kfz-Haftpflichtversicherung statt[206], da der Versicherer den Deckungsschutz aus einem Grunde entzogen hatte, den der AG zu vertreten hatte (Gefahrerhöhung durch Überladung und schlechte Reifen). Wegen des restlichen Betrages von 150 000 DM verwies das BAG den Rechtsstreit an das LAG zurück und führte dazu aus: Zwar sei das Verschulden des AN im Parallelprozeß als schwer beurteilt worden. Diese Feststellung gelte jedoch nur für das Verhältnis des Fahrers zu den Unfallopfern und sei nur in diesem Verhältnis rechtskräftig geworden. Im zweiten Rechtsstreit gehe es jedoch um das Verhältnis AN — AG. Das BAG hielt es im Anschluß an *Gamillscheg/Hanau*[207] für möglich, daß derselbe Tatbestand sich im Verhältnis AN — Dritter als schweres Verschulden, im Verhältnis AN — AG hingegen als leichtes Verschulden darstelle (Relativität des Verschuldens). Es seien Umstände denkbar (z. B. Übermüdung, Eintönigkeit, ständige Anspannung), die sich im Verhältnis AN — AG entlastend auswirken könnten, „wenn der AG selbst die Ursache dafür gesetzt hat und deshalb insoweit die Gefahr dafür tragen muß". Daher müsse

---

[201] BAG AP Nr. 24, 42 zu § 611 BGB Haftung des AN.

[202] BAG AP Nr. 47, 53 zu § 611 BGB Haftung des AN.

[203] BAG AP Nr. 39, 62 zu § 611 BGB Haftung des AN.

[204] BAG AP Nr. 37 zu § 611 BGB Haftung des AN.

[205] Verh. des 45. DJT, Band 2, G 7 ff., 39 ff.; *Gamillscheg / Hanau*, 54 ff.

[206] BAG AP Nr. 37 zu § 611 BGB Haftung des AN.

[207] *Gamillscheg / Hanau*, 72.

geprüft werden, inwieweit der Unfall vom AN und wieweit er vom AG „verantwortlich verursacht" worden sei. Dazu sei eine Abwägung der Gesamtsituation erforderlich[208]. Das LAG Hamm verstand unter „verantwortlich verursacht" — entsprechend dem damaligen Stand der Rechtsprechung des BAG — die Prüfung des Verschuldensgrades. Es nahm grobes Verschulden des Fahrers an und wies die Klage ab.

Das BAG hob das Urteil auf, da das LAG auf das Betriebsrisiko des AG nicht eingegangen sei[209]. Bei der Frage, inwieweit der AN und der AG in ihrem Verhältnis zueinander den Schaden „verantwortlich zu vertreten" haben, sei nicht nur das beiderseitige Verschulden, sondern auch das Betriebsrisiko des AG bedeutsam. Insoweit komme „eine Verteilung der Haftung nach dem Gewicht der haftungsbegründenden Umstände auf beiden Seiten in Betracht. Haftungsbegründende Umstände, die zu Lasten des AG gehen, bewirken, daß sich dieser in analoger Anwendung des in den §§ 254, 430, 840, 846 BGB, § 17 StVG, § 41 Luft VG und § 9 b HaftPflG zum Ausdruck gekommenen Rechtsgedankens insoweit auf die grobe Fahrlässigkeit des AN nicht berufen kann". Das BAG beurteilte dabei jeden einzelnen Umstand gesondert danach, zu welchem Anteil ihn der AG und der AN jeweils „verantwortlich zu vertreten" hatten. Es kam dabei zu folgenden Ergebnissen: Die zu hohe Geschwindigkeit habe der AN allein zu vertreten, die schlechten Reifen allein der AG, den unzureichenden Reifendruck wegen des betrieblichen Charakters der Fahrt eher der AG. Die Überladung des Fahrzeuges gehe „eher stärker" zu Lasten der AG, da die Fahrt im Interesse des Betriebes und auf Weisung des AG ausgeführt worden sei. Aus denselben Gründen gehe es teilweise zu Lasten des AG, daß die Straße naß und mit Lehm beschmiert war; allerdings habe es der Fahrer allein zu vertreten, daß er die Lehmspuren nicht rechtzeitig bemerkt habe. Das LAG Hamm hatte die Jugend des AN nicht mildernd berücksichtigen wollen, da er „eben eine Stelle als ständiger Fahrer angenommen" habe[210]. Das BAG hingegen wies darauf hin, daß der Maurerumschüler „erst in zweiter Linie" Fahrer gewesen sei. Bei der abschließenden Abwägung der Umstände meinte das Gericht, daß der AG sich „auf die etwaige grobe Fahrlässigkeit (schwere Schuld) des (AN) ... nicht berufen" könne[211]. Soweit es auf das beiderseitige Verschulden von AN und AG ankomme, ließe sich eine Halbierung des Schadens rechtfertigen. Da jedoch auch das Betriebsrisiko zu beachten sei, müssen der AG den größeren Teil des Schadens (3/5 von 150 000 DM) tragen. Das BAG hat diese Grundsätze in mehreren späteren Entscheidungen bestätigt[212].

---

[208] BAG AP Nr. 37 zu § 611 BGB Haftung des AN.

[209] BAG AP Nr. 55 zu § 611 BGB Haftung des AN.

[210] LAG Hamm, mitgeteilt in BAG AP Nr. 55 zu § 611 BGB Haftung des AN.

[211] BAG AP Nr. 55 zu § 611 BGB Haftung des AN.

[212] BAG AP Nr. 58, 59, 62, 69, 74 zu § 611 BGB Haftung des AN.

Der große begriffliche Aufwand wäre selbst bei einer ausschließlich an objektiven Merkmalen orientierten Verschuldensprüfung nicht erforderlich gewesen. Das Ergebnis hätte einfacher mit einer Analogie zu § 254 BGB begründet werden können. Wenn der AG einen jungen, ungeübten Gelegenheitsfahrer mit einem verkehrsuntüchtigen und überladenen Wagen bei nasser und glatter Straße auf eine Fahrt schickt, dann ist sein erhebliches Mitverschulden offensichtlich. Der Haftpflichtversicherer hatte dem AG wegen dieses Verhaltens auch den Deckungsschutz entzogen[213]. Der Grundgedanke des § 254 BGB rechtfertigt es, die Vorschrift auch bei der Bestimmung der Grenzen eines Freistellungsanspruchs heranzuziehen[214]. Das grobe Mitverschulden hätte hier nicht nur konstruktiv einfacher die auf so kompliziertem Wege ermittelte Quotelung des Schadens im Verhältnis 2/5 : 3/5 gerechtfertigt, sondern eine noch stärkere Entlastung des AN.

Für den Bereich der groben Fahrlässigkeit wären diese neuen Konstruktionen unnötig gewesen, wenn das BAG die subjektiv entlastenden Umstände bei der Verschuldensprüfung berücksichtigt hätte, wie es bereits das RG[215] und der BGH[216] getan hatten. Das BAG versperrte sich den Weg dahin bereits damit, daß es in seine in dem Urteil verwendete Definition der groben Fahrlässigkeit[217] die subjektive Komponente (persönliche Vorwerfbarkeit) nicht aufnahm. Hätte es auch die Frage gestellt, ob dem Fahrer ein grober und für ihn persönlich unentschuldbarer Sorgfaltsverstoß vorzuwerfen sei, dann wäre das Urteil möglicherweise anders ausgefallen, wofür mehrere Gesichtspunkte sprechen. Der 23-jährige Maurerumschüler arbeitete nur nebenbei als Fahrer. Es wäre zu prüfen gewesen, welche Erfahrung er hatte, wie vertraut er mit dem Fahrzeug war, vor allem, wenn es überladen war, dazu abgefahrene Reifen mit falschem Luftdruck hatte und auf nasser, lehmiger Straße gefahren werden mußte. Wenn unter diesen Umständen der schwere Wagen ins Schleudern geriet, dann brauchte das nicht einmal in einem groben Fehlverhalten des Fahrers zu liegen. Das BAG weist selbst darauf hin, daß zwei Gerichte (die ersten Instanzen in zwei Vorprozessen) leichte Fahrlässigkeit angenommen hatten. Doch selbst bei einem objektiv groben Pflichtenverstoß (z. B. erheblich überhöhte Geschwindigkeit) könnten die geringe Fahrpraxis des AN, der Zustand des Wagens und die glatte Straße das Fehlverhalten des Fahrers bis zu einem gewissen Grad entschuldbar erscheinen lassen[218]. Der AG konnte

[213] BAG AP Nr. 37 zu § 611 BGB Haftung des AN.
[214] Ebenso BAG AP Nr. 47 zu § 611 BGB Haftung des AN.
[215] RG JW 1924, 1977.
[216] BGHZ 10, 14 (17); vgl. unten § 5.
[217] BAG AP Nr. 55 zu § 611 BGB Haftung des AN.
[218] Vgl. dagegen BAG AP Nr. 69 zu § 611 BGB Haftung des AN und BGH LM Nr. 4 zu § 640 RVO.

dem Umschüler auch nicht entgegenhalten, er habe es ablehnen müssen, mit einem überlasteten Wagen zu fahren, da er sich damit in Widerspruch zu seiner Weisung setzen würde[219].

Die neuen Konstruktionen des BAG sind nicht nur unnötig kompliziert und führen nicht nur zu unbilligen Ergebnissen. Sie stellen die geringen Ansätze zu einer größeren Rechtssicherheit, die sich in der Rechtsprechung inzwischen herausgebildet haben, wieder infrage[220]. Das gilt vor allem für die Methode der „Abwägung nach dem Gewicht der haftungsbegründenden Umstände"[221]. Bei Anwendung dieses Verfahrens wird es nunmehr völlig unmöglich, den Ausgang eines Haftungsprozesses auch nur annähernd vorauszusagen. Konnten die Instanzengerichte bei der Entscheidung nach dem Verschuldensgrad bisher noch eine Linie in der Rechtsprechung des BAG erkennen, so trifft das für die neue Abwägung nach Verursachungsgesichtspunkten kaum noch zu; das kann die Parteien noch mehr als bisher[222] dazu verleiten, den Prozeß bis in die letzte Instanz zu bringen. Auch die einzelnen für die Abwägung bedeutsamen Gesichtspunkte sind wenig geeignet, die Rechtssicherheit zu fördern. Nach Ansicht des BAG soll das Betriebsrisiko bei der Abwägung zusätzlich zu berücksichtigen sein[223]. Bisher wurde der Betriebsrisikogedanke immer nur zur Begründung dafür herangezogen, weshalb der AN bei leichten Sorgfaltsverstößen nicht haftet[224]. Als selbständiger zusätzlicher Quotelungsgrund für die Beurteilung einzelner Umstände eines konkreten Falles ist dieser generalklauselartige Begriff wenig geeignet und bildet eine zusätzliche Quelle der Rechtsunsicherheit[225]. Das gleiche gilt für das Merkmal „im Interesse des Betriebes". Das BAG verwendet es mehrere Male, um dem AG einzelne Umstände wie die Überlastung des Wagens, den unzureichenden Reifendruck und den schlechten Zustand der Straße zuzurechnen[226]. Als Maßstab für den Umfang der Haftung des AN ist dieses Merkmal jedoch unbrauchbar, da jede erlaubte arbeitsbezogene Tätigkeit des AN im Interesse des Betriebes erbracht wird.

---

[219] Ähnlich BAG AP Nr. 55 zu § 611 BGB Haftung des AN.

[220] Kritisch auch *Hanau*, SAE 1970, 253, zu BAG AP Nr. 55 zu § 611 BGB Haftung des AN: „Ein verwirrendes Urteil, das Fragen über Fragen aufwirft."

[221] BAG AP Nr. 55, 58, 59 zu § 611 BGB Haftung des AN.

[222] *Mayer-Maly*, AcP 163, 116 und Anm. zu BAG AP Nr. 33 zu § 611 BGB Haftung des AN.

[223] BAG AP Nr. 55, ebenso Nr. 58, 59, 61, 63 zu § 611 BGB Haftung des AN.

[224] Ausführlich *Gamillscheg / Hanau*, 34 ff.; vgl. oben § 1 Anm. 24, 25, 28, 42 f.

[225] Ablehnend auch *Däubler*, SAE 1970, 223; *Buchner*, RdA 1972, 153; *E. Lorenz*, SAE 1971, 202 (zu BAG AP Nr. 59 zu § 611 BGB Haftung des AN) meint das BAG habe diesen neuen Zurechnungsgrund „unreflektiert in die Welt gesetzt" (S. 206).

[226] BAG AP Nr. 55 zu § 611 BGB Haftung des AN.

Die Ursache der Schwierigkeiten, die die Begründung des Ergebnisses dem BAG macht, ist das Festhalten an den Denkgewohnheiten des objektiven Verschuldensbegriffs. Das Gericht korrigiert die unbefriedigenden Auswirkungen einer nur an objektiven Merkmalen ausgerichteten Verschuldensprüfung mit untauglichen, weil wiederum ausschließlich objektiven Gesichtspunkten. Den objektiven Verschuldensbegriff, dessen Rückgrat der Verursachungsgedanke ist[227], sucht es mit Begrenzungen allein nach Verursachungsgesichtspunkten wie „Gewicht der haftungsbegründenden Umstände" und „Erhöhung des Betriebsrisikos"[228] zu mildern. Die Ergebnisse dieser Korrektur müssen aber unbefriedigend bleiben, solange der eigentliche Leitgedanke der Arbeitnehmerhaftung — die persönliche Vorwerfbarkeit des Sorgfaltsverstoßes — unberücksichigt bleibt. Diese Konstruktionen des BAG bestätigen somit die Notwendigkeit, im Bereich der Arbeitnehmerhaftung den subjektiven Verschuldensbegriff anzuwenden.

c) Das Urteil des BAG vom 18. 1. 1972 leitete schließlich die subjektive Phase in der Rechtsprechung des Gerichts ein und enthält die notwendige Unterscheidung zwischen dem objektiv schweren Sorgfaltsverstoß und seiner persönlichen Vorwerfbarkeit[229]. Das BAG betont zu Recht, daß für den Begriff der groben Fahrlässigkeit — im Gegensatz zur einfachen Fahrlässigkeit — auch eine subjektiv vorwerfbare Verhaltensweise erforderlich sei. Damit hat das Gericht seine frühere strenge Auffassung zur groben Fahrlässigkeit aufgegeben und im Ergebnis den subjektiven Verschuldensbegriff im Bereich der Arbeitnehmerhaftung weitgehend anerkannt, wenn man von der in Urteilen nur selten angenommenen mittleren Fahrlässigkeit einmal absieht. Die Änderung der Rechtsprechung wird besonders deutlich bei der Bewertung der Übermüdung des AN. Während sie früher lange Zeit als ein Indiz für die grobe Fahrlässigkeit galt[230], zählt sie das BAG jetzt zu den entlastenden Umständen[231]. Das Gericht hält aber noch immer an den Lehren von der Erhöhung des Betriebsrisikos und der Abwägung nach dem Gewicht der haftungsbegründenden Umstände fest. Diese Konstruktionen sind jedoch überflüssig, wenn man für die subjektive Seite der groben Fahrlässigkeit auch die persönliche Vorwerfbarkeit des Sorgfaltsverstoßes fordert. Wenn der AG einen übermüdeten AN auf eine Fahrt schickt, dann kann auch ein grober Fehler des AN im Einzelfall persönlich ent-

---

[227] Oben § 3 II 3 d).

[228] BAG AP Nr. 55, 58, 59, 62, 69 zu § 611 BGB Haftung des AN.

[229] BAG AP Nr. 69, ebenso AP Nr. 70 zu § 611 BGB Haftung des AN; vgl. auch schon AP Nr. 42 zu § 611 BGB Haftung des AN; dort wird die Differenzierung allerdings noch nicht so stark betont.

[230] BAG AP Nr. 16, 33 zu § 611 BGB Haftung des AN; BAG VersR 1971, 528; einschränkend BAG AP Nr. 42 zu § 611 BGB Haftung des AN.

[231] BAG AP Nr. 69, 70 zu § 611 BGB Haftung des AN.

schuldbar sein, wenn er auf die Müdigkeit zurückgeht. Da bei der Verschuldensprüfung allein das Verhalten des AN zu beurteilen ist, sollte es in diesem Zusammenhang grundsätzlich keinen Unterschied machen, ob die Übermüdung dem AG bekannt war — und er dadurch nach Ansicht des BAG sein Betriebsrisiko erhöht hat[232] — oder nicht; entscheidend ist, ob dem AN ein schwerer persönlicher Vorwurf daraus gemacht werden kann, daß er die Übermüdung oder ihre Folgen nicht verhindert hat.

6. Zusammenfassung

a) Der Streit um den Verschuldensbegriff im Zivilrecht hat erhebliche dogmatische und praktische Auswirkungen auf die Arbeitnehmerhaftung. Das wurde bisher nicht beachtet. § 276 Abs. 1 Satz 2 BGB definiert nicht das Verschulden, sondern die Rechtswidrigkeit des nicht vorsätzlichen Verhaltens. Die Vorschrift legt daher keinen bestimmten Verschuldensbegriff für das Zivilrecht fest. Welche Anforderungen an das Verschuldensurteil zu stellen sind, richtet sich nach dem Zweck, den die Haftung in dem jeweiligen Rechtsgebiet verfolgt. Der Verschuldensbegriff ist ein dogmatisches Mittel zur Erreichung dieses Zwecks.

b) Das allgemeine Schadensersatzrecht verfolgt primär den Zweck, dem Geschädigten in möglichst vielen Fällen den Schaden abzunehmen. Dieser Zweck erfordert einen weiten, objektiven Verschuldensbegriff, der im Zweifel dem Verursachungsgedanken Rechnung trägt. Dem Zweck des allgemeinen Schadensersatzrechts nach möglichst umfassendem Schadensausgleich entspricht es, daß dort die Haftung des Schädigers die Regel, fehlende Haftung die Ausnahme ist.

c) Die Arbeitnehmerhaftung bezweckt dagegen nicht einen umfassenden Schadensausgleich, da sie diesen Zweck gar nicht erfüllen könnte; denn sie greift nur in seltenen Fällen ein und ist selbst dann wegen Zahlungsunfähigkeit des Schädigers und fehlender Versicherungsmöglichkeit häufig nicht durchsetzbar. Der Zweck der Sanktion besteht vielmehr in der bessernden Einwirkung auf den Täter und in der Abschreckung anderer AN vor Unordnung und Leichtsinn im Betrieb. Das hat die herrschende Meinung bisher nicht berücksichtigt. Darin liegt die entscheidende Ursache für die Schwierigkeiten, die die Arbeitnehmerhaftung der Rechtsprechung und Lehre bis heute bereitet. Der Zweck der Haftung des AN erfordert einen Verschuldensbegriff, der den individuellen Besonderheiten des Täters Rechnung tragen kann, indem er auf die persönliche Vorwerfbarkeit des Sorgfaltsverstoßes abstellt (subjektiver Verschuldensbegriff).

---

[232] BAG AP Nr. 69 zu § 611 BGB Haftung des AN.

d) Der subjektive Verschuldensbegriff liefert auch eine dogmatische Begründung für den Ausschluß der Haftung des AN bei unbewußten leichten Sorgfaltsverstößen. Da derartige Fehler sich auf Dauer nicht vermeiden lassen, sind sie nicht persönlich vorwerfbar. Sie sind deshalb nicht schuldhaft.

e) Der Ausschluß der Haftung des AN bei auf Dauer unvermeidbaren leichten Fehlern läßt sich auch im Verhältnis zu Dritten rechtfertigen. Voraussetzung ist, daß der Dritte in diesen Fällen einen Anspruch gegen den AG aus § 831 BGB erhält und die Exkulpationsmöglichkeit des § 831 Abs. 1 Satz 2 BGB bis zur Beseitigung dieser Vorschrift ausgeschlossen wird, soweit der AN den Schaden nicht letztlich selbst tragen muß. Diese Konstruktion entspricht den Ergebnissen der herrschenden Meinung. Sie vermeidet einen der Prozeßökonomie widersprechenden, oft sehr langwierigen und die Durchsetzung der Rechte des Dritten gefährdenden Umweg über die nur vorläufige Haftung des AN. Die Begrenzung der Haftung des AN im Verhältnis zu Dritten ist auch geeignet, den AG zu schützen. Er kann vertragliche oder gesetzliche Haftungsbeschränkungen dem Anspruch des Dritten entgegenhalten und ist keinem Freistellungs- bzw. Erstattungsanspruch des AN ausgesetzt.

f) Die Rechtsprechung des BAG bestätigt, daß die Anwendung des subjektiven Verschuldensbegriffs im Bereich der Arbeitnehmerhaftung notwendig ist.

§ 4 Die Haftung bei Vorsatz

Bei Vorsatz haftet der AN unbeschränkt. Das war nie umstritten. Praktische Fälle vorsätzlicher Schädigung sind allerdings selten. Umfaßt der Vorsatz auch den Schaden, so kann sich der Täter auf § 254 BGB nicht berufen[1].

Die Abgrenzung des bedingten Vorsatzes von der bewußten Fahrlässigkeit bereitet manchmal Schwierigkeiten. In beiden Fällen hält der Täter den Erfolg für möglich. Während er jedoch bei der bewußten Fahrlässigkeit auf sein Ausbleiben hofft oder er ihm gleichgültig ist, billigt er beim bedingten Vorsatz den Eintritt des Schadens[2].

Ein besonderes Problem entsteht, wenn der AN vorsätzlich gegen ein Schutzgesetz oder gegen eine Weisung des AG verstoßen hat. Bereits bei der Besprechung der Gefahrneigung der Arbeit hat sich gezeigt, daß die Rechtsprechung der Weisung des AG eine wesentliche Bedeutung beimißt[3]. Nach allgemeinen Grundsätzen braucht sich der Vorsatz nur auf die Pflichten-, Rechtsgut- oder Schutzgesetzverletzung zu beziehen. Im Hinblick auf den Eintritt des Schadens ist ein Verschulden überhaupt nicht erforderlich[4]. Würde man diese Regeln ohne Einschränkung auf die Arbeitnehmerhaftung anwenden, dann müßte ein AN, der gegen seine Pflichten aus dem Arbeitsvertrag oder gegen ein Schutzgesetz vorsätzlich verstoßen hat, immer unbeschränkt haften[5]. Die herrschende Meinung zieht diese Folgerung jedoch nicht.

Gamillscheg[6] und *Deutsch*[7] haben eine Gleichbehandlung dieser Fälle mit denen vorsätzlicher Schädigung abgelehnt. Sonst könnte der AG die Haftung des AN dadurch verschärfen, indem er anordnet, daß bereits abstrakte Gefahren zu meiden sind[8]. Das würde dem Schutzzweck

---

[1] BAG AP Nr. 57, 60 zu § 611 BGB Haftung des AN.

[2] BGH NJW 1968, 661; BAG VersR 1971, 528; enger *Enneccerus / Nipperdey*, I/2, § 210 II 2 b); diese Frage soll hier jedoch nicht weiter behandelt werden.

[3] Oben § 3 III 2.

[4] BGH MDR 1955, 542; BGHZ 34, 381; BGH NJW 1965, 963; VersR 1972, 492; *Deutsch*, NJW 1966, 705 ff., 711; *Enneccerus / Lehmann*, Schuldrecht, 73, 948; *Medicus*, Bürgerliches Recht, § 24 II 4; *Palandt / Heinrichs*, BGB 3 a) zu § 276; *Palandt / Thomas*, 9 c) zu § 823; *Weitnauer*, Anm. zu BAG AP Nr. 1 zu § 67 VVG.

[5] *Weitnauer*, Anm. zu BAG AP Nr. 1 zu § 67 VVG.

[6] *Gamillscheg*, RdA 1967, 375.

[7] *Deutsch*, NJW 1966, 705.

[8] *Deutsch*, 710, zustimmend *Richardi*, SAE 1968, 195.

der Haftungsbeschränkung widersprechen. Deutsch fordert daher, daß in allen Fällen, in denen die Haftung auf grobe Fahrlässigkeit beschränkt ist, auch der Schaden grob fahrlässig herbeigeführt sein müsse[8].

Die Rechtsprechung zur Arbeitnehmerhaftung hat in der Frage bis vor kurzem kein Problem gesehen. In allen Fällen, in denen der AN eine Weisung des AG mißachtet oder ein Schutzgesetz verletzt (z. B. als Kraftfahrer die zulässige Höchstgeschwindigkeit vorsätzlich überschritten) hatte, wurde die Annahme einer vorsätzlichen Schädigung entweder überhaupt nicht erwogen[9] oder ohne weiteres[10] abgelehnt. Selbst in dem „VW-Transporter-Fall" erörterte das BAG nur die grobe Fahrlässigkeit, obwohl der AG den Fahrer, der einige Tage vor dem Unfall durch zu schnelles und leichtsinniges Fahren aufgefallen war, verwarnt und ihm genaue Vorschriften über die einzuhaltende Höchstgeschwindigkeit gemacht hatte[11]. Der BGH vertritt in seiner neueren Rechtsprechung zu § 640 RVO die Ansicht, daß ein vorsätzlicher Verstoß gegen Unfallverhütungsvorschriften nicht einmal ohne weiteres als ein Fall grober Fahrlässigkeit angesehen werden könne[12]. In einem früheren Urteil zu § 122 des Hessichen Beamtengesetzes hatte er allerdings noch die entgegengesetzte Meinung vertreten[13]. Das BAG schloß sich in dem „Tankstellen-Fall", in dem ein Lehrling auf einer Schwarzfahrt den Wagen eines Kunden beschädigt hatte, ausdrücklich der Ansicht Gamillschegs und Deutschs an[14]. Obwohl der Lehrling hier vorsätzlich nicht nur eine Weisung des AG mißachtet, sondern sogar zwei strafbare Handlungen begangen hatte (§ 248 b StGB a. F. und § 21 StVG), verneinte das BAG eine vorsätzliche Schädigung und nahm grobe Fahrlässigkeit an.

Für die Richtigkeit der Ergebnisse der Rechtsprechung spricht nicht nur der Umgehungsgedanke[15]. Sie sind nämlich eine weitere Konsequenz des vom allgemeinen Schadensersatzrecht abweichenden Zwecks der Arbeitnehmerhaftung; denn auch der Satz, daß sich der Vorsatz nicht auf den Schaden zu beziehen braucht[16], ist wie der objektive Verschuldensbegriff im Bereich der Fahrlässigkeit ein Ausdruck der Garantiehaftung. Damit sollen alle nicht zufälligen und auch nicht völlig ungewöhnlichen (adäquaten) Folgen der schädigenden Handlung

---

[9] BAG AP Nr. 1 zu § 276 BGB; AP Nr. 22, 47 zu § 611 BGB Haftung des AN.

[10] BAG AP Nr. 62 zu § 611 BGB Haftung des AN.

[11] BAG AP Nr. 22 zu § 611 BGB Haftung des AN.

[12] BGH VersR 1969, 39 (40); VersR 1972, 877.

[13] BGHZ 34, 375; ablehnend *Deutsch*, 710.

[14] BAG AP Nr. 1 zu § 67 VVG; ebenso *Richardi*, SAE 1968, 195; a. A. *Weitnauer*, Anm. zu BAG ebd.

[15] *Deutsch*, 710.

[16] Wie Anm. 4; vgl. auch *Deutsch*, 705.

dem Verursacher zugerechnet werden. Ist die Haftung hingegen auf Vorsatz und bestimmte Arten der Fahrlässigkeit beschränkt, so kann und soll mit ihr ein lückenloser Schadensausgleich nicht erreicht werden. Hier tritt der Ausgleichszweck der Haftung zurück und ihr Präventionszweck rückt in den Vordergrund[17]. Die erste Auswirkung dieser Zweckschiebung war die für die Fahrlässigkeit begründete Abweichung vom allgemeinen Schadensersatzrecht (subjektiver Verschuldensbegriff)[18]. Doch auch bei der vorsätzlichen Tat verdrängt der Präventionszweck den schadensersatzrechtlichen Garantiegedanken. Deshalb muß im Bereich der Arbeitnehmerhaftung der Vorsatz auch den Schaden umfassen. Die Rechtsprechung zur Haftung des AN hat sich damit — ohne das Problem zu erörtern — dem Strafrecht angenähert; denn dort ist ebenfalls anerkannt, daß bei Verletzungsdelikten der Vorsatz des Täters auch den Schaden umfassen muß[19]. Auch in dieser Abweichung vom allgemeinen Schadensersatzrecht liegt eine Bestätigung der Ansicht, daß die Haftung des AN in erster Linie Prävention und nicht Schadensausgleich zum Ziel hat.

---

[17] Ebenso *Röhl*, JZ 1974, 521.
[18] § 3 III 3.
[19] *Jescheck*, Lehrbuch, § 29 II 3 a).

§ 5 Die grobe Fahrlässigkeit des Arbeitnehmers in Rechtsprechung und Schrifttum (Überblick)

Die grobe Fahrlässigkeit ist der wichtigste Begriff der Arbeitnehmerhaftung. Man ist sich darin einig, daß der AN bei grober Fahrlässigkeit haftet. Nur die Höhe seiner Haftung im Verhältnis zum AG ist noch nicht geklärt[1]. Hat der AN bei betrieblicher Tätigkeit einen Arbeitskollegen verletzt, so kann der Sozialversicherungsträger bei grober Fahrlässigkeit Rückgriff gegen ihn nehmen, § 640 RVO. Auch der Beamte haftet seinem Dienstherrn nur bei grober Fahrlässigkeit, wenn er in Ausübung eines öffentlichen Amtes unter Verletzung seiner Amtspflichten einen Schaden verursacht hat (§ 78 BBG, § 46 BRRG). Der Kaskoversicherer hat bei grober Fahrlässigkeit des angestellten Fahrers einen Rückgriffsanspruch gegen ihn (§ 67 Abs. 1 VVG, § 15 Abs. 2 AKB).

Die grobe Fahrlässigkeit ist im Gesetz nicht definiert. Sie wurde in § 144 Abs. 2 des ersten Entwurfs zum BGB als eine besonders schwere Vernachlässigung der erforderlichen Sorgfalt umschrieben. Die Verfasser des BGB nahmen eine Begriffsbestimmung nicht in das Gesetz auf, um die Abgrenzung der Rechtsprechung zu überlassen[2].

Das Reichsgericht (RG) bezeichnete als grobe Fahrlässigkeit ein Handeln, bei dem die erforderliche Sorgfalt nach den gesamten Umständen in ungewöhnlich großem Maße verletzt worden ist[3]. Kennzeichnend für diese Verschuldensform sei eine „ausnehmende Sorglosigkeit des Handelnden"[4], die dann gegeben sei, „wenn nicht das beachtet wird, was im gegebenen Fall jedem einleuchten mußte"[5], „wenn schon einfachste, ganz naheliegende Überlegungen nicht angestellt werden"[6]. Im Gegensatz zu der strengen Anwendung des objektiven Verschuldensbegriffs bei der einfachen Fahrlässigkeit berücksichtigte das Reichsgericht jedoch auch subjektive, in der Individualität des Handelnden begründete Umstände[7].

---

1 Vgl. unten § 8.

2 Protokolle I 187; Motive I 280; Materialien S. 46.

3 RG JW 1924, 1977 ff.; RGZ 141, 131; 163, 106; 166, 101.

4 RG JW 1924, 1977 ff.

5 RGZ 141, 131.

6 RGZ 163, 106.

7 RG JW 1924, 1977.

Der BGH übernahm diese Definitionen in seinem Grundsatzurteil vom 11. 5. 1953 und betonte, daß es für diese Verschuldensform im Gegensatz zur gewöhnlichen Fahrlässigkeit keine für alle Fälle gültige Begriffsbestimmung geben könne[8]. Später forderte er für die grobe Fahrlässigkeit eine „auch subjektiv schlechthin unentschuldbare Pflichtverletzung"[9]. Der Täter müsse „in besonders vorwerfbarem Maße"[10] ganz naheliegende Überlegungen nicht angestellt haben. Im Urteil vom 11. 7. 1967 entwickelte er schließlich eine deutliche Unterscheidung zwischen der objektiven und der subjektiven Seite der groben Fahrlässigkeit[11]. Diese Zweiteilung liegt seitdem seiner Rechtsprechung zugrunde[12].

Das BAG bestimmte lange Zeit auch die grobe Fahrlässigkeit nach ausschließlich objektiven Gesichtspunkten[13]. Später wendete es die Konstruktion „Haftung nach dem Gewicht der haftungsbegründenden Umstände", „Erhöhung des Betriebsrisikos" und „Relativität des Verschuldens" an, um unbillige Härten einer nur objektiven Verschuldensprüfung zu vermeiden[14]. In seinen neuesten Urteilen unterscheidet es wie der BGH zwischen einem objektiv schweren Pflichtenverstoß und seiner persönlichen Vorwerfbarkeit[15].

Im Schrifttum wurde die grobe Fahrlässigkeit lange Zeit fast überhaupt nicht eingehender behandelt. In den Lehrbüchern und Kommentaren findet sich oft der Satz, was grobe Fahrlässigkeit sei, richte sich nach den Umständen des einzelnen Falles[16] und lasse sich nicht näher bestimmen[17]. Die meisten Äußerungen beschränken sich darauf, die Definitionen der Rechtssprechung wiederzugeben. Erst verhältnismäßig spät sind einige Arbeiten zu dieser Verschuldensform erschienen[18].

Die folgenden Abschnitte enthalten eine Darstellung der bisher entwickelten Grundsätze zur groben Fahrlässigkeit einer Schadensverur-

---

8 BGHZ 10, 14 ff.

9 BGH VersR 1957, 353; 1960, 626; 1972, 145; ebenso BAG AP Nr. 42 zu § 611 BGB Haftung des AN.

10 BGH VersR 1964, 1025.

11 BGH VersR 1967, 909.

12 Für die Haftung des AN BGH LM Nr. 2 a zu § 640 RVO; BGH VersR 1970, 568; VersR 1972, 144, 197, 944; für die Haftung des AG nach § 640 RVO BGH VersR 1968, 64; 1969, 429; für § 48 Abs. 1 LuftVG BGH VersR 1967, 909.

13 BAG AP Nr. 21, 23, 24, 39, 55 zu § 611 BGB Haftung des AN.

14 BAG AP Nr. 55 zu § 611 BGB Haftung des AN, vgl. § 3 III 5 b).

15 BAG AP Nr. 69, 70, 72, 74 Andeutungen auch schon in AP Nr. 42 zu § 611 BGB Haftung des AN.

16 *Hueck / Nipperdey*, ArbR I, 234 Anm. 42.

17 *Larenz*, SchuldR I, § 20 V.

18 *Boller*, VersR 1967, 108; *Schütz*, VersR 1967, 733; *Sanden*, VersR 1967, 1013; *Lohe*, VersR 1968, 323; *Weingart*, VersR 1968, 427; *Weyer*, VersR 1971, 93; *Bokelmann*, Grobe Fahrlässigkeit, 1973; *Röhl*, JZ 1974, 521 ff.

sachung und den Versuch, sie weiterzuführen. Dabei wird zwischen der objektiven (§ 6) und der subjektiven (§ 7) Seite unterschieden. § 8 hat die Höhe der Haftung des AN bei dieser Stufe der Fahrlässigkeit zum Gegenstand.

§ 6 Die objektive Seite der groben Fahrlässigkeit

I. Der schwere Verstoß gegen besondere Rechtsvorschriften

1. Hohe Schadenswahrscheinlichkeit als wesentliches Kriterium

Bei einem schweren Verstoß gegen die erforderliche Sorgfalt wird häufig zugleich ein Gesetz verletzt sein, da viele Rechtsvorschriften, etwa im Straßenverkehr, auf Erfahrungen mit typischen Schadensursachen beruhen[1]. Allerdings ist ein gesetzwidriges Verhalten nicht bereits deshalb grob fahrlässig. Vielmehr zeigt die Untersuchung der Sachverhalte, in denen die Gerichte eine grobe Fahrlässigkeit des AN oder ihre objektive Seite angenommen haben[2], als gemeinsames Merkmal die besonders hohe Gefährlichkeit des pflichtwidrigen Verhaltens. Dies dürfte auch für die übrige Rechtsprechung zu dieser Form der Fahrlässigkeit gelten, soweit sie sich auf Schadensfälle bezieht. Die hohe Gefährlichkeit eines Verhaltens und eine dementsprechend große Wahrscheinlichkeit eines Schadenseintritts bilden somit auf der objektiven Seite das wesentliche Merkmal der Abgrenzung der groben von der einfachen Fahrlässigkeit[3].

Aus dem in der Praxis der Arbeitnehmerhaftung besonders wichtigen Aufgabenbereich des Kraftfahrers sind als Beispiele objektiv grober Sorgfaltsverstöße zu nennen: Fahren nach erheblichen Alkoholgenuß[4] oder ohne eine Fahrerlaubnis[5], Überqueren einer Kreuzung[6] oder eines Bahnüberganges[7] bei auf Rot geschalteter Ampel, regelmäßig „blindes" Zurücksetzen des Fahrzeugs ohne die Hilfe eines Einweisers[8], ferner

[1] BGHSt 4, 185.

[2] BAG AP Nr. 14, 19, 21, 22, 23, 24, 26, 37, 39, 55, 70 zu § 611 BGB Haftung des AN; AP Nr. 1 zu § 640 RVO; JZ 1969, 74; BGH VersR 1957, 463; 1972, 144, 197, 270, 944; NJW 1972, 107; MDR 1974, 929.

[3] Ähnlich OLG Saarbrücken VersR 1970, 1031; *Venzmer*, Mitverursachung und Mitverschulden, 24; *Boller*, VersR 1967, 113; *Bokelmann*, Grobe Fahrlässigkeit, 17; *Röhl*, JZ 1974, 525.

[4] BAG AP Nr. 14, 24 zu § 611 BGB Haftung des AN; JZ 1969, 74; BGH VersR 1957, 463; 1972, 270; NJW 1972, 207.

[5] BAG AP Nr. 1 zu § 67 VVG; LAG Bremen BB 1958, 1208.

[6] BAG AP Nr. 21 zu § 611 BGB Haftung des AN; dagegen begründet nicht jede sonstige Vorfahrtverletzung den Vorwurf grober Fahrlässigkeit, vgl. BAG AP Nr. 39 zu § 611 BGB Haftung des AN.

[7] BAG AP Nr. 23 zu § 611 BGB Haftung des AN.

Überholen vor Bergkuppen[9] oder bei dichtem Nebel[10], Wenden auf der Autobahn[11] oder Abstellen eines Wagens auf abschüssigem Gelände, ohne die Handbremse anzuziehen[12].

Weitere Beispiele grober Sorgfaltsverstöße bilden das Hantieren mit einer geladenen und entsicherten Waffe in einer Gruppe von Menschen[13], Entzünden eines Feuers im Wald neben hohem, trockenem Gras[14] oder Unterlassen der Sicherung von Kreissägen und sonstigen gefährlichen Maschinen[15]. Zu den in diesem Sinne sehr gefährlichen Tätigkeiten gehört auch der Umgang mit Geld, da hier schon die geringste Unaufmerksamkeit mit hoher Wahrscheinlichkeit einen Schaden nach sich zieht. Grob fahrlässig handelten beispielsweise der Bankprokurist, der ein hohes Darlehen auszahlte, ohne das als Sicherheit angebotene Grundstück auf Belastungen hin zu prüfen[16], und die Leiterin einer Sparkasse, die den Schlüssel zum Geldschrank abzuziehen vergaß, so daß 20 000 DM gestohlen wurden[17]. Beim Abhandenkommen von Geld oder von dem AN anvertrautem Werkzeug begründet die Rechtsprechung die Haftung des AN manchmal auch damit, daß sie den Umgang mit diesen Gegenständen für nicht gefahrengeneigte Tätigkeiten erklärt[18]. Im Ergebnis wird dies regelmäßig richtig sein, weil der Verlust von Geld meist auf Nachlässigkeit des AN zurückzuführen sein wird. Dies und die für den AG in diesen Fällen meist sehr schwierige Beweissituation dürften der Grund dafür sein, daß die sog. Mankohaftung vom Anwendungsbereich der Grundsätze zur gefahrengeneigten Arbeit ausgenommen und dafür besondere Regeln entwickelt wurden[19].

Auf die bisher genannten Fälle grober Fahrlässigkeit paßt die Definition des RG, nach der grob fahrlässig handelt, wer nicht beachtet, „was im gegebenen Fall jedem einleuchten mußte“[20]. Häufig kann jedoch nur ein Sachverständiger erkennen, ob in schwerer Weise gegen die erforderliche Sorgfalt verstoßen wurde. Das zeigt das Beispiel des Arztes,

---

8 BAG AP Nr. 26, 35, 38 zu § 611 BGB Haftung des AN; vgl. aber OLG München VersR 1974, 1219.

9 BAG AP Nr. 19 zu § 611 BGB Haftung des AN.

10 BAG AP Nr. 70 zu § 611 BGB Haftung des AN.

11 OLG München VersR 1963, 276; *Weingart*, VersR 1968, 431.

12 BAG AP Nr. 8 zu § 611 BGB Haftung des AN; LAG Düsseldorf DB 1964, 228.

13 BGH VersR 1963, 1177.

14 BAG AP Nr. 66 zu § 611 BGB Haftung des AN.

15 *Boller*, VersR 1967, 109.

16 BGH VersR 1969, 474.

17 LAG Düsseldorf BB 1958, 775.

18 Vgl. etwa LAG Mannheim NJW 1973, 1996.

19 BAG AP Nr. 4, 20, 49, 54, 64, 67 zu § 611 BGB Haftung des AN.

20 RGZ 141, 131.

der einem Säugling eine erheblich überhöhte Dosis eines besonders gefährlichen Medikaments gegeben hatte, das bei dem Kind zu Taubheit und Verlust des Gleichgewichtssinns führte[21]. Es macht deutlich, daß die objektive Seite der groben Fahrlässigkeit auch nicht nach dem Durchschnittswissen der Bevölkerung bestimmt werden kann. Vielmehr muß sich das Urteil darüber, ob das pflichtwidrige Verhalten mit hoher Wahrscheinlichkeit einen Schaden herbeiführen wird, objektiv nach dem jeweiligen Stand der Wissenschaft richten.

2. Unfallverhütungsvorschriften

Bei der Verletzung von Unfallverhütungsvorschriften kommt es für die Abgrenzung der einfachen von der groben Fahrlässigkeit ebenfalls zunächst darauf an, ob der Sorgfaltsverstoß mit besonders hoher Wahrscheinlichkeit einen Schaden herbeiführen wird. Da die meisten dieser Vorschriften auf Erfahrungen mit sehr gefährlichen Tätigkeiten beruhen, dürfte in ihrer Mißachtung in der Regel ein objektiv schwerer Sorgfaltsverstoß liegen. Die grobe Fahrlässigkeit ist damit allerdings noch nicht festgestellt[22]. Vielmehr muß auch hier noch geprüft werden, ob das Verhalten zugleich einen schweren persönlichen Vorwurf rechtfertigt[23]. Der BGH hat seine Auffassung, nicht jede Verletzung einer Unfallverhütungsvorschrift könne mit grober Fahrlässigkeit gleichgesetzt werden, außerdem mit § 710 RVO begründet, weil diese Bestimmung zwischen nur fahrlässigen und grob fahrlässigen Verstößen gegen die genannten Vorschriften unterscheidet[24].

II. Handeln in Widerspruch zu einer Weisung des AG

1. Die Bedeutung von Weisungen für die Haftung des Arbeitnehmers

Das Weisungsrecht des AG ist für die Haftung des AN von grundsätzlicher Bedeutung.

Die ganze Lehre von der schadensgeneigten Arbeit läßt sich darauf zurückführen. *Gamillscheg/Hanau* rechtfertigen die entlastende Berücksichtigung der Drucksituation damit, daß der AN sich den besonderen Einflüssen der Arbeit nicht durch ihre selbstverantwortliche Organisa-

---

[21] BAG AP Nr. 47 zu § 611 BGB Haftung des AN.

[22] BGH VersR 1969, 39; 1972, 877; OLG Bamberg, VersR 1967, 679; OLG Stuttgart VersR 1973, 29.

[23] BGH VersR 1968, 66.

[24] BGH VersR 1969, 39 (40).

tion entziehen könne, da er die Anordnungen des AG zu befolgen habe[25]. Dasselbe dürfte der BGH meinen, wenn er ausführt, die Fürsorgepflicht des AG sei ein Korrelat seines Weisungsrechts[26]. Dementsprechend hat er die Weisungsfreiheit des Justitiars eines Unternehmens und des Prokuristen einer Bank[27] zum Anlaß genommen, für leitende Angestellte eine Haftungsbeschränkung nach den Grundsätzen zur schadensgeneigten Arbeit allgemein auszuschließen.

Auch in Einzelfällen mißt die Rechtsprechung einer Weisung des AG oft entscheidende Bedeutung bei, wie sich bereits bei der Besprechung der Gefahrneigung der Arbeit gezeigt hat; in den meisten Fällen, in denen die Gerichte die Haftung des AN für gerechtfertigt hielten, weil die Arbeit nicht gefahrengeneigt gewesen sei, hatte der AN sich über Weisungen des AG hinweggesetzt[28]. Andererseits kann seine Haftung ganz oder teilweise entfallen, wenn notwendige Belehrungen nicht erteilt werden oder unzureichend sind[29]. Das führt zu der Frage, welche Anforderungen an die Wirksamkeit einer Weisung zu stellen sind.

2. Wirksamkeitsvoraussetzungen der Weisung

Mit seinen Anordnungen legt der AG die Pflichten des AN aus dem Arbeitsvertrag im einzelnen fest[30]. Die Weisung ist nach h. M. eine empfangsbedürftige Willenserklärung[31]; eine Verpflichtung daraus setzt also ihren Zugang voraus[32]. Mündliche Willenserklärungen müssen für den jeweiligen Empfänger verständlich sein[33]. Nach Ansicht des BAG setzt eine wirksame Anordnung des AG voraus, daß der AN sie „wirklich in sich aufnehmen" kann[34]. Ob dies der Fall ist, hängt insbesondere von der Ausgestaltung der Weisung und der Aufnahmefähigkeit des jeweiligen AN ab.

Die Weisung muß klar, eindeutig und einprägsam sein. Das BAG hat einen Aushang am schwarzen Brett, mit dem ein Fuhrunternehmer

[25] *Gamillscheg / Hanau*, 57.

[26] BGH AP Nr. 51 zu § 611 BGB Haftung des AN.

[27] BGH ebd. und VersR 1969, 474.

[28] Vgl. oben § 2 III 2.

[29] RAG ARS 41, 259; BAG AP Nr. 50, 58 zu § 611 BGB Haftung des AN.

[30] *Hanau / Adomeit*, ArbR, B I 6.

[31] *Söllner*, Einseitige Leistungsbestimmung im Arbeitsverhältnis, 22 ff., 113 ff.; *ders.*, AcP 1971, 559 mit Nachw.

[32] *Isele*, SAE 1968, 191 weist darauf hin, daß die Weisung dem AN vom AG selbst (nicht von einem Dritten) mitgeteilt werden muß.

[33] *Enneccerus / Nipperdey*, I/2, § 158 II B 1; *Erman / Westermann*, 12 zu § 130; *Soergel / Hefermehl*, 2 zu § 130; *Staudinger / Coing*, 12 zu § 130.

[34] BAG AP Nr. 58 zu § 611 BGB Haftung des AN; vgl. hierzu auch *Gamillscheg / Hanau*, 65.

seinen Fahrern zahlreiche Anordnungen für die Bedienung von Kippfahrzeugen erteilt hatte, für nicht ausreichend angesehen. Der Aushang habe eine solche Fülle von Informationen enthalten, daß nicht zu erwarten war, die Fahrer könnten sich alle Einzelheiten ausreichend einprägen. Erfahrungsgemäß könne man den Inhalt eines so langen Schriftstückes nach einem einmaligen Durchlesen nicht im Gedächtnis behalten. Zum wiederholten Durchlesen desselben Aushanges komme es aber regelmäßig nicht. Daher sei es erforderlich gewesen, dem Fahrer, der nur geringe Fahrpraxis hatte, ein Schriftstück zu übergeben und ihm positive Anweisungen zu erteilen, wie der LKW auf unebenem Boden gekippt werden sollte[35].

In dem später entschiedenen und schon oben besprochenen „Holzkeile-Fall" hat das BAG die Anforderungen an die Wirksamkeit von Weisungen hingegen nicht ausreichend untersucht[36]. Es will eine unzureichende Anordnung lediglich als Mitverschulden des AG bewerten. Damit lastet es das Risiko fehlerhafter Weisungen dem AN auf. Das steht aber in Widerspruch zu dem allgemein anerkannten Grundsatz, daß Organisationsmängel zu Lasten des AG gehen[37]. Die Ansicht des BAG widerspricht auch dem genannten Grundsatz der Rechtsgeschäftslehre, wonach der Erklärende für die Verständlichkeit und Eindeutigkeit seiner Willenserklärung verantwortlich ist.

Die Weisung muß außerdem konkret genug sein, um eindringlich zu wirken[38]. So genügt es etwa nicht, wenn der AG einem Fahrer erklärt, er solle „vorsichtig fahren"[39]. Einem Lehrling z. B., der gegentlich als Fahrer eingesetzt wird, müssen nach Ansicht des BAG genaue Anweisungen über die zulässige Höchstgeschwindigkeit erteilt werden[40]. Die Eindringlichkeit einer Anordnung kann zudem dadurch beeinträchtigt werden, daß sie zur falschen Zeit gegeben wird[41]. Schließlich muß die Weisung dem Ausbildungsstand des AN angepaßt sein und darf ihn nicht überfordern. Das braucht ihm nicht immer bewußt zu werden. Deshalb und wegen der zahlreichen Störungsmöglichkeiten bei der Übermittlung der Weisung wird sich der AG im Zweifel durch entsprechende Kontrollen vergewissern müssen, ob er richtig verstanden worden ist. Umfang der Aufsicht und Ausführlichkeit der Weisung hän-

---

35 BAG ebd.

36 BAG AP Nr. 62 zu § 611 BGB Haftung des AN; vgl. oben § 2 hinter Anm. 71.

37 BAG AP Nr. 54 zu § 611 BGB Haftung des AN.

38 *Gamillscheg / Hanau*, 70; *Gamillscheg*, RdA 1967, 375.

39 Vgl. BAG AP Nr. 37, 55 zu § 611 BGB Haftung des AN.

40 BAG AP Nr. 59 zu § 611 BGB Haftung des AN.

41 Vgl. *Schubert*, Management für alle Führungskräfte in Wirtschaft und Verwaltung, Abschnitt 17.

gen vor allem von den Aufgaben des AN, seiner Erfahrung und seinem Alter ab[42]. Je qualifizierter seine Tätigkeit ist, umso eher wird man von ihm erwarten können, daß er sich fehlende Informationen selbst beschafft. Am Anfang des Arbeitsverhältnisses ist eine stärkere Kontrolle erforderlich als später, nachdem er sich an die Anforderungen seiner Stellung gewöhnt hat.

3. Weisungswidriges Verhalten und grobe Fahrlässigkeit

Verstößt der AN gegen eine wirksame Anordnung des AG, so handelt er nicht bereits aus diesem Grund grob fahrlässig. Vielmehr steht damit zunächst lediglich fest, daß er eine durch die Weisung konkretisierte Pflicht aus dem Arbeitsverhältnis verletzt hat. Denn wenn sogar ein Verstoß gegen gesetzliche Pflichten nicht ohne weiteres mit grober Fahrlässigkeit gleichzusetzen ist, muß dies auch für lediglich durch Vertrag begründete Pflichten gelten. Auch bei Mißachtung einer Weisung muß also zunächst geprüft werden, ob dabei mit hoher Wahrscheinlichkeit ein Schaden entstehen wird[43]. Die Rechtsprechung neigt jedoch häufig dazu, bei weisungswidrigem Verhalten des AN von seiner Haftung ausgezugehen, ohne bei der Prüfung des Verschuldens hinreichend zu differenzieren. Allerdings wird eine besondere Weisung oder Warnung des AG in der Regel auf eine große Gefährlichkeit der Aufgabe hindeuten, die aber unabhängig davon allein nach objektiven Gesichtspunkten festzustellen ist.

Steht fest, daß der Weisungsverstoß eine hohe Schadensgefahr begründet hat, dann ist weiter zu untersuchen, ob der tatsächlich eingetretene Schadensverlauf im Schutzbereich der Weisung und damit der verletzten Arbeitspflicht liegt. Dies ergibt eine Parallele zu der bei Gesetzesverstößen entwickelten Lehre vom Rechtswidrigkeitszusammenhang oder vom Schutzzweck der Norm[44].

Der bereits besprochene „Holzkeile-Fall"[45] bietet ein Beispiel für die Notwendigkeit einer besonderen Prüfung dieser Haftungsvoraussetzung: Der Zweck der Weisung, die Holzkeile auf der Ladefläche des Lastwagens festzunageln, bestand sicher darin, Schäden zu vermeiden, die durch hin- und herrollende Fässer entstehen können. Zweifelhaft kann aber sein, ob damit auch solche Schäden verhindert werden sollten, die deshalb eintreten, weil der von verrutschten Fässern abgelenkte

---

[42] Vgl. BAG AP Nr. 59 zu § 611 BGB Haftung des AN.

[43] Vgl. oben I 1.

[44] Vgl. *Deutsch*, Haftungsrecht, Band 1, § 16; *Rudolphi*, JuS 1969, 549.

[45] BAG AP Nr. 62 zu § 611 BGB Haftung des AN, oben § 2 III 2, hinter Anm. 71.

Fahrer sich umdreht und dabei gegen einen Baum fährt. *Schnorr von Carolsfeld* hat das verneint, da die Weisung lediglich den Zweck verfolgt habe, das Ladegut vor Schäden zu bewahren oder Unfälle durch herabfallende Fässer zu vermeiden. Der hier eingetretene Schadensverlauf sei so ungewöhnlich, daß die unzureichende Verkeilung der Fässer nicht einmal als adäquat ursächlich für den Aufprall des Lastwagens gegen den Baum anzusehen sei[46]. Es liegt aber nicht außerhalb jeder Lebenserfahrung, daß eine mit lautem Getöse sich bewegende Ladung den Fahrer vom Verkehr ablenkt und zu einem plötzlichen Umdrehen veranlassen kann. Die Befestigungsanordnung dürfte somit auch bezweckt haben, Unfällen vorzubeugen, die sich infolge der Ablenkung des Fahrers durch hin- und herrollende Fässer ereignen.

Zu prüfen war jedoch noch die zweite Voraussetzung der groben Fahrlässigkeit, nämlich die hohe Wahrscheinlichkeit eines Schadenseintritts aus der Sicht eines objektiven Beobachters. Es kam also darauf an, ob das Nichtfestnageln der Holzkeile mit hoher Wahrscheinlichkeit erwarten lassen konnte, daß der Fahrer infolge Ablenkung durch die ungesicherte Ladung gegen einen Baum fährt. Daher wäre es wichtig gewesen aufzuklären, welche Erfahrungen den AG dazu veranlaßt haben, ein Verkeilen der Fässer anzuordnen. Nach Angaben einer großen Brauerei soll die Sicherung der Bierfässer gegen Verrutschen vor allem verhindern, daß sie durch Hin- und Herrollen die Bracke zerbrechen und auf die Straße fallen. Derartige Schäden seien auch schon vorgekommen. Daß ein durch die ungesicherte Ladung abgelenkter Fahrer einen Unfall verursacht hätte, sei dort dagegen bisher nicht bekannt geworden. Man hielt solche Möglichkeiten für sehr unwahrscheinlich. Das spricht dafür, daß in dem „Holzkeile-Fall“ das Verhalten des Fahrers nicht objektiv grob fahrlässig war, weil für den eingetretenen Schaden keine große Wahrscheinlichkeit bestand. Die beiden Vorinstanzen und Schnorr von Carolsfeld hielten den Pflichtenverstoß für höchstens leicht fahrlässig. Das BAG billigte die volle Haftung des Fahrers jedoch bereits mit der Erwägung, daß bei weisungswidrigem Verhalten die Arbeit nicht gefahrengeneigt sei. Wie sich aber oben gezeigt hat, ist die Gefahrneigung der Arbeit ein künstliches und überflüssiges Tatbestandsmerkmal, weil sie immer dann entfällt, wenn der AN grob fahrlässig gehandelt hat[47].

---

[46] Anm. zu BAG ebd.

[47] Vgl. § 2 III.

III. Sonstige Fälle grober Fahrlässigkeit des AN

In den Fällen, in denen der AN nicht gegen eine besondere gesetzliche Vorschrift oder gegen eine Weisung des AG verstoßen hat, richtet sich die Abgrenzung der groben von der einfachen Fahrlässigkeit ebenfalls danach, ob das Verhalten mit hoher Wahrscheinlichkeit einen Schaden nach sich zieht und ob dieser im Schutzbereich der verletzten Sorgfaltspflicht liegt. Der Unterschied zu den oben behandelten Fällen liegt darin, daß hier die Pflichtwidrigkeit des Verhaltens besonders begründet werden muß.

Dazu ist im Zweifel eine genaue Auslegung des Arbeitsvertrages erforderlich. Entsteht beispielsweise an einer komplizierten Heizungsanlage ein Defekt, weil ihr kein frisches Wasser zugeführt worden war, so ist bei der Frage der Haftung des Maschinenmeisters zunächst zu untersuchen, worin seine Überwachungstätigkeit im einzelnen bestand[48]. Der auf einer Baustelle verantwortliche Polier hat in der Regel die Betonmischung durch Stichproben auf die Richtigkeit ihrer Zusammensetzung zu prüfen[49], ein Schäfermeister braucht hingegen ein Kornfeld nicht zu untersuchen, bevor die Herde es betritt[50]. Kraftfahrer sind für die verkehrsgerechte Beförderung der Ladung[51] oder abgeschleppter Fahrzeuge[52] verantwortlich und haben bei Fahrten mit Grenzkontrollen die Übereinstimmung von Ladung und Begleitpapieren zu prüfen[53]. Für den ordnungsgemäßen Zustand der Fahrzeuge, etwa der Bremsen, ist der Fahrer nicht ohne weiteres verantwortlich[54], während die Kontrolle des Ölstandes regelmßig zu seinen Aufgaben gehört[55] Zur Überwachung und Anzeige von Arbeitskollegen dürfte der AN in der Regel nicht verpflichtet sein[56]; ein Angestellter hingegen, der die Abrechnung mit den Hauskassierern durchzuführen hat, muß seinen Verdacht von Unterschlagungen dem AG mitteilen[57].

---

[48] RAG ARS 41, 259.

[49] BAG AP Nr. 48 zu § 611 BGB Haftung des AN.

[50] BAG AP Nr. 61 zu § 611 BGB Haftung des AN.

[51] BAG AP Nr. 62 zu § 611 BGB Haftung des AN.

[52] BAG AP Nr. 26 zu § 611 BGB Haftung des AN.

[53] BAG AP Nr. 1 zu § 276 BGB.

[54] BAG AP Nr. 63 zu § 611 BGB Haftung des AN.

[55] BAG AP Nr. 58 zu § 611 BGB Haftung des AN; LAG Berlin Entsch.Kal. 1966, 82; ArbG Ludwigshafen, ARSt 1967, 15.

[56] *Steindorff*, Anm. zu BAG AP Nr. 57 zu § 611 BGB Haftung des AN.

[57] BAG AP Nr. 57 zu § 611 BGB Haftung des AN.

§ 7 Die subjektive Seite der groben Fahrlässigkeit

I. Grobe Fahrlässigkeit, Vorwerfbarkeit und Drucksituation

Die objektiv schwere Verletzung der erforderlichen Sorgfalt ist nur ein Element der groben Fahrlässigkeit; das Verhalten muß außerdem persönlich schwer vorwerfbar, „subjektiv schlechthin unentschuldbar“[1] sein. Es ist unzulässig, von einem groben Sorgfaltsverstoß ohne weiteres auf seine persönliche Unentschuldbarkeit zu schließen. Vielmehr muß die subjektive Seite der groben Fahrlässigkeit besonders festgestellt werden[2].

Im Bereich der Arbeitnehmerhaftung sind dabei vor allem die besonderen Einflüsse der Arbeit zu berücksichtigen. Diese Umstände, für die *Gamillscheg* den Begriff Drucksituation geprägt hat[3], können die Arbeit „schadensgeneigt“ machen, etwa starke körperliche und nervliche Anspannung oder Übermüdung des AN, Notwendigkeit schneller Reaktion, Eintönigkeit oder hohes Tempo der Arbeit. Die Berücksichtigung dieser Merkmale bei der Bestimmung der gefahrengeneigten Arbeit ist ebenso überflüssig wie dieser Begriff[4]. Vielmehr sind sie in die Verschuldensprüfung einzubeziehen.

Rechtsprechung und Lehre gingen allerdings lange davon aus, daran durch den objektiven Verschuldensbegriff und seine uneingeschränkte Geltung auch im Bereich der Arbeitnehmerhaftung gehindert zu sein. Das war unvermeidlich, solange § 276 Abs. 1 Satz 2 BGB als eine Verschuldensnorm verstanden wurde. Da diese Vorschrift eine Berücksichtigung der Umstände der Arbeit bei der Prüfung des Verschuldens nicht zuzulassen schien, blieb lediglich der Ausweg in den nur scheinbar ob-

---

[1] BGH VersR 1957, 353; 1960, 626; 1972, 145; BAG AP Nr. 42 zu § 611 BGB Haftung des AN; ob es in allen Fällen grober Fahrlässigkeit auf die persönliche Vorwerfbarkeit des Fehlverhaltens ankommt, ist zweifelhaft, braucht hier aber nicht entschieden zu werden; dagegen *Deutsch*, Haftungsrecht, Band 1, 290; ebenso *Bokelmann*, Grobe Fahrlässigkeit, S. 49 für § 932 BGB und § 366 HGB und S. 51 für die Haftung innerhalb der unentgeltlichen Rechtsverhältnisse; differenzierend auch *Röhl*, JZ 1974, 521 ff.

[2] BGH LM Nr. 4 zu § 640 RVO.

[3] Verh. des 45. DJT, Band 2, G 17; *Gamillscheg / Hanau*, 54 f.; vgl. auch die anderen Systematisierungsversuche der gefahrengeneigten Arbeiten oben § 2 I 2.

[4] § 2 III.

jektiven Begriff der gefahrgeneigten Arbeiten[5], die als Ausnahmen bezeichnet wurden, obwohl sie die Regel waren. Den nächsten Schritt auf dem Weg zum subjektiven Verschuldensbegriff machte die Rechtsprechung, indem sie auf die konkrete Situation bei der Bestimmung der gefahrengeneigten Arbeit abstellte. Nunmehr sollten etwa auch die arbeitsbedingte Überlastung und der Zwang zu raschen Entschlüssen eine Arbeit gefahrengeneigt machen[6]. Doch blieben die Gerichte auch mit dieser Erweiterung auf halbem Wege stehen. Zwar konnten sie den AN entlastenden Umständen jetzt bei der Feststellung der Gefahrneigung der Arbeit Rechnung tragen. Aber bei der Prüfung der zweiten Haftungsvoraussetzung, des Verschuldens des AN, wurde der Vorteil, den eine an subjektiven Gesichtspunkten orientierte Bestimmung der gefahrengeneigten Arbeit gerade schaffen sollte, sogleich wieder beseitigt, wenn man am objektiven Verschuldensbegriff festhielt; denn eine ausschließlich objektive Verschuldensprüfung läßt eine Berücksichtigung der Drucksituation und sonstiger subjektiver entlastender Umstände nicht zu.

Dies hätte ein Anlaß sein können, die Auslegung des § 276 Abs. 1 Satz 2 BGB als eine Verschuldensnorm und die Berechtigung des objektiven Verschuldungsbegriffs für die Arbeitnehmerhaftung zu bezweifeln. Den Weg zu einer solchen Entwicklung hatte bereits der Große Senat des BAG angedeutet, als er die Frage offenließ, ob die Bestimmung das Verschulden oder die Rechtswidrigkeit definiere, und deshalb den „subjektiv getönten" Begriff der „schweren Schuld"[7] bildete. Doch selbst *Nipperdey*, der als erster im Zivilrecht § 276 Abs. 1 Satz 2 BGB als eine Rechtswidrigkeitsnorm verstand, unterschätzte die praktischen Auswirkungen dieser Lehre unter Hinweis auf das Übernahmeverschulden[8]. Auch im Schrifttum zur Arbeitnehmerhaftung wurde die Diskussion um den Verschuldensbegriff bisher immer bereits beim Stichwort Übernahmeverschulden abgebrochen[9]. Die Ansicht, daß § 276 Abs. 1 Satz 2 BGB die Rechtswidrigkeit umschreibt und daher einen subjektiven Verschuldensbegriff nicht ausschließt, hat sich in der Rechtsprechung nicht durchgesetzt und wird im Schrifttum zur Haftung des AN nur vereinzelt vertreten[10]. Deshalb mußte nach einer Möglichkeit gesucht werden, bei der Prüfung des Verschuldens des AN die Drucksituation trotz Festhaltens am objektiven Verschuldensbegriff entlastend zu berücksichtigen.

---

[5] Vgl. § 2 I 2.

[6] BAG AP Nr. 50, 53 zu § 611 BGB Haftung des AN.

[7] BAGE 5, 1 (18).

[8] *Nipperdey*, NJW 1957, 1777.

[9] Vgl. oben § 3 II 1.

[10] *Ruppert*, Die Haftung des AN, 57.

Gamillscheg fand sie in der Relativität des Verschuldens[11]. Nach seiner Auffassung kann im Verhältnis zum AG auch ein grober Fehler entschuldbar erscheinen, wenn er dem AN in einer Drucksituation unterläuft. Setze der AG seinen Fahrer beispielsweise bewußt oder auch nur bedingt bewußt übermäßig ein, so könne er ihm sein leichtes Verschulden nicht entgegenhalten[12]. Die Ergebnisse dieser Lehre kommen einer subjektiven Verschuldensprüfung im Verhältnis AN—AG sehr nahe. Es sollte allerdings nicht darauf abgestellt werden, ob die Übermüdung dem AG bewußt war oder sein mußte[13]. Für das Urteil über die persönliche Vorwerfbarkeit des groben Sorgfaltsverstoßes kommt es vielmehr nur darauf an, ob die Übermüdung und ihre Gefahren dem AN bewußt waren oder sein mußten. Kannte sie auch der AG, so kann darin zusätzlich sein Mitverschulden liegen.

Das BAG hat sich der Lehre von der Relativität des Verschuldens angeschlossen[14]. Es hat daneben jedoch die Konstruktion „Erhöhung des Betriebsrisikos“ und „Haftung nach dem Gewicht der haftungsbegründenden Umstände“ entwickelt[15]. Es wurde bereits dargelegt, weshalb diese Korrekturen einer objektiven Verschuldensprüfung unzureichend bleiben müssen[16]. Nur wenn man einen subjektiven Verschuldensbegriff anwendet und die Haftung an der persönlichen Vorwerfbarkeit des Fehlers orientiert, lassen sich die Drucksituation oder ähnliche Besonderheiten angemessen berücksichtigen.

Ein wesentliches Problem der als Drucksituation bezeichneten Umstände besteht in ihrer praktischen Feststellung[17]. Wann eine monotone Arbeit geeignet ist, selbst einen schweren Fehler zu entschuldigen, wie müde und überlastet ein AN sein muß, damit ihm auch ein grober Sorgfaltsverstoß nachgesehen werden kann, ist oft schwer zu entscheiden. Bei der Bewertung arbeitsspezifischer Einflüsse im Rahmen der Verschuldensprüfung dürfen arbeitswissenschaftliche Erkenntnisse nicht unberücksichtigt bleiben (unten II).

Schuld als persönliche Vorwerfbarkeit ist der Vorwurf, daß der Täter sich nicht rechtmäßig verhalten hat, obwohl er sich hätte normgemäß motivieren können (normativer Schuldbegriff)[18]. Das setzt voraus, daß der Schadensverursacher die erforderliche Sorgfalt und damit die

---

[11] *Gamillscheg / Hanau*, 1. Aufl. 43 ff., 55 ff.; 2. Aufl. 72 ff.

[12] *Gamillscheg / Hanau*, 2. Aufl., 56.

[13] So jedoch BAG AP Nr. 69 zu § 611 BGB Haftung des AN.

[14] BAG AP Nr. 37 zu § 611 BGB Haftung des AN.

[15] BAG AP Nr. 55, 58, 59, 62, 69 zu § 611 BGB Haftung des AN.

[16] Vgl. oben § 3 III 5 b).

[17] *Hanau*, Anm. zu BAG AP Nr. 53 zu § 611 BGB Haftung des AN.

[18] BGHSt 2, 194 (200); *Jescheck*, Lehrbuch, §§ 38 ff.; *Welzel*, Lehrbuch, §§ 19 ff. m. Nachw.

Rechtswidrigkeit seines Verhaltens kannte oder kennen mußte (unten III). Selbst wenn er wußte, welche Sorgfalt anzuwenden war, kann die Vorwerfbarkeit der Schädigung fehlen, wenn er außerstande war, seinen Kenntnissen entsprechend zu handeln. Dies kann etwa dann der Fall sein, wenn seine Geschicklichkeit dazu (noch) nicht ausreichte oder seine körperliche oder geistige Leistungsfähigkeit allgemein gering oder im Zeitpunkt der Handlung herabgesetzt waren (unten IV). Auch in Fällen, in denen er die Sorgfalts- und damit Rechtswidrigkeit seines Verhaltens kannte und auch in der Lage war, das Erforderliche zu tun, kann es für ihn unzumutbar gewesen sein, sich normgemäß zu verhalten (unten V).

II. Arbeitswissenschaft und Fahrlässigkeit

In dem folgenden Abschnitt soll auf die Bedeutung der Arbeitsmedizin und -psychologie für die Verschuldensprüfung hingewiesen werden; hier liegt ein bisher wenig beachtetes Problem, für dessen Erörterung ein praktisches Bedürfnis besteht. Wie sich noch zeigen wird, gibt es zahlreiche Urteile, in denen die Gerichte bestimmte arbeitsphysiologische Zusammenhänge nicht hinreichend in die Verschuldensprüfung einbezogen haben.

1. Die arbeitsphysiologisch bedingten Schwankungen der Leistungsbereitschaft[19]

a) Die drei schwedischen Forscher *Bjerner, Holm* und *Swensson* haben in mehreren Großbetrieben die Ablesefehler und Fehlanschreibungen gezählt, die den AN in 19 Jahren während 175 000 Arbeitsstunden bei bestimmten Beobachtungs- und Registrierarbeiten im Verlauf der drei Arbeitsschichten des Tages unterliefen. Sie ordneten die 80 000 Fehler nach der Uhrzeit, in der sie gemacht wurden, und übertrugen die Zahlen auf ein Koordinatenkreuz, um eine Häufigkeitsverteilung in den einzelnen Stunden des Tages zu erreichen. Das ergab folgende Kurve:

[19] Vgl. zum folgenden *G. Lehmann* in Handbuch der gesamten Arbeitsmedizin, Band 1 (Arbeitsphysiologie), 350 ff.; *Graf,* Arbeitsphysiologie, 14 ff.; *Güntner,* AuR 1958, 129.

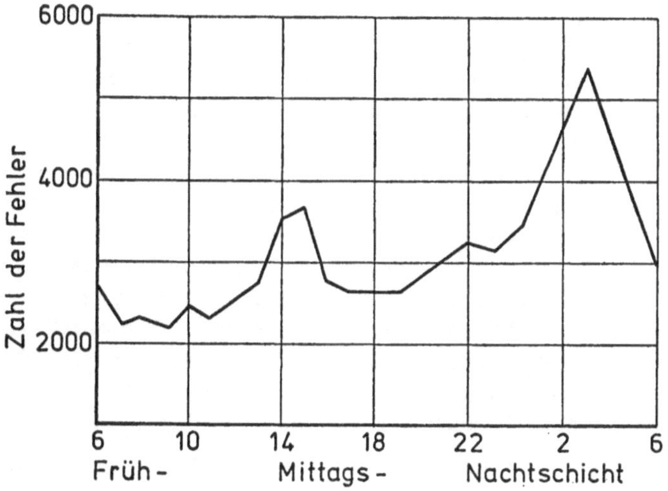

Jeder Punkt diesre Kurve stellt das Mittel von 2000 bis 5000 Einzelwerten dar. Schon auf den ersten Blick zeigen sich ganz erhebliche Schwankungen der Leistungsbereitschaft im Verlauf der 24 Stunden des Tages. Am besten arbeitet die Morgenschicht. Nach einer kurzen Anlaufphase sinkt die Fehlerzahl auf den günstigsten Durchschnitt des Tages und bleibt dort fast fünf Stunden. Bei der gegen Schichtende eintretenden Ermüdung steigt die Fehlerzahl ganz deutlich an. Die Mittagsschicht erreicht fast so gute Leistungen wie die Morgenschicht. Es fällt jedoch auf, daß sie zu Beginn der Arbeit wesentlich mehr Fehler macht als die Frühschicht in ihrem ganzen Verlauf, obwohl die AN ihre Tätigkeit ausgeruht antreten. Auch hier fällt die Leistungsfähigkeit gegen Schichtende infolge Ermüdung ab. Entgegen allen Erwartungen verläuft die Arbeit der Nachtschicht. Sie beginnt mit einer etwas höheren Fehlerzahl als die Mittagsschicht geendet hat, liegt jedoch deutlich unter jener, mit der die Mittagsschicht begonnen hat. Man erwartet, daß die Zahl der Fehler nach dieser Anlaufzeit — wie in den ersten beiden Schichten — wieder sinkt. Die Kurve nimmt jedoch einen entgegengesetzten Verlauf. Die Fehlerzahl steigt auf das Zweieinhalbfache jener der Vormittagsschicht und erreicht ihren Höhepunkt gegen 3.00 Uhr nachts. Gegen Schichtende erwartet man eine Verschlechterung der Leistungen infolge Ermüdung. Aber auch hier verläuft die Kurve genau umgekehrt; die Leistungen werden gegen Schichtende immer besser und erreichen fast den Stand der ausgeruht die Arbeit beginnenden Morgenschicht.

Die Ergebnisse der Nachtschicht zeigen, daß die Fehler nicht allein auf die Ermüdung durch bereits geleistete Arbeit zurückzuführen sind.

Die Ursache der Leistungsschwankungen liegt vielmehr in einer biologischen Rhythmik im vegetativen Geschehen des Körpers. Untersuchungen haben ergeben, daß in der kritischen Zeit von 0.00 bis 5.00 Uhr die Pulsfrequenz und der Blutdruck ihre tiefsten Werte erreichen[20] und die Blutzufuhr zum Gehirn schlechter ist als zu irgendeiner anderen Tageszeit. Die periodischen Leistungsschwankungen sind vermutlich Folge zweier verschiedener Schaltungsphasen im menschlichen Organismus[21]. In der ergotropen Phase ist der Mensch auf Wachheit, Aufmerksamkeit sowie auf geistige und körperliche Leistungshergabe geschaltet. Mit trophotroper Schaltung bezeichnet man die Einstellung der Körperfunktionen auf Ruhe, Schlaf und Erholung. An dem Wechsel ist neben dem vegetativen Nervensystem das damit eng verbundene System der innersekretorischen Drüsen (Hypophyse, Nebennierenrinde und -mark und teilweise auch die Schilddrüse) maßgeblich beteiligt[22].

Die Leistungsrhythmik wiederum beruht nicht auf Gewohnheit, sondern auf verschiedenen Faktoren, die als Zeitgeber bezeichnet werden[23]. Es handelt sich dabei um äußere Einflüsse wie Wechsel von Licht und Dunkelheit, Aufnahme von Nahrung oder Tageslärm. Solange diese Zeitgeber vorhanden sind, bleibt der Rhythmus unverändert. Deshalb haben Nachtarbeiter, selbst wenn sie ihre Arbeit schon seit langem ausführen, einen unveränderten biologischen Rhythmus. Selbst bei Krankenschwestern, die 30 Jahre lang im Nachtdienst tätig gewesen waren, konnte festgestellt werden, daß ihr Tagesrhythmus noch völlig normal war[24].

b) Diese arbeitsphysioloigschen Gesetzmäßigkeiten haben erhebliche Bedeutung für die Verschuldensprüfung. Ein Urteil über die Bewertung der Vorwerfbarkeit von Sorgfaltsverstößen muß der Tatsache Rechnung tragen, daß der Mensch im Verlauf der 24 Stunden des Tages eine Phase stark herabgesetzter körperlicher und geistiger Leistungsfähigkeit hat. Die kritische Zeit umfaßt die ersten fünf Stunden nach Mitternacht. Am häufigsten tritt der „tote Punkt" um 3.00 Uhr auf[25]. In dieser Zeit scheinen die sog. Blockierungen besonders oft vorzukommen. Hierbei handelt es sich um plötzlich auftretende und nur einige Zehntel bis einige Sekunden dauernde Bewußtseinstrübungen (Schlafperioden)[26]. Die Gefahr, daß ein Fahrer eine rote Ampel übersieht oder von der Straße abkommt, ist während dieses Leistungstiefs besonders groß.

---

[20] *G. Lehmann*, 350.

[21] *Schmidtke*, Ergonomie 1, 221.

[22] *G. Lehmann*, 350.

[23] *G. Lehmann*, 354; *Arnold*, Angewandte Psychologie, 68.

[24] *G. Lehmann*, 354.

[25] Vgl. die Leistungskurve oben a).

[26] *Grandjean* in Handbuch der gesamten Arbeitsmedizin, Band 1, 452; *Schmidtke*, 270 f.

Das zeigt auch die HUK-Unfallstatistik[27]. Während in der Zeit von 0.00 bis 5.00 Uhr beispielsweise nur 2,8 % aller Unfälle beim Rückwärtsfahren verursacht werden, liegt der Anteil der Unfälle, für die das Nachlassen der Aufmerksamkeit typisch ist, erheblich höher: 10,3 % aller Auffahrunfälle, 10,1 % der Unfälle infolge Geratens auf die linke Fahrbahnseite und sogar 26,3 % aller Unfälle durch Abkommen von der Fahrbahn ereignen sich in den ersten fünf Stunden nach Mitternacht. Der Anteil der Schäden durch Abkommen von der Fahrbahn liegt damit sogar noch höher als in der Zeit der höchsten Verkehrsdichte (16.00 bis 19.00 Uhr). Dabei wird der Zusammenhang von Unfallgefahr und biologischer Leistungsbereitschaft ganz besonders deutlich, auch wenn man berücksichtigt, daß bei vielen Nachtunfällen die gewöhnliche Müdigkeit und die Dunkelheit ursächlich sein dürften. Da in den Stunden nach Mitternacht nur wenig Verkehr herrscht, wäre im Verhältnis zur Verkehrsdichte der Anteil der Unfälle eher noch höher. Außerdem sind während der Nachtstunden besonders viele Berufsfahrer unterwegs[28]. Wenn sich in dieser Zeit trotzdem so viele Unfälle ereignen, dann ist als Ursache dafür in sehr vielen Fällen nicht ein vorwerfbares Verhalten, sondern das unvermeidbare Absinken der physiologischen Leistungsbereitschaft zu vermuten. Damit erweist sich die Tageszeit als einer der wichtigsten Umstände bei der Verschuldensprüfung. Ein Nachlassen der Aufmerksamkeit in der Zeit nach Mitternacht muß anders beurteilt werden als eine Unaufmerksamkeit während des Leistungshochs in den Tagesstunden.

Die Gerichte haben häufig über die Folgen von Kraftfahrzeugunfällen zu entscheiden, die sich in der kritischen Zeit ereignet haben[29]. Meistens ist das Fahrzeug von der Fahrbahn abgekommen, ohne daß die Ursache dafür festgestellt werden kann oder weil dem Fahrer „kurz die Augen zugefallen waren“[30]. Die Rechtsprechung hat in einigen Fällen Einschlafen am Steuer als einen Fall grober Fahrlässigkeit angesehen[31], ohne dabei nach der Tageszeit zu unterscheiden. Das Problem der unvermeidbaren physiologischen Leistungsschwankungen wurde in diesen Entscheidungen nicht erörtert. In seinen neueren Urteilen will das BAG die Ermüdung des AN jedoch entlastend berücksichtigen, wenn sie dem AG bekannt war[32]. Diese Einschränkung ist ungerechtfertigt, weil es bei

---

[27] HUK-Unfallbericht, Bände A—L, Tabellen 20.

[28] HUK-Unfallbericht, Band A, S. 64.

[29] Z. B. BAG AP Nr. 5 zu § 282 BGB (0.15); BGH VersR 1972, 171 (4.00); BAG AP Nr. 31 (5.00) und 42 (3.10) zu § 611 BGB Haftung des AN; OLG Köln VersR 1973, 1041 (4.05).

[30] BAG AP Nr. 42 zu § 611 BGB Haftung des AN.

[31] BAG AP Nr. 33 zu § 611 BGB Haftung des AN; AP Nr. 5 zu § 282 BGB; BAG VersR 1971, 528; a. A. BGH VersR 1972, 944; BGH NJW 1974, 948.

der Prüfung des Verschuldens des AN grundsätzlich nur auf sein Verhalten ankommt[33].

Wie wichtig die Beachtung der arbeitsphysiologischen Zusammenhänge ist, zeigen Schadensfälle, bei denen die Gerichte keine Erklärung für das Unfallgeschehen finden können. Ein Beispiel dafür ist das folgende Urteil des BGH[34]: Ein Sattelschlepper war um 4.00 Uhr auf der Autobahn auf einen stehenden Lastzug aufgefahren. Fahrer und Beifahrer wurden getötet. Eine Bremsspur oder ein Ausweichversuch ließen sich nicht feststellen. Beide Vorinstanzen haben grobe Fahrlässigkeit des Fahrers angenommen. Der BGH hat gegen dieses Ergebnis Bedenken. Es fällt ihm jedoch schwer, dafür Gründe zu finden. So hält er es z. B. für erheblich, wie lange der Lastzug, auf den der Sattelschlepper aufgefahren war, zuvor an dieser Stelle gestanden hatte. Bei Berücksichtigung der arbeitsphysiologischen Leistungskurve und der Zahlen der HUK-Unfallstatistik dürfte als Ursache des Auffahrunfalles jedoch mit höchster Wahrscheinlichkeit eine der oft nur Sekundenbruchteile dauernden Störungen der Aufmerksamkeit zu vermuten sein[35].

Das OLG Frankfurt scheint in einem vom BGH bestätigten Urteil das arbeitsphysiologisch bedingte Leistungstief gemeint zu haben, indem es die schwere persönliche Vorwerfbarkeit mehrerer objektiv grober Fehler eines Fahrers im Hinblick auf mögliche „Leistungsstörungen der Person" verneinte; da der Unfall sich in den frühen Morgenstunden ereignet hatte, sei es wahrscheinlich, daß er auf einen Leistungsausfall durch plötzlich auftretende Müdigkeit zurückzuführen sei[36].

2. Minderung der Leistungsfähigkeit durch arbeitsspezifische Einflüsse

Die periodischen Schwankungen der physiologischen Leistungsbereitschaft sind unabhängig von der Art der Tätigkeit. Es gibt jedoch Beeinträchtigungen der Leistungsfähigkeit, deren Ursachen in der Eigenart der jeweils verrichteten Arbeit liegen[37], z. B. Eintönigkeit und hohe Anforderungen an die Aufmerksamkeit. Ihre Auswirkungen lassen sich im Einzelfall zwar nur schwer genau beurteilen; im folgenden sollen trotz-

---

[32] BAG AP Nr. 69, 70 zu § 611 BGB Haftung des AN.

[33] Vgl. oben § 3 III 5 b).

[34] BGH VersR 1972, 171; OLG Köln VersR 1973, 1041, behandelt einen nahezu gleichen Fall (4.05, gerade Autobahn, Fahrer und Beifahrer wurden getötet).

[35] Das berücksichtigt OLG Köln ebd. nicht.

[36] BGH VersR 1972, 944.

[37] S. die verschiedenen Merkmale der „gefahrengeneigten Arbeit", oben § 2 I 2.

dem einige in diesem Zusammenhang erhebliche Gesichtspunkte dargestellt werden.

a) Die *Eintönigkeit* (Reiz- oder Signalarmut) der Arbeit bildet neben der natürlichen Ermüdung eine wesentliche Ursache für ein Nachlassen der Aufmerksamkeit. Das beruht auf einem arbeitspsychologischen Zusammenhang, der auch für das Verständnis der Ermüdung von Bedeutung ist[38].

Man vermutet im menschlichen Gehirn zwei gegeneinander wirkende Schaltzentren, nämlich das Aktivierungs- oder auch Weckzentrum (WZ) und das Ermüdungszentrum (EZ). Das WZ aktiviert die Hirnrinde und hebt dadurch das Niveau der Leistungsbereitschaft (ergotrope Schaltung). Dieses Zentrum wird verstärkt tätig, wenn es über die Sinnesorgane oder durch aus anderen Hirnbereichen kommende besondere aktivierende Impulse angeregt wird. Solche Reize können von Lärm, Licht, Freude, Ärger, Angst vor einer gefährlichen Situation, Interesse an der Arbeit („reiz"volle Aufgabe) und von sonstigen anregenden Motiven ausgehen. Der Gegenspieler des WZ ist das EZ. Wenn das EZ die gegenüber dem WZ stärkeren Impulse sendet, wird der Körper in die trophotrope Phase geschaltet. Die Folge sind eine allgemeine Senkung der Reizübermittlung, der Aufmerksamkeit, der Sinneswahrnehmung, der Bewegungskoordination, der Psychomotorik und des Denkvermögens. Die verschiedenen Reize werden in erheblich geringerem Umfang aufgenommen, die Reaktions- und Entscheidungszeiten verlängern sich; die Bewegungen können nicht mehr so genau auf ihr Ziel abgestimmt werden.

Die größere Intensität der aus dem EZ kommenden Reize kann zwei Ursachen haben. Die eine ist die Übermüdung infolge vorhergehender körperlicher oder nervlicher Beanspruchung. Die ermüdeten Organe senden Impulse in das EZ, das eine Dämpfung aller körperlichen Funktionen — das Ermüdungsgefühl — verursacht. Der andere, in dem hier besprochenen Zusammenhang besonders interessierende Grund einer geringen Wachsamkeit besteht im Mangel von Reizen, die das WZ aktivieren könnten. In diesem Fall treten Ausfallerscheinungen besonders häufig auf. Ihre Zahl steigt etwa umgekehrt proportional zur Reizmenge[39].

Tätigkeiten, von denen wenige oder keine anregenden Reize ausgehen, gelten als eintönig und langweilig. Es handelt sich meist um einfache Arbeiten mit Wiederholungscharakter, wenig Abwechslung und Fehlen körperlicher Bewegung[40], Arbeiten, bei denen meistens „nichts

[38] *Grandjean*, 450 ff.; *Müller / Limmroth* in *Schmidtke*, Ergonomie 1, 108 f.

[39] *Arnold*, Angewandte Psychologie, 66; *Schmidtke*, 284.

[40] *Arnold*, 65.

geschieht", wie Kontrolle automatisierter Maschinen, Fließbandarbeit, lange Autofahrten auf kurvenarmen Strecken und Autofahrten bei Nacht[41]. Hierbei tritt Schläfrigkeit besonders leicht ein; das Nichtstun wird zum Problem, die Reizarmut zu einer Gefahr[42].

Diese Gefahr wurde besonders früh bei Lokfahrern erkannt. Deshalb wurde hier die sogenannte SIFA-Schalttaste (Sicherheitsfahrschaltung) eingeführt, die der Lokführer in kurzen Abständen betätigen muß; sonst wird der Zug automatisch gebremst. Ähnliche Versuche, die Eintönigkeit durch zusätzliche „Spielreize" zu bekämpfen, sind auch auf anderen Gebieten bekannt geworden, z. B. verstärkter Funkkontakt mit Piloten oder Raumfliegern. Verkehrspsychologen erklären sich viele rätselhafte Flugzeugabstürze mit einer zu geringen Reizzufuhr beim automatisierten Blindflug, die bei den Piloten sogar zu Halluzinationen führen kann[43]. Auch den Straßenplanern ist die Eintönigkeit als Gefahrenquelle seit Jahrzehnten bekannt. Das hat in den meisten Ländern dazu geführt, daß auf Autobahnen künstliche Kurven gebaut werden, um Abwechslung zu schaffen. Lastwagenfahrer sind vor allem bei langen Autobahnfahrten durch die Monotonie gefährdet, besonders wenn sie allein unterwegs sind oder der Beifahrer schläft. Bei Nachtfahrten treten noch zahlreiche zusätzliche gefahrenerhöhende Umstände hinzu: geringer Verkehr, die Reizarmut bei Dunkelheit und vor allem das natürliche Leistungstief in den Stunden nach Mitternacht. Die unter diesen Bedingungen besonders häufig auftretenden Ausfallerscheinungen führen zu Unfällen, die auf den ersten Blick kaum zu erklären sind, etwa in dem vom BGH entschiedenen Fall des nächtlichen Auffahrunfalls[44].

b) Bei Tätigkeiten, für die eine besonders *hohe Konzentration* erforderlich ist, läßt die Aufmerksamkeit schon nach kurzer Zeit nach, wie die folgende Untersuchung zeigt[45]: Während des Zweiten Weltkrieges setzten beide Seiten Radargeräte ein, um feindliche U-Boote zu orten. Die Aufgabe des Radarüberwachers bestands darin, auf einem Bildschirm, auf dem viele Lichtpunkte zu sehen waren, bestimmte etwas intensivere und größere Punkte auszumachen und weiterzumelden. Die Royal-Air-Force beauftragte eine Gruppe von Psychologen mit der Aufgabe, die Leistungsverläufe der Radarüberwacher zu erforschen. Dabei zeigte sich, daß schon nach einer halben Stunde der Anteil nicht entdeckter Signale sprunghaft von 15 % auf fast 30 % anstieg. In der fol-

---

[41] *Arnold,* 65; *H.-D. Schmidt* in *Schmidt / Kasielke,* Psychologie und Rechtspraxis, 153.

[42] *Arnold,* 66; vgl. OLG Celle VersR 1969, 118.

[43] Vgl. *Arnold,* 66.

[44] BGH VersR 1972, 171; oben 1 b).

[45] *Arnold,* 66; *Schmidtke,* 281.

genden Zeit wurden die Beobachter in Abständen von einer halben Stunde abgelöst, um ihre Wachsamkeit sicherzustellen. Dadurch verbesserte sich der Erfolg der U-Boot-Aufklärung beträchtlich.

Bei der Bewertung der persönlichen Vorwerfbarkeit eines Sorgfaltsverstoßes ist also zu berücksichtigen, daß bei Tätigkeiten mit hohen Anforderungen an die Aufmerksamkeit die Leistungsfähigkeit schon nach kurzer Zeit zwangsläufig nachläßt, wenn nicht häufiger Pausen eingelegt werden. Dazu zählt beispielsweise das Fahren bei schlechter Sicht und in dichtem Großstadtverkehr. Der BGH hat bereits im Jahre 1955 den lebhaften Verkehr einer Großstadt als einen entlastenden Umstand angesehen[46].

c) Die *Nachtarbeit* hat besonders für Fernfahrer praktische Bedeutung[47], da viele Lastwagen nachts eingesetzt werden. Schon der Verlauf der arbeitsphysiologischen Leistungskurve zeigt, daß während der Nachtschicht den AN Fehler besonders häufig unterlaufen. Es gibt auch keine echte Anpassung an Nachtarbeit im Sinne einer Umstellung der Rhythmik der Leistungsbereitschaft[48]. Zudem haben Untersuchungen in Betrieben ergeben, daß Nachtschichtarbeiter regelmäßig zu wenig schlafen. Während die AN der Frühschicht durchschnittlich 6 bis 7 Stunden, die der Nachmittagsschicht 8 bis 9 Stunden schlafen, klagten 60 % der Nachtschichtarbeiter über eine Schlafdauer von nur 4 bis 6 Stunden[49]. In einer Befragung von 210 Nachtschichtarbeitern wurde ein Schlafdurchschnitt von 4,5 Stunden, bei 24 Männern, die sich selbst versorgen mußten, vor sogar nur 2,3 Stunden ermittelt[50]. Versuche haben gezeigt, daß Schlafentzug die Fähigkeit, sich zu konzentrieren und bei Dauerbeobachtungssituationen (z. B. Autofahrten) kritische Signale wahrzunehmen, erheblich mindert[51]. Die Nachtschicht bedeutet nach Ansicht der Arbeitsmediziner stets ein Arbeiten gegen den natürlichen Rhythmus[52]. Die Folge sind häufig Magenkrankheiten, Schlafstörungen und vor allem Reizbarkeit und Nervosität[53], die besonders im Straßenverkehr wegen der starken nervlichen Beanspruchung leicht zu Fehlreaktionen führen können. Die Nachtarbeit ist somit eine Belastung, die den persönlichen Vorwurf eines unbewußten Sorgfaltsverstoßes erheblich mindern kann.

---

[46] BGH AP Nr. 1 zu § 611 BGB Haftung des AN.

[47] Vgl. die Urteile in Anm. 29.

[48] *G. Lehmann*, 354.

[49] *Graf*, Arbeitsphysiologie, 46 f.

[50] *Menzel*, Arbeitsphysiologie 14 (1950), 304.

[51] *Schmidtke*, 290 f.

[52] *G. Lehmann*, 360; vgl. auch *Güntner*, AuR 1958, 129 ff. mit zahlreichen Nachweisen in Anm. 16; *ders.*, BB 1960, 1209.

[53] *Güntner*, AuR 1958, 129 ff.

III. Kenntnis und Kennenmüssen der erforderlichen Sorgfalt

1. Bewußte, unbewußte und grobe Fahrlässigkeit

Kennt der Schädiger die Gefahr und die zu ihrer Abwendung notwendigen Mittel und setzt er diese trotzdem nicht ein, so handelt er bewußt fahrlässig. Bedingter Vorsatz ist nicht anzunehmen, solange ihm ein Schaden als mögliche Folge nicht gleichgültig ist, er vielmehr auf sein Ausbleiben hofft[54]. Einem AN wird die Gefahr häufig deshalb bewußt sein oder sein müssen, weil der AG ihn gewarnt oder besondere Vorsichtsmaßnahmen angeordnet hat. Wohl aus diesem Grunde mißt die Rechtsprechung einer Weisung des AG eine so große Bedeutung bei[55].

Da die grobe Fahrlässigkeit auf der objektiven Seite ein besonders gefährliches Verhalten voraussetzt, kann die bewußte Fahrlässigkeit nicht mit der groben gleichgesetzt werden[56]. Das zeigt etwa der Fall einer nur geringfügigen bewußten Überschreitung der zulässigen Höchstgeschwindigkeit im Straßenverkehr[57]. Zahlreicher und problematischer als die Fälle bewußter grober Fahrlässigkeit sind aber die Sachverhalte, in denen die grobe Pflichtwidrigkeit der Handlung dem Täter nicht bewußt war. Davon wird in der Regel auszugehen sein, wenn der Täter durch das sorgfaltswidrige Verhalten sein Leben gefährdet oder ein hohes Haftungsrisiko schafft.

Im Schrifttum wird in dem Gefährdungsbewußtsein zum Teil ein wesentliches Element der groben Fahrlässigkeit gesehen, da diese Verschuldensform im deutschen und im ausländischen Recht stets eine parallele Stellung zum Vorsatz einnehme[58]. Einige Verfasser setzen das Bewußtsein mit der subjektiven Seite der groben Fahrlässigkeit gleich[59].

Diese Auffassung berücksichtigt nicht, daß eine Haftung für grobe Fahrlässigkeit auch dann gerechtfertigt ist, wenn der Täter sein schweres Fehlverhalten zwar nicht erkannt hat, es aber hätte erkennen müssen. Denn ein besonders schwerer Vorwurf kann auch darin begründet sein, daß der Handelnde sich der Gefährlichkeit seines Tuns überhaupt

---

[54] Vgl. § 4 Anm. 2.

[55] Vgl. oben § 2 III 2.

[56] Vgl. aber OLG Stuttgart, VersR 1968, 953; *Wussow*, Anm. zu BAG AP Nr. 74 zu § 611 BGB Haftung des AN; *Röhl*, JZ 1974, 521; wie hier *Larenz*, SchuldR I, § 20 V.

[57] Vgl. z. B. LAG Mannheim Gewerk Praxis 1963, 26.

[58] *Sanden*, VersR 1967, 1013 ff., 1016, ebenso OLG Stuttgart VersR 1968, 953.

[59] *Lohe*, VersR 1968, 323 ff., 326; vgl. auch OLG Stuttgart, VersR 1968, 953, *Röhl*, JZ 1974, 526 f. und *Wussow*, Anm. zu BAG AP Nr. 74 zu § 611 BGB Haftung des AN; *Palandt / Heinrichs*, 2 zu § 277.

nicht bewußt war[60]. Der BGH stellt darauf ab, ob die Möglichkeit eines Schadenseintritts sich dem Schädiger hätte aufdrängen müssen[61]. Hierzu dürfte beispielsweise der Fall des Bankprokuristen zu rechnen sein, der ein hohes Darlehen auszahlen ließ, ohne das als Sicherheit angebotene Grundstück auf Belastungen zu prüfen[62].

Die Gleichsetzung der subjektiven Seite der groben Fahrlässigkeit mit dem Gefährdungsbewußtsein beruht auf demselben Gedanken wie der im Strafrecht inzwischen überwiegend aufgegebene[63] sog. psychologische Schuldbegriff. Nach dieser Lehre ist Schuld die seelische Beziehung des Täters zum Erfolg[64] (Vorsatz, Leichtsinn, Gefahrenbewußtsein). Der psychologische Schuldbegriff führt zur Straflosigkeit der unbewußten Fahrlässigkeit und begünstigt damit den besonders gleichgültigen oder „rechtsblinden“ Täter. Daher kann es nicht allein auf die psychologische Beziehung des Schädigers zum Erfolg ankommen. Entscheidend ist vielmehr die Bewertung dieser Beziehung als vorwerfbar (normativer Schuldbegriff). Maßstab dieser Bewertung ist bei der groben Fahrlässigkeit neben den tatsächlichen Kenntnissen des Täters das, was sich ihm hätte aufdrängen müssen[65]. Auch unbewußt schweres Fehlverhalten ist grob fahrlässig, wenn dabei „einfachste, ganz naheliegende Überlegungen nicht angestellt“[66] werden. Hingegen sollte nicht danach unterschieden werden, ob das beachtet wurde, „was jedem einleuchten mußte“[67]; denn maßgebend sind die Intelligenz und die Kenntnisse gerade dieses und nicht jedes denkbaren Täters[68].

Bei der Prüfung der Frage, wann der Schadensverursacher die Pflichtwidrigkeit seines Verhaltens hätte erkennen müssen, lassen sich eine objektive und eine subjektive Komponente unterscheiden.

2. Objektives Kennenmüssen der erforderlichen Sorgfalt, Haftung des leitenden Angestellten

In erster Linie kommt es auf das Aufgabengebiet des AN an[69]. Wer sich z. B. als bilanzsicherer Buchhalter einstellen läßt, muß in der Lage

[60] *Larenz*, SchuldR I, § 20 V; wie hier BayObLG VersR 1976, 33.

[61] BGH VersR 1972, 877, 879.

[62] BGH VersR 1969, 474.

[63] BGHSt (GS) 2, 194, 200; vgl. *Jescheck*, § 38 II; *Welzel*, Lehrbuch § 19 III; *Enneccerus / Nipperdey*, I/2, § 213.

[64] *Welzel*, ebd.

[65] Vgl. BGH VersR 1972, 879.

[66] RGZ 163, 106.

[67] RGZ 141, 131; BGH VersR 1974, 569.

[68] Vgl. *Enneccerus / Nipperdey*, I/2, § 211 II 1.

[69] Vgl. BAG AP Nr. 60 zu § 611 BGB Haftung des AN.

sein, nach Anweisung einen bestimmten Kontenplan aufzustellen und die Buchungen richtig auszuführen[70].

In diesem Zusammenhang ist auch die Rechtsprechung des BGH zu nennen, nach dessen Ansicht leitende Angestellte stets unbeschränkt haften[71]. Der BGH begründete dies damit, daß der Leitende seine Tätigkeit im wesentlichen frei bestimme und daher keine gefahrengeneigte Arbeit verrichte[72].

Eine so allgemeine Aussage wäre in den vom BGH entschiedenen Fällen allerdings nicht erforderlich gewesen, wenn das Gericht das Verhalten der betreffenden AN wie die Vorinstanzen als grob fahrlässig angesehen hätte[73]. Es erscheint zudem nicht gerechtfertigt, bei leitenden Angestellten im Gegensatz zu anderen AN eine Haftungsbeschränkung völlig auszuschließen[74]. Denn diese Mitarbeiter sind ebenfalls verpflichtet, die ihnen vom AG übertragenen Aufgaben auszuführen, während ein Selbständiger beispielsweise in der Regel einen Auftrag nicht anzunehmen braucht. Zudem muß auch der Leitende häufig unter Druck arbeiten und in kurzer Zeit wichtige Entscheidungen treffen, deren Risiken außer Verhältnis zu seinem Einkommen stehen. Meist dürfte er aber deshalb zu Recht schärfer haften als ein durchschnittlicher AN, weil sein Fehlverhalten seltener entschuldbar ist. Sein weiter Aufgaben- und Verantwortungsbereich stellt entsprechend höhere Anforderungen an ihn. Von ihm kann in der Regel erwartet werden, daß er weitgehend eigenverantwortlich entscheidet und sich beispielsweise notwendige Informationen selbst beschafft. Dementsprechend betont der BGH, daß der Inhaber eines Betriebes mit der Anstellung eines Justitiars gerade die rechtlichen Risiken ausschalten oder mindern wolle, die bei seinen Aktivitäten auftreten können[75].

Bei Tätigkeiten außerhalb des eigentlichen Aufgabengebiets sind die Anforderungen an die Fähigkeiten des AN geringer. Einen kaufmännischen Angestellten, der einen Verkehrsunfall verursacht hatte, entschul-

---

[70] Vgl. ArbG Heidelberg, ARSt XXVI 79; BAG AP Nr. 71 zu § 611 BGB Haftung des AN.

[71] BGH VersR 1969, 474; BGH AP Nr. 51 zu § 611 BGB Haftung des AN.

[72] BGH AP Nr. 51 zu § 611 BGB Haftung des AN.

[73] In BGH VersR 1969, 474 hatte ein Bankprokurist ein hohes Darlehen auszahlen lassen, ohne das zur Sicherheit angebotene Grundstück auf Belastungen zu prüfen; in BGH AP Nr. 51 zu § 611 BGB Haftung des AN hatte ein Justitiar den Unterschied zwischen Bruchteils- und Gesamthandeigentum nicht beachtet.

[74] Ebenso *Gamillscheg / Hanau*, 20; *Bobrowski / Gaul*, 495; *Buchner*, Anm. zu BAG AP Nr. 66 zu § 611 BGB Haftung des AN; *Boergen*, MDR 1971, 178; *F. Baumgärtel*, VersR 1970, 127; a. A. *Monjau*, DB 1969, 84; *Ronke*, Festschrift für G. Küchenhoff, Band 1, 367.

[75] BGH AP Nr. 51 zu § 611 BGB Haftung des AN; vgl. auch *Gamillscheg / Hanau*, 20.

digte der BGH damit, daß er nur nebenbei als Fahrer tätig war[76]. Ebenso war bei einem Baggerführer, der einen im Sumpf versinkenden Bagger an einem Hochspannungsmast herausziehen wollte und dabei den Mast beschädigte[77], entlastend zu berücksichtigen, daß er kein Bergungsfachmann war[78].

3. Subjektives Kennenmüssen der gebotenen Sorgfalt

Steht fest, was der AN seiner Arbeitsaufgabe nach hätte wissen müssen, so ist weiter zu prüfen, ob ihm auch persönlich ein schwerer Vorwurf daraus gemacht werden kann, daß er über dieses Wissen nicht verfügte. Dabei kommt es u. a. darauf an, inwieweit er die erforderliche Ausbildung hatte, unerfahren war oder in seine Aufgabe unzureichend eingewiesen wurde, seine Berufsausübung für längere Zeit unterbrochen hatte und wie alt er war.

Der BGH hielt den objektiv groben Fehler eines Gemeindebediensteten, der einen Baum unsachgemäß gefällt hatte, wobei ein Mitarbeiter erschlagen wurde, nicht für subjektiv schwer, weil der Beklagte keine entsprechende *Ausbildung* erhalten hatte und nur ehrenamtlich für die Gemeinde tätig war[79]. Was ein bestimmter AN wissen und können muß, wird häufig auch ein Vergleich mit Personen mit entsprechender Aufgabe und Ausbildung ergeben. Das RG entlastete einen Grundbuchrichter z. B. damit, daß ein als sehr guter Kenner des Grundbuchrechts bekannter Kollege einmal den gleichen Fehler gemacht hatte[80]. Ebenso hielt der BGH einem Bauleiter, der eine offene Dachluke nicht abgedeckt hatte, zugute, daß sein Vorgänger auf der Baustelle und Aufsichtsbeamte der Berufsgenossenschaft die gefährliche Luke ebenfalls nicht beanstandet hatten[81].

Ein großer Teil des beruflichen Wissens wird erst in längerer Tätigkeit am Arbeitsplatz erworben. Dabei ist meist eine besondere *Einweisung* durch den AG erforderlich, deren Umfang sich nach der Stellung des AN und seiner beruflichen Erfahrung richtet. Wurde der AN nicht ausreichend in seine Aufgabe eingeführt, kann ihm seine Unkenntnis nur dann vorgeworfen werden, wenn es ihm zuzumuten war, sich das notwendige Wissen selbst zu beschaffen[82]. Das RAG hielt eine Weisung

---

[76] BGH AP Nr. 1 zu § 611 BGB Haftung des AN; vgl. auch BAG AP Nr. 55 zu § 611 BGB Haftung des AN, wo ein Maurerumschüler nur gelegentlich als Fahrer eingesetzt wurde.

[77] BAG AP Nr. 50 zu § 611 BGB Haftung des AN.

[78] Vgl. *Söllner*, Anm. zu BAG AP Nr. 50 zu § 611 BGB Haftung des AN

[79] BGH VersR 1972, 144; vgl. auch LAG Frankfurt WA 1963, 171.

[80] RG JW 1924, 1977.

[81] BGH LM 2 a zu § 640 RVO; vgl. *Boller*, VersR 1967, 113.

[82] Vgl. BAG AP Nr. 58 zu § 611 BGB Haftung des AN.

nur dann für entbehrlich, wenn die Tätigkeit so einfach ist, daß bestimmte Handlungen von jedem AN in dieser Stellung als selbstverständlich erwartet werden können[83]. Das BAG wollte in dem „Holzkeile-Fall"[84] eine fehlende oder unzureichende Weisung nur bei der Prüfung des Mitverschuldens des AG bewerten. Dabei würde der AN aber zu Unrecht mit der Haftung selbst dann z. T. belastet, wenn er die Pflichtwidrigkeit seines Verhaltens nicht erkennen konnte[85].

Der AN kann besondere Kenntnisse und Fertigkeiten wieder verloren haben, wenn er die *Arbeit* für längere Zeit *unterbrochen* hat. Der dabei eintretende Übungsverlust erfordert eine erneute Eingewöhnungszeit. Dementsprechend hielt das BAG einem kaufmännischen Angestellten, der ein Fernschreiben falsch gelesen hatte, zugute, daß er seine Arbeit für die Dauer seines Wehrdienstes aufgeben und sich danach erneut mit ihr vertraut machen mußte[86]. Einen in diesem Zusammenhang praktisch wichtigen Fall des Übungsverlustes bildet der Urlaub. In einem großen Unternehmen hat sich bei einer systematischen Erforschung von Ausschußursachen gezeigt, daß die Beschäftigten unmittelbar nach Rückkehr aus dem Urlaub besonders schlechte Leistungen erzielten[87].

Die *Jugend* eines AN muß bei der Prüfung der persönlichen Vorwerfbarkeit eines Sorgfaltsverstoßes regelmäßig mildernd berücksichtigt werden. Die geringe Lebenserfahrung und ein noch entsprechend wenig entwickeltes Gefahrenbewußtsein sind ebenso zu beachten wie die kurze Berufserfahrung[88]. Die Rechtsprechung hat diesem Gesichtspunkt nicht immer hinreichend Rechnung getragen[89]. In einigen Entscheidungen beschränkten sich die Gerichte auf eine formale Argumentation, indem sie etwa feststellten, der junge Mitarbeiter habe den erforderlichen Führerschein gehabt und die Aufgabe als Fahrer „eben übernommen"[90]. In den neuesten Urteilen wird diese dem Zweck der Arbeitnehmerhaftung nicht gerecht werdende[91] Betrachtungsweise jedoch immer mehr aufgegeben[92].

Wenn der AN nach Vorbildung, Erfahrung, Alter und Intelligenz nicht in der Lage war, das objektiv Erforderliche zu erkennen, kann

---

[83] RAG ARS 41, 263.
[84] BAG AP Nr. 62 zu § 611 BGB Haftung des AN.
[85] Vgl. schon § 6 II 2.
[86] BAG AP Nr. 53 zu § 611 BGB Haftung des AN.
[87] CAPITAL 1973, Heft 1, S. 40.
[88] BAG AP Nr. 47, 58, 59, 69 zu § 611 BGB Haftung des AN.
[89] Z. B. BAG AP Nr. 39, 62 zu § 611 BGB Haftung des AN
[90] BAG AP Nr. 39 zu § 611 BGB Haftung des AN; LAG Hamm in BAG AP Nr. 55 zu § 611 BGB Haftung des AN.
[91] Vgl. oben § 3 III 5 b).
[92] BAG AP Nr. 69, 70 zu § 611 BGB Haftung des AN; vgl. schon BAG AP Nr. 58, 59 zu § 611 BGB Haftung des AN.

sein vorwerfbares Verhalten darin liegen, daß er die Arbeit übernommen hat, obwohl sie ihn überfordert. Die Konstruktion eines *Übernahmeverschuldens* diente bisher als Begründung dafür, daß der Streit um den Verschuldensbegriff im Zivilrecht keine praktischen Auswirkungen habe[93]. Die Haftung aus Übernahmeverschulden spielt jedoch nur eine geringe Rolle. Nach Ansicht des BAG muß sich der AG, der einen Jugendlichen als Kraftfahrer einstellt, nach seiner Fahrpraxis erkundigen[94], und auch sonst werden die AG bei der Personalauswahl und in der ersten Zeit nach Arbeitsbeginn die Eignung des neuen Mitarbeiters im eigenen Interesse sorgfältig prüfen. Grobe Fahrlässigkeit des AN dürfte in der Übernahme einer Tätigkeit, für die er nicht geeignet ist, nur dann zu sehen sein, wenn er dem AG besondere Fähigkeiten vortäuscht oder Umstände verschweigt, die auch aus seiner Sicht erhebliche Zweifel an seiner Tauglichkeit für die Aufgabe aufkommen lassen müssen[95].

IV. Verminderte Leistungsfähigkeit des Schadensverursachers

1. Alter, Gesundheit

Fälle, in denen ein AN wegen hohen Alters oder schlechter Gesundheit eine schwere Sorgfaltsverletzung nicht vermeiden konnte, sind in der Rechtsprechung selten[96]. Besonders bemerkenswert ist ein Urteil des BGH, in dem ein Kraftfahrer u. a. damit entlastet wurde, daß er an Magengeschwüren litt[97]. In einer anderen Entscheidung hat der BGH einen Fahrer, der bei Rot über einen unbeschrankten Bahnübergang gefahren war, mit einem dem Beklagten damals noch unbekannten Sehfehler entschuldigt[98].

2. Übung (Problem der unbewußten Handlungsbereitschaft)

Häufig verursacht der AN einen Schaden deshalb, weil er noch nicht über die für seine Tätigkeit nötige Übung verfügt. Wer beispielsweise Autofahren lernt, muß sich am Anfang mit den Lenk-, Schalt- und

[93] Vgl. § 3 II 1.

[94] BAG AP Nr. 69 zu § 611 BGB Haftung des AN.

[95] Nach Ansicht des LAG Frankfurt, BB 1970, 579, haftet der AN selbst dann nicht, wenn er über seine Fähigkeiten mehrfach unzutreffende Angaben gemacht hat, der AG seine fehlende Eignung jedoch erkennen mußte; vgl. auch BAG AP Nr. 71 und Nr. 74 zu § 611 BGB Haftung des AN.

[96] BAG AP Nr. 16 zu § 611 BGB Haftung des AN (Herzleiden).

[97] BGH VersR 1972, 197.

[98] BGH VersR 1967, 127.

Bremsvorrichtungen vertraut machen, die Hand- und Fußbewegungen einüben, sich die Verkehrszeichen und -regeln einprägen und vor allem lernen, seine Fahrweise der ständig wechselnden Verkehrssituation anzupassen. Er muß alle einzelnen Handgriffe zuerst solange durch bewußte Willensakte steuern, bis sie durch ständige Wiederholung zur unbewußten Handlungsbereitschaft geworden sind[99]. Erst dieses Reservoir automatisierter Reaktionsbereitschaft und das erst in langer Übung entwickelte unbewußte Gespanntsein auf Gefahren gestattet es dem Fahrer, sein Bewußtsein von den technischen Handgriffen der Bedienung eines Fahrzeugs zu entlasten und seine Aufmerksamkeit voll auf die Beobachtung der Verkehrsvorgänge und plötzlich auftretender Gefahren zu richten. In den ersten Jahren der Fahrpraxis können die unbewußten Handlungsbereitschaften und das unbewußte Gespanntsein auf Gefahren wegen zu geringer Übung noch nicht genügend ausgebildet sein. Entsprechendes gilt für andere, eine komplexe Steuerung erfordernde Tätigkeiten, die erst nach längerem Üben wirklich gelernt werden.

Die Zahlen der HUK-Unfallstatistik zeigen die Abhängigkeit von Fahrpraxis und Unfallhäufigkeit besonders deutlich. Ordnet man die Gesamtzahl der Unfälle nach dem Alter der Fahrerlaubnis des Fahrers, so ergibt sich für die ersten sechs Jahre folgende Häufigkeitsverteilung[100]:

Jahr:	1.	2.	3.	4.	5.	6.
	%	%	%	%	%	%
Abkommen von der Fahrbahn	41,4	13,7	9,4	6,6	5,1	3,1
Nichteinhalten des Rechtsfahrgebots	25,1	10,7	9,5	7,5	5,9	5,2
Auffahren	21,9	10,7	8,0	7,1	5,7	5,2
Überholen	20,7	10,5	8,1	6,5	5,8	5,6
Vorfahrt	18,4	9,1	7,4	6,9	5,6	4,7
Einbiegen usw.	18,1	9,4	6,8	7,5	6,2	5,9
Rückwärtsfahren	10,7	6,2	6,1	7,9	4,0	6,9

Die Übersicht zeigt, daß vor allem das Abkommen von der Fahrbahn ein typischer Anfängerfehler ist. Fast die Hälfte aller Unfälle dieser Art ereignen sich im ersten Jahr nach Erwerben des Führerscheins, das sind

[99] *Welzel*, Lehrbuch, § 20 II; *ders.*, Fahrlässigkeit und Verkehrsdelikte, 33; OLG Düsseldorf VersR 1966, 530.

[100] HUK-Unfallbericht, Bände A—G, jeweils Tabelle 23.

mehr als dreizehnmal so viel wie im sechsten Jahr. Anfänger geraten auch besonders leicht auf die linke Fahrbahnseite und verursachen übermäßig viele Auffahr- und Überholunfälle. Das Rückwärtsfahren dagegen scheint ihnen keine besonderen Schwierigkeiten zu bereiten, obwohl sie auch hier im ersten Jahr noch überdurchschnittlich viele Unfälle haben. Bemerkenswert ist, daß die Häufigkeit der Unfälle oft erst nach mehreren Jahren den Durchschnitt erreicht: Bei den ersten vier bei Anfängern besonders häufigen Unfalltypen (Abkommen von der Fahrbahn oder auf ihre linke Seite, Auffahren, Überholen) sind die Durchschnittswerte erst nach drei bis vier Jahren erreicht, bei Vorfahrtsverletzungen und falschem Einbiegen dagegen bereits nach zwei bis drei Jahren, beim Rückwärtsfahren schon nach einem Jahr.

Für die Haftung des AN folgt daraus, daß bei der Beurteilung von Kraftfahrzeugunfällen eine geringe Fahrpraxis besonders entlastend berücksichtigt werden muß. Vor allem bei Schadensfällen im ersten Jahr ist zu beachten, daß Anfänger ein Fahrzeug in der Regel noch nicht völlig beherrschen und die Gefahren nicht richtig einschätzen können. Bei den typischen Anfänger-Unfalltypen (Abkommen von der Fahrbahn oder von der Fahrspur und Auffahren) fehlt die erforderliche Übung häufig noch im zweiten und dritten Jahr.

Wie schon erwähnt, hat die Rechtsprechung der geringen Praxis des angestellten Kraftfahrers manchmal keine Bedeutung beigemessen[101]. Die meisten veröffentlichten Urteile enthalten hierzu keine Angaben. In einigen Entscheidungen lehnten die Gerichte es ausdrücklich ab, die unzureichende Fahrpraxis des AN bei der Verschuldensprüfung mildernd zu berücksichtigen[102]. In seinen neueren Urteilen meint das BAG, der AG erhöhe sein Betriebsrisiko, wenn er einen ungeübten Fahrer einstelle, sofern diesem ein typischer Anfängerfehler unterlaufe[103]. Schon oben wurde begründet, daß diese Betrachtungsweise noch immer unzureichend ist, weil es bei der Prüfung des Verschuldens des AN allein auf sein Verhalten und die persönliche Vorwerfbarkeit des Sorgfaltsverstoßes ankommt[104]. Die geringe Erfahrung des AN ist deshalb bereits bei der Prüfung der persönlichen Vorwerfbarkeit seines Verhaltens zu berücksichtigen[105].

---

[101] BAG AP Nr. 39, 55 zu § 611 BGB Haftung des AN; LAG Hamm in BAG AP Nr. 55 zu § 611 BGB Haftung des AN; vgl. aber LAG Baden-Württemberg DB 1964, 1704; anders LG Ulm VersR 1973, 70.

[102] BAG AP Nr. 39 zu § 611 BGB Haftung des AN; LAG Hamm in BAG AP Nr. 55 zu § 611 BGB Haftung des AN.

[103] BAG AP Nr. 58, 59, 62, 69 zu § 611 BGB Haftung des AN.

[104] Vgl. § 3 III 5 b).

[105] So jetzt auch BAG AP Nr. 69, 70 zu § 611 BGB Haftung des AN.

3. Vorübergehende Beeinträchtigung der Aufmerksamkeit

Der Schadensverursacher kann auch deshalb außerstande sein, mit der erforderlichen Sorgfalt zu handeln, weil seine Aufmerksamkeit vorübergehend beeinträchtigt ist.

a) Besondere Schwierigkeiten bereiten hierbei die Fälle, in denen der Schaden auf *Übermüdung* zurückzuführen ist. Die Rechtsprechung hierzu ist widersprüchlich. Während das BAG die Ermüdung lange Zeit als ein Indiz für grobe Fahrlässigkeit ansah[106], hat der BGH diese Ansicht abgelehnt[107]. Die Ursache dafür dürfte nicht nur in den Denkgewohnheiten des objektiven Verschuldensbegriffs, sondern vor allem darin liegen, daß bei der Beurteilung der Ermüdung zwei Faktoren zu berücksichtigen sind, die sich nicht immer entsprechen, nämlich die objektive körperliche oder nervliche Ermüdung und das Ermüdungsgefühl. Dabei muß, wie bei der Bewertung reizarmer Tätigkeiten, das wechselseitige Kräftespiel des Ermüdungs- und des Weckzentrums im Gehirn beachtet werden. Auch ausgeruht kann man sich müde fühlen, wenn das Weckzentrum infolge der Reizarmut der Arbeit zu wenige stimulierende Reize erhält[108], andererseits fühlt sich der Mensch trotz objektiver Erschöpfung wach, wenn dem Weckzentrum durch besonders aktivierende Motivationen (z. B. Freude an der Arbeit, Termindruck) mehr Reize zugeführt werden als dem Ermüdungszentrum von den erschöpften Organen. Da der Ermüdete dabei seine herabgesetzte Leistungsfähigkeit manchmal nicht oder nur zum Teil empfindet, wird ihm die daraus entstehende Gefahr oft nicht bewußt[109]. Ein schwerer persönlicher Vorwurf setzt jedoch voraus, daß der Schädiger die Übermüdung und die darin liegende Gefahr erkennen mußte[110]. Davon kann man beim Einschlafen am Steuer regelmäßig nicht ausgehen, zumal ja auch die Fähigkeit, die Müdigkeit zu bekämpfen, oft überschätzt wird[111]. Einschlafen am Steuer ist demnach nur dann grob fahrlässig, wenn der Fahrer sich über Bedenken hinweggesetzt hat, die sich angesichts typischer Ursachen oder deutlicher Vorzeichen der Ermüdung jedem aufdrängen mußten[112]. Zu-

---

[106] BAG AP Nr. 16, 33 zu § 611 BGB Haftung des AN; VersR 1971, 528; ebenso LAG Baden-Württemberg, DB 1961, 711; ArbG Nürnberg-Ansbach BB 1961, 251; einschränkend BAG AP Nr. 42 zu § 611 BGB Haftung des AN; für entlastende Berücksichtigung der Ermüdung BAG AP Nr. 69, 70, 72 zu § 611 BGB Haftung des AN; LAG Frankfurt VersR 1956, 528.

[107] BGH VersR 1972, 944; NJW 1974, 948; ebenso OLG Karlsruhe VersR 1961, 530; OLG München VersR 1963, 1044; OLG Celle VersR 1969, 118.

[108] Vgl. oben § 7 II 4 2 a) und OLG Celle VersR 1969, 118.

[109] Vgl. BAG AP Nr. 72 zu § 611 BGB Haftung des AN.

[110] BGH NJW 1974, 948; BAG AP Nr. 42 zu § 611 BGB Haftung des AN; BGHSt VRS 14, 441; OLG Celle VersR 1969, 118.

[111] BGH NJW 1974, 948; BAG AP Nr. 72 zu § 611 BGB Haftung des AN; a. A. noch BAG AP Nr. 33 zu § 611 BGB Haftung des AN.

dem wird bei der Beurteilung von Übermüdungsunfällen die arbeitsphysiologische Leistungskurve[113] zu berücksichtigen sein und die Eintönigkeit der Tätigkeit als ein selbständiger Ermüdungsgrund[114] nicht außer Acht gelassen werden dürfen. Schließlich kann es von Bedeutung sein, ob dem AN die Fehlhandlung am Anfang oder am Ende der Schicht unterläuft[115] und ob seine Aufgabe ihn überfordert[116].

b) Auch *psychische Belastungen*, etwa Ärger oder Schrecken, können eine Sorgfaltsverletzung entschuldigen. Es ist wissenschaftlich erwiesen, daß Affekte unter unglücklich verketteten Umständen die Entscheidungsfähigkeit lahmlegen und die Wahrnehmungsfähigkeit erheblich beeinträchtigen oder umgekehrt den Betroffenen zu überstürzten, ungezielten und impulsiven Handlungen verleiten können[117].

In diesem Zusammenhang verdient ein Urteil des BGH besondere Beachtung. Das Gericht entlastete einen an Magengeschwüren leidenden Kraftfahrer, der beim Abbiegen eine ihm entgegenkommende Straßenbahn nicht bemerkt hatte, u. a. damit, daß er im Zeitpunkt des Unfalls sehr verärgert war. Während das OLG Koblenz der Verstimmung keine Bedeutung beigemessen hatte, weil so etwas im Berufsleben täglich vorkomme, betonte der BGH, daß ein krankheitsbedingter Erregungszustand einen subjektiv schweren Vorwurf ausschließen könne, zumal wenn zusätzliche ablenkende Umstände (Sonnenblendung) mitwirkten[118].

Die Rechtsprechung billigt dem von einer Gefahr überraschten Kraftfahrer eine Reaktionszeit und zusätzlich eine sog. Schockzeit zu, sofern er die überraschende Situation nicht schuldhaft herbeigeführt hat[119].

4. Handeln unter Zeitdruck

Einen weiteren, dem Schrecken vergleichbaren entlastenden Gesichtspunkt bildet der Zwang zum Handeln unter Zeitdruck. Hierbei ist zu beachten, daß die für eine optimale Entscheidung notwendige Zeit mit der Zahl der Wahlalternativen steigt (sog. Hicksches Gesetz). Je mehr Handlungsalternativen im Zeitpunkt der Entscheidung nach der Vor-

---

112 BGH NJW 1974, 949.

113 Oben § 7 II 1.

114 Oben § 7 II 2 a) und OLG Celle VersR 1969, 118.

115 Das berücksichtigt BAG AP Nr. 62 zu § 611 BGB Haftung des AN nicht.

116 BAG AP Nr. 53 zu § 611 BGB Haftung des AN.

117 Vgl. *H.-D. Schmidt* in *Schmidt / Kasielke*, Psychologie und Rechtspraxis, 153 f.

118 BGH VersR 1972, 197 f.

119 BGH NJW 1954, 1415; VersR 1969, 77; BAG AP Nr. 31 zu § 611 BGB Haftung des AN und AP Nr. 5 zu § 282 BGB; vgl. auch *Mayer-Maly*, AcP 163, 133 f.; *Mühlhaus*, Fahrlässigkeit, 36 f.

stellung des Täters bestehen, umso eher muß mit einer zu späten Entscheidung gerechnet werden; umgekehrt folgt daraus: Je weniger Zeit für die Entscheidung zur Verfügung steht, umso höher ist die Wahrscheinlichkeit, daß dem Handelnden nicht alle möglichen Alternativen bewußt werden oder er die falsche von ihnen wählt. Die Erschwerung der Entscheidung hängt nicht nur von der Zahl der objektiv bestehenden Alternativen ab; zugleich kommt es darauf an, mit welcher Wahrscheinlichkeit sie nach der Vorstellung des Handelnden den erwünschten Erfolg herbeiführen können. Eine ähnlich hohe Wahrscheinlichkeit erschwert die Entscheidung zwischen mehreren Reaktionsmöglichkeiten zusätzlich[120].

Ein Beispiel für die Bedeutung des Handelns unter Zeitdruck bildet ein vom BAG entschiedener Fall. Der Fahrer eines in einem Sumpf versinkenden Baggers hatte versucht, das Gerät mit einer Seilwinde an einem Hochspannungsmast aus dem Morast herauszuziehen, und dabei den Mast beschädigt. Das BAG entschied, daß ein Sichvergreifen in der Wahl der Mittel keine Haftung begründe, wenn der AN in einer Situation unmittelbarer Gefahr tätig werden mußte[121].

V. Die Unzumutbarkeit normgemäßen Verhaltens und sonstige Schuldmilderungsgründe

Auch wenn der Schädiger die objektiv erforderliche Sorgfalt kannte oder kennen mußte und in der Lage war, dementsprechend tätig zu werden, kann die schwere persönliche Vorwerfbarkeit einer Sorgfaltsverletzung aus sonstigen Gründen zu verneinen sein, u. a. wenn es für ihn unzumutbar war, sich pflichtgemäß zu verhalten.

1. Handeln auf Weisung des Arbeitgebers

Die Frage stellt sich vor allem dann, wenn der AG den AN zu einer pflichtwidrigen Handlung anweist, etwa ohne Fahrerlaubnis[122] oder mit einem verkehrsunsicheren Wagen[123] zu fahren.

Gegenüber dem AG läßt sich eine Haftung des AN in diesen Fällen aus verschiedenen Gründen ablehnen. Der AN handelt nicht schuldhaft, wenn es ihm nicht zugemutet werden kann, sich der Weisung des AG

[120] Vgl. *H.-D. Schmidt,* 150 f.

[121] BAG AP Nr. 50 zu § 611 BGB Haftung des AN; vgl. auch BAG AP Nr. 78 zu § 611 BGB Haftung des AN.

[122] BAG AP Nr. 34 zu § 611 BGB Haftung des AN.

[123] BAG AP Nr. 37, 55 zu § 611 BGB Haftung des AN.

zu widersetzen[124]. Trifft den AN dennoch ein Verschulden, so kann die Durchsetzung des Schadensersatzanspruches am Einwand der unzulässigen Rechtsausübung (§ 242 BGB) scheitern[125]. Das BAG hielt in einem Fall, in dem der Kfz-Haftpflichtversicherer den Deckungsschutz entzogen hatte, weil der Fahrer auf Weisung des AG ohne Fahrerlaubnis gefahren war, das grob fahrlässige Verhalten des Fahrers für den Schaden für „im Rechtssinne nicht kausal“[126]. Außerdem kann der Ausschluß der Haftung des AN im Verhältnis zum AG mit dem sehr erheblichen Mitverschulden des AG begründet werden[127].

Gegenüber Schadensersatzansprüchen Dritter oder dem Rückgriffsanspruch des Sozialversicherungsträgers aus § 640 RVO ist die Haftung des AN für eine rechtswidrige Handlung nur bei fehlendem Verschulden ausgeschlossen. Das setzt voraus, daß man auch hier auf die persönliche Vorwerfbarkeit der Schädigung abstellt[128].

Im Strafrecht ist der Entschuldigungsgrund der Unzumutbarkeit im Bereich der Fahrlässigkeitsdelikte gerade am Beispiel des AN entwickelt worden. In dem vom RG entschiedenen, zum Schulbeispiel gewordenen „Leinenfängerfall“[129] hatte ein Landarbeiter den Bauern wiederholt darauf aufmerksam gemacht, daß eines der Pferde ein „Leinenfänger“ war und zum Durchgehen neigte. Auf Weisung des Bauern fuhr er jedoch weiterhin mit dem gefährlichen Gespann. Als der Leinenfänger wieder einmal durchging, wurde ein Passant verletzt. Das RG entschuldigte den Fuhrmann trotz seines objektiv fahrlässigen Verhaltens damit, daß es für ihn unzumutbar war, seinem AG zu widersprechen, diesen damit möglicherweise zu einer Kündigung zu veranlassen und dadurch den eigenen Lebensunterhalt zu gefährden.

In Zeiten der Arbeitslosenversicherung braucht ein AN kaum zu fürchten, mit dem Verlust der Arbeitsstelle seine wirtschaftliche Existenz zu zerstören. Doch würde man das Problem der Unzumutbarkeit rechtmäßigen Verhaltens bei der Haftung des AN zu stark vereinfachen, wollte man allein darauf abstellen, daß er nicht verpflichtet ist, eine rechtswidrige Weisung zu befolgen. Denn häufig gefährdet er bei einer ihm aufgetragenen gesetzwidrigen Tätigkeit sich selbst ebenso stark wie andere. Wenn er die Weisung trotzdem ausführt, so zeigt sich dabei, daß die Furcht vor Arbeitslosigkeit nicht der einzige Grund ist, der ihn da-

[124] Vgl. RGSt 30, 28.

[125] BAG AP Nr. 34 zu § 611 BGB Haftung des AN; *G. Hueck*, Anm. ebd.; LAG Baden-Württemberg, ARSt 1967, 127.

[126] BAG AP Nr. 34 zu § 611 BGB Haftung des AN; ablehnend *G. Hueck* ebd.

[127] LAG Baden-Württemberg in BAG AP Nr. 34 zu § 611 BGB Haftung des AN.

[128] Oben § 3 III 4.

[129] RGSt 30, 28.

von abhalten kann, sich einer rechtswidrigen Anordnung des AG zu widersetzen. Zwar bleibt dem AN die Kündigungsschutzklage, wenn er wegen einer entsprechenden Weigerung entlassen wird[130]. Doch entsteht die Konfliktsituation für ihn oft gerade daraus, daß er es möglichst erst nicht so weit kommen lassen will, sein Arbeitsverhältnis auf diese Weise verteidigen zu müssen. Es muß daher in jedem Fall geprüft werden, ob es für den AN zumutbar war, die Ausführung einer rechtswidrigen Weisung abzulehnen. Dabei sind die bedrohten Rechtsgüter, die Wahrscheinlichkeit eines Schadensfalles und die Motive des AN, die Anordnung des AG auszuführen, gegeneinander abzuwägen. Der AN ist zu keiner Tätigkeit verpflichtet, die mit erheblichen Gefahren für Leib oder Leben seiner Arbeitskollegen verbunden ist[131].

Ein Sonderproblem entsteht bei sich widersprechenden Weisungen zweier rangverschiedener Vorgesetzter[132]. Hier kommt es darauf an, ob es dem AN zuzumuten war, dem rangniederen, aber näheren Vorgesetzten zu widersprechen, um die Anordnung des entfernteren ranghöheren auszuführen[133].

2. Sonstige entlastende Umstände

Die Üblichkeit bestimmter Sorgfaltsverstöße kann den Schuldvorwurf ebenfalls mildern[134]. Sie kann ein Indiz dafür sein, daß die Gefahren dieser Arbeitsweise nicht ohne weiteres erkennbar sind[135]. Außerdem hebt der AG die Bindung an eine Weisung u. U. durch schlüssiges Verhalten wieder auf, wenn er Nachlässigkeit duldet[136].

Nach Ansicht des BAG trifft den AG ein Mitverschulden, wenn er dem AN die zur Ausführung einer Weisung nötigen Mittel nicht gibt und es für den AN unzumutbar ist, sich die Geräte selbst zu beschaffen[137]. Der Gesichtspunkt der Zumutbarkeit sollte jedoch bereits bei der Verschuldensprüfung berücksichtigt werden[138].

Schließlich kann es für die Vorwerfbarkeit einer Sorgfaltsverletzung von Bedeutung sein, ob der AN die gefahrerhöhende Situation freiwillig geschaffen hat. Ein Taxifahrer, der bei einem Überholversuch im

---

[130] Vgl. *Weitnauer*, Anm. zu BAG AP Nr. 36 zu § 611 BGB Haftung des AN.
[131] BAG AP Nr. 36 zu § 611 BGB Haftung des AN.
[132] BAG AP Nr. 24 zu § 611 Haftung des AN.
[133] *Gamillscheg / Hanau*, 1. Aufl., 63.
[134] BGH AP Nr. 25 zu §§ 898, 898 RVO; BGH LM Nr. 2 a zu § 640 RVO.
[135] Vgl. BGH LM Nr. 2 a zu § 640 RVO.
[136] Vgl. BAG AP Nr. 58 zu § 611 BGB Haftung des AN.
[137] BAG AP Nr. 62 zu § 611 BGB Haftung des AN.
[138] Vgl. auch *Schnorr von Carolsfeld*, Anm. zu BAG ebd.

Nebel von der Straße abgekommen war, handelte nach Ansicht des BAG auch deshalb besonders vorwerfbar, weil er die Gefahr ohne zwingenden Grund erhöht hatte[139]. Dagegen entschuldigte der BGH einen jungen Baupraktikanten, der einen schweren Wagen zum ersten Mal gesteuert und dabei einen Unfall verursacht hatte, damit, daß er die Fahrt nicht von sich aus, sondern auf Weisung des AG ausgeführt hatte[140].

---

[139] BAG AP Nr. 70 zu § 611 BGB Haftung des AN.

[140] BGH LM Nr. 4 zu § 640 RVO.

§ 8 Der Umfang der Haftung des Arbeitnehmers bei grober Fahrlässigkeit

I. Tendenzen zur Einschränkung der Haftung des Arbeitnehmers bei grober Fahrlässigkeit

Es ist unbestritten, daß der AN bei grober Fahrlässigkeit haftet. Noch nicht völlig geklärt ist die Frage, in welcher Höhe er dem AG Ersatz zu leisten hat, nachdem das BAG seinen lange Zeit vertretenen[1] Grundsatz der vollen Haftung bei grober Fahrlässigkeit in einem neueren Urteil[2] deutlich eingeschränkt hat. Es hat sich damit der Ansicht des BGH angenähert, der bereits in seiner ersten Entscheidung zu diesem Problem eine solche Regel als zu starr abgelehnt[3] und diese Auffassung in späteren Urteilen bestätigt hatte[4]. Im Schrifttum wird sogar eine Beschränkung der Haftung bei grober Fahrlässigkeit auf ein oder zwei Monatsgehälter gefordert[5]. Nach dem im Bundesarbeitsministerium konzipierten Entwurf eines 2. Arbeitsrechtsbereinigungsgesetzes sollte sich die Ersatzpflicht des AN bei grober Fahrlässigkeit mindern, „wenn und soweit es die Billigkeit nach den Umständen erfordert“[6]. Damit stellt sich die Frage, unter welchen Voraussetzungen und in welchem Umfang die Haftung des AN bei grober Fahrlässigkeit zu beschränken ist.

Zwei neuere Entscheidungen des BAG und des BGH zeigen eine deutliche Tendenz der Rechtsprechung, selbst im Bereich der groben Fahrlässigkeit die Haftung des AN immer stärker einzuschränken. Das BAG hat in seinem Urteil vom 3. 2. 1970 die Ansicht vertreten, ein Mitverschulden des AG könne auch darin liegen, daß die dem AN übertragene Verantwortung in keinem Verhältnis zu seinem Gehalt stehe[7]. Der BGH

---

[1] BAGE (GS) 5, 1 ff. = AP Nr. 4 zu §§ 898, 899 RVO; BAG AP Nr. 8 zu § 611 BGB Haftung des AN, seitdem ständige Rechtspr., vgl. § 1 Anm. 45.

[2] BAG AP Nr. 69 zu § 611 BGB Haftung des AN.

[3] BGHZ 16, 111 ff. (120) = AP Nr. 1 zu § 611 BGB Haftung des AN.

[4] BGH BB 1962, 110; AP Nr. 52 zu § 611 BGB Haftung des AN; ebenso LAG Hamburg, ARSt XXIV S. 118; VGH Kassel, DVBl 1966, 150.

[5] *Däubler*, SAE 1970, 224 (ein, höchstens zwei Monatsgehälter); *E. v. Hippel*, ZRP 1971, 217 (grundsätzlich ein Monatsgehalt); *Bokelmann*, Grobe Fahrlässigkeit, 92; für eine Beschränkung der Haftung bei grober Fahrlässigkeit grundsätzlich auch *Steindorff*, AuR 1966, 68; *Hanau*, BB 1972, 9; ebenso der 9. Bundeskongreß des DGB, RdA 1972, 367.

[6] RdA 1971, 356.

[7] BAG AP Nr. 53 zu § 611 BGB Haftung des AN.

hat im Urteil vom 11. 11. 1969 die Unterhaltsansprüche der Hinterbliebenen eines AG, der in einem von seinem Fahrer verschuldeten Verkehrsunfall getötet worden war, abgewiesen, da der AG gegenüber dem Fahrer seine Fürsorgepflicht verletzt habe. Er habe ihn nämlich nicht gegen Schadensersatzansprüche versichert, die aus der Tötung des AG entstehen könnten. Dazu sei er verpflichtet gewesen, da der Fahrer „sich versicherungsrechtlich in einer sehr ungünstigen Lage" befunden habe. Er habe „ein Risiko getragen, das kein verständiger AN ohne besonderen Versicherungsschutz übernehmen sollte"[8].

Die Begründungen dieser Urteile überzeugen nicht. Denn die Zahlungsfähigkeit des Schädigers hat mit der Frage des Mitverschuldens an der Entstehung des Schadens nichts zu tun[9]. Auch die Rechtfertigung eines Ergebnisses mit dem Gedanken der Fürsorgepflicht ist wenig befriedigend[10]; denn wie andere Generalklauseln, die eine Billigkeitsentscheidung erfordern (Zumutbarkeit, Treu und Glauben, Angemessenheit), kennzeichnet diese Formel nur das Ergebnis, ohne die ihm zugrundeliegenden Überlegungen immer offenzulegen[11].

Die beiden Entscheidungen machen deutlich, daß die Gerichte trotz Annahme schweren Verschuldens des AN immer wieder nach Möglichkeiten suchen, die Höhe seiner Haftung einzuschränken. Das Urteil des BGH enthält einen in diesem Zusammenhang besonders bedeutsamen Gesichtspunkt. Der Senat weist die Unterhaltsansprüche der Hinterbliebenen des AG ab, verurteilt den Fahrer jedoch zum Ersatz des halben und zudem nur geringen (650 DM) Kaskoschadens. Er meint, im Gegensatz zu den bei einer Tötung des AG möglicherweise entstehenden Ersatzansprüchen sei das Haftungsrisiko aus der Zerstörung eines Personenwagens überschaubar und auch für einen Fahrer mit bescheidenem Einkommen „jedenfalls nicht ruinös"[12]. Die Gefährdung der wirtschaftlichen Existenz des AN wird damit zu einem wesentlichen Gesichtspunkt bei der Frage, bis zu welchem Betrag er haftet[13].

II. Unbeschränkte Haftung, Unversicherbarkeit des Risikos und Sozialstaatsprinzip

In Rechtsprechung[14] und Schrifttum[15] wurde schon früh das sozialrechtliche Schutzprinzip herangezogen, um die Beschränkung der Ar-

---

[8] BGH AP Nr. 52 zu § 611 BGB Haftung des AN.

[9] *Hanau*, Anm. zu BAG AP Nr. 53 zu § 611 BGB Haftung des AN.

[10] Vgl. etwa *Gamillscheg*, Festschrift Rheinstein, Band 2, 1044 („Wundermittel für alle sozialen Gebrechen"); *Isele*, NJW 1964, 1446.

[11] *Hattenhauer*, Kritik des Zivilurteils, 110 ff. (113).

[12] BGH AP Nr. 52 zu § 611 BGB Haftung des AN.

[13] Vgl. schon RAG ARS 41, 265.

beitnehmerhaftung zu begründen. *Rappenecker* vertrat auf dem 45. Deutschen Juristentag die Auffassung, daß das Sozialstaatsprinzip als geltendes Recht gleichwertig neben dem Schulrecht stehe und die Rechtsprechung verpflichte, das BGB sozialstaatlich auszulegen[16]. *E. Lorenz* meint, die zahlreichen Versuche zur Lösung des Problems der Arbeitnehmerhaftung bildeten einen Anwendungsfall des Sozialstaatsprinzips[17]. *Steindorff*[18] und *Däubler*[19] leiten aus der Wertentscheidung des Grundgesetzes für die Freiheit der Entfaltung der Persönlichkeit die Forderung ab, daß die Haftung nicht auf Jahre hinaus die wirtschaftliche Existenz des AN vernichten dürfe. *Deutsch* hält es sogar im allgemeinen Schadensersatzrecht für eine sozialstaatliche Forderung, das Haftungsrisiko nicht bis zur Existenzvernichtung reichen zu lassen[20].

Die Entscheidung des BGH vom 11. 11. 1969 stützt sich auf einen Gedanken, auf dessen Bedeutung schon wiederholt hingewiesen worden ist[21]. Der BGH verneinte Unterhaltsansprüche der Hinterbliebenen des AG im Ergebnis deshalb, weil der AN sich „versicherungsrechtlich in einer sehr ungünstigen Lage befand“[22]. In dieser Situation befinden sich aber nahezu alle AN. Sie haben — von wenigen Ausnahmefällen abgesehen — keine Möglichkeit, sich gegen berufliche Haftungsrisiken zu versichern[23]. Die Versicherer sehen sich aus verschiedenen Gründen außerstande, entsprechende Verträge abzuschließen[24]. Das Haftungsrisiko lasse sich nicht genau begrenzen und mache die Prämienkalkution schwierig. Man befürchtet auch, daß die Zahl der Schadensersatzklagen gegen AN erheblich zunehmen würde und daß AN bereit sein könnten, haftungspflichtige Tatbestände in größerem Umfang als es den Tatsachen entspricht der Versicherung gegenüber zu bestätigen[25].

Die fehlende Versicherbarkeit beruflicher Haftungsrisiken bedeutet eine Lücke im System des sozialen Schutzes, das die verschiedenen Ver-

---

14 BGH AP Nr. 1 zu § 611 BGB Haftung des AN.

15 *Dersch*, RdA 1951, 79.

16 Verh. des 45. DJT, Band 2, G 58 f.

17 SAE 1971, 204.

18 AuR 1966, 66, 68.

19 SAE 1970, 222.

20 JZ 1971, 247.

21 *Hanau*, BB 1972, 4 f., 9; vgl. auch *Bokelmann*, Grobe Fahrlässigkeit, 78 ff.

22 BGH AP Nr. 52 zu § 611 BGB Haftung des AN.

23 Ausführlich dazu *Hanau*, ebd.; *Gamillscheg / Hanau*, 99 ff.; *Buchner*, RdA 1972, 153 ff., 158 ff., vgl. auch die Berichte über eine Pressekonferenz des BAG mit Vertretern der Versicherungswirtschaft bei *Hanau*, ebd. und *Rohling*, Der Arbeitgeber, 1971, 613.

24 Vgl. *Hanau*, *Buchner*, ebd.

25 *Hanau*, *Buchner*, ebd.; vgl. auch *Gamillscheg*, Verh. des 45. DJT, Band 2, G 81.

sicherungsmöglichkeiten bilden. Es gibt gegen fast alle Risiken, welche die eigene wirtschaftliche Existenz bedrohen können, Versicherungen, etwa Feuer-, Renten-, Lebens-, Kranken-, Unfall- und Privathaftpflichtversicherungen. Für den Kraftfahrzeugverkehr, in dessen Bereich Schadensersatzansprüche in existenzvernichtender Höhe besonders leicht entstehen können, wurde die Versicherung sogar zur Pflicht gemacht. Diese Versicherung verfolgt auch den Zweck, die Versicherten aus sozialen Gründen von drückenden Haftpflichtverbindlichkeiten freizustellen[26], und greift selbst bei grober Fahrlässigkeit des Fahrers ein (§ 152 VVG). Sie erfüllt ihre Schutzfunktion jedoch gerade bei dem besonders gefährdeten Berufskraftfahrer nicht, da sie die u. U. sehr hohen Schäden an Fahrzeug, Ladung und an sonstigem Vermögen des AG nicht deckt (§ 11 Nr. 3, 4, 6 AKB)[27]. Auch eine vom AG abgeschlossene Kaskoversicherung bietet dem Fahrer nur lückenhaften Schutz, da er bei grober Fahrlässigkeit dem Rückgriff des Versicherers ausgesetzt ist (§ 67 Abs. 1 VVG, § 15 Abs. 2 AKB).

Die Berufstätigkeit ist somit der wohl einzige und wichtigste Lebensbereich des AN, in dem ihm ruinöse Haftungsrisiken drohen. Der selbständige Unternehmer kann eine Betriebshaftpflichtversicherung abschließen und das Risiko seiner persönlichen Haftung außerdem in der Regel dadurch beschränken, daß er seinen Betrieb etwa in Form einer GmbH oder GmbH & Co KG führt. Der AN dagegen setzt sich täglich der Gefahr aus, mit seinem gesamten Vermögen für einen Schaden zu haften, den er bei der Arbeit verursacht. Diese Gefahr wächst ständig, da die Arbeitsmittel technisch immer komplizierter und wertvoller werden. Eine Haftungsregelung, welche die Berufsausübung zu einem potentiellen Existenzrisiko macht, ist im Hinblick auf das Sozialstaatsprinzip des Grundgesetzes zumindest unbefriedigend, zumal die Rechtsprechung in anderen Fällen aus diesem Prinzip sogar Ansprüche des AN abgeleitet hat[28]. Der vom BGH in den Vordergrund der Argumentation gestellte Gesichtspunkt des wirtschaftlichen Ruins[29] sollte daher eine Richtlinie bei der Bestimmung der Obergrenze der Arbeitnehmerhaftung bei Fahrlässigkeit bilden. Dementsprechend will *Hanau* den Ersatz gegenüber dem AG auf einen Betrag begrenzen, dessen Zahlung aus eigenen Mitteln dem AN zugemutet werden kann[30]. Die Höchst-

---

[26] Amtl. Begründung zu Art. 4 Nr. 5 — § 158 i VVG — des Gesetzes zur Änderung von Vorschriften über die Pflichtversicherung für Kraftfahrzeughalter v. 5. 4. 1965, BT-Drucks. IV/2252 S. 31; BGH AP Nr. 68 zu § 611 BGB Haftung des AN.

[27] Vgl. oben § 1 I.

[28] Vgl. *Schreiber*, Das Sozialstaatsprinzip des Grundgesetzes in der Praxis der Rechtsprechung, 184 f.

[29] BGH AP Nr. 52 zu § 611 BGB Haftung des AN.

[30] *Hanau*, BB 1972, 9.

grenze der Haftung sollte vom Gesetzgeber festgelegt werden, wobei die Höhe des Arbeitseinkommens der dafür am besten geeignete Maßstab sein dürfte[31].

[31] Für den Bereich der mittleren Fahrlässigkeit bereits LAG Hamm AP 1951 Nr. 75, LAG Frankfurt DB 1964, 1159, ArbG Gelsenkirchen, ARStW XX Nr. 494.

§ 9 Die mittlere Fahrlässigkeit

Der Große Senat des BAG unterschied in seinem Beschluß zur Haftung des AN gegenüber Arbeitskollegen wie das RAG[1] nur zwischen grober und leichter Fahrlässigkeit („Schuld")[2]. Bei leichter Fahrlässigkeit sollte der AN nicht haften. Ebenso hatten zuvor bereits die meisten Landesarbeitsgerichte für die Haftung gegenüber dem AG entschieden[3]. Auch der BGH[4] und die Mehrheit im Schrifttum[5] sind der Ansicht, daß der AN nur bei grober Fahrlässigkeit Schadensersatz zu leisten hat.

Der 2. Senat des BAG dagegen sah in dem völligen Haftungsausschluß bei einfacher Fahrlässigkeit eine zu starke Abkehr vom allgemeinen Schadensersatzrecht. Deshalb differenzierte er in seinem Grundsatzurteil zur Haftung des AN gegenüber dem AG innerhalb der nicht groben Fahrlässigkeit zwischen der leichtesten und der mittleren Fahrlässigkeit. Nach seiner Auffassung entfällt die Haftung nur bei der leichtesten Fahrlässigkeit, während sie bei mittlerer Fahrlässigkeit lediglich eingeschränkt wird[6]. Diese Dreiteilung, die vorher schon von einigen Landesarbeitsgerichten angewendet worden war[7], vertritt das BAG in ständiger Rechtsprechung[8]. Eine Stellungnahme dazu hängt davon ab, welche Ziele das Gericht damit verfolgt und inwieweit es sie erreicht hat.

In dem genannten Urteil lehnte das BAG zunächst eine allgemeine Beschränkung der Haftung auf Fälle grober Fahrlässigkeit ab. Es begründete seine Ansicht damit, daß der „wirtschaftliche Gesamtsinn" eines Arbeitsverhältnisses es dem AN zur Pflicht mache, ohne jede Fahrlässigkeit zu arbeiten. Es würde eine „Wertverfälschung der wirtschaftlichen Austauschbeziehungen" bedeuten, wenn der AN nur für

---

1 RAG ARS 30, 1; 37, 269; 41, 55, 43, 108.

2 BAGE 5, 1 (18).

3 LAG Hamburg RdA 1948, 106; ARSt XV Nr. 78; XVII Nr. 559; LAG Düsseldorf AP 1951 Nr. 225; LAG Bayern BABl 1956 B II a; LAG Suttgart AP Nr. 2 zu 611 BGB Haftung des AN; LAG Frankfurt VersR 1956, 327; LAG Berlin Entsch. Kal. 1956 III 422; ebenso noch LAG Bremen DB 1960, 296.

4 BGH AP Nr. 68 zu § 611 BGB Haftung des AN.

5 Vgl. die Nachweise in § 1 Anm. 54.

6 BAGE 7, 290 (300 f.).

7 LAG Bremen RdA 1951, 77; LAG Stuttgart DB 1951, 744; LAG Düsseldorf DB 1954, 520.

8 BAG AP Nr. 8, 14, 16, 19, 33, 42, 56, 58, 59, 61, 63 zu § 611 BGB Haftung des AN; AP Nr. 5 zu § 282 BGB; JZ 1969, 74.

grobe Fahrlässigkeit haften würde[9]. In dem nächsten Abschnitt des Urteils wird deutlicher, was das Gericht damit meinte. Es befürchtete nämlich, daß sonst „Unordnung und Leichtsinn" einreißen könnten, und hielt die Teilhaftung bei nicht grober Fahrlässigkeit für unerläßlich, um vor einem „Sich-gehen-lassen" abzuschrecken, das „Ordnungsprinzip" durchzusetzen und das „Ordnungsgefüge der Gemeinschaft" zu sichern[10].

Der Große Senat des BAG war insoweit anderer Ansicht gewesen. Er hatte die Auffassung vertreten, daß mit einer Beschränkung der Haftung auf grobe Fahrlässigkeit das Verantwortungsgefühl der AN nicht geschwächt würde; eine solche Gefahr sei durch den allen Arbeitsaufsehern durch § 899 RVO (a. F.) gewährten Haftungsausschluß ebenfalls nicht eingetreten[11].

Der Gesetzgeber hat diese Wertung, die, wie gesagt, auch der Rechtsprechung des BGH, der früheren Praxis der meisten Landesarbeitsgerichte und der im Schrifttum überwiegenden Meinung zugrundeliegt, bei Erlaß des § 640 RVO n. F. übernommen; denn die Vorschrift sieht einen Rückgriff nur bei grober Fahrlässigkeit vor, auf dessen Durchsetzung auch noch aus Billigkeitsgründen verzichtet werden kann und u. U. teilweise sogar werden muß[12]. Außerdem spricht die Rechtsvergleichung dafür, daß eine Beschränkung der Haftung auf Vorsatz und grobe Fahrlässigkeit nicht zwangsläufig zu unsorgfältiger Arbeitsweise führt[13]. Die Fälle des „Sich-gehen-lassens" dürften zudem regelmäßig als grobe Fahrlässigkeit zu bewerten sein. Andererseits werden die leichten unbewußten Sorgfaltsverstöße zum großen Teil nicht vorwerfbar sein, da sie auf Dauer von keinem AN gänzlich vermieden werden können, und sind deshalb nicht schuldhaft[14]. Ob eine Teilhaftung für Fälle bewußter leichter Fahrlässigkeit vorgesehen werden sollte, etwa wenn der AN sich wissentlich über eine Weisung des AG hinwegsetzt, ist zwar erwägenswert, erscheint aber wegen der Schwierigkeiten, die bewußte leichte Fahrlässigkeit nachzuweisen, wenig praktikabel.

Der 2. Senat des BAG wollte mit der Aufspaltung der nicht groben Fahrlässigkeit außerdem eine handliche und grundsätzliche Typisierung schaffen, um damit die Rechtssicherheit zu fördern und die Gerichte zu entlasten[15]. Das Schrifttum dagegen lehnte die Dreiteilung u. a. gerade deshalb ab, weil es darin eine Ursache neuer Rechtsunsicherheit ver-

---

[9] BAGE 7, 290 (298).
[10] BAGE 7, 299.
[11] BAGE 5, 1 (12).
[12] BGH NJW 1972, 108.
[13] Vgl. oben § 3 III f.
[14] Vgl. oben § 3 III.
[15] BAGE 7, 297.

mutete[16]. Die spätere Praxis hat gezeigt, daß diese Bedenken berechtigt waren. Die Unterscheidung einer mittleren Fahrlässigkeit hat nicht nur keine Rechtssicherheit gebracht, sondern im Gegenteil z. T. sogar Verwirrung bei den Instanzengerichten ausgelöst. Das ergibt sich z. T. schon aus den ständig wechselnden Bezeichnungen des BAG für die beiden Stufen der nicht groben Fahrlässigkeit. Das Gericht nannte sie nacheinander: Fahrlässigkeit schlechthin — geringe Fahrlässigkeit; normale Schuld — geringe Schuld[17]; sonstige, nicht grobe — leichteste Fahrlässigkeit; gewöhnliche — leichteste[18], leichte — leichteste, geringe[19]; normale — leichteste Fahrlässigkeit[20]; normales — leichtes Verschulden[21], geringe Schuld[22]; mittlere Schuld — leichte Schuld, leichte Fahrlässigkeit[23]. Angesichts dieses ständigen Wechsels in der Terminologie konnte *Mayer-Maly* in einer Urteilsbesprechung feststellen, das BAG habe dem Berufungsgericht unterstellt, mit der „leichten" die „leichteste" Fahrlässigkeit zu meinen[24]; in früheren Urteilen hatte das BAG die mittlere Fahrlässigkeit jedoch selbst als „leichte Fahrlässigkeit" bezeichnet[25]. Außerdem hat das BAG die mittlere Fahrlässigkeit bisher niemals definiert. Die Instanzengerichte müssen daher ein vom Revisionsgericht entwickeltes Tatbestandsmerkmal anwenden, ohne daß Inhalt und Grenze dieses Begriffs jemals bestimmt worden wären. Der Versuch des BAG, mit einer Dreiteilung der Fahrlässigkeit die Gerichte zu entlasten, muß somit als mißlungen bezeichnet werden; im Gegenteil verleitet die Unsicherheit über die Rechtslage die Parteien eher noch dazu, es in jedem Fall zum Prozeß kommen zu lassen oder vorsorglich ein Rechtsmittel einzulegen[26].

Das BAG wollte mit einer Dreiteilung der Fahrlässigkeit schließlich eine elastische Regelung schaffen, um auch die übrigen, der Sache nach als Strafzumessungsgründe zu bewertenden Umstände (z. B. bisheriges Verhalten und persönliche Verhältnisse des AN, Höhe des Schadens und des Arbeitseinkommens)[27] berücksichtigen zu können[28]. Diese Ziel-

---

[16] *A. Hueck*, Anm zu BAG AP Nr. 8 zu § 611 BGB Haftung des AN; *Larenz*, Anm. zu BAG AP Nr. 16 zu § 611 BGB Haftung des AN.

[17] BAG AP Nr. 8, 14 zu § 611 BGB Haftung des AN.

[18] AP Nr. 16 zu § 611 BGB Haftung des AN.

[19] AP Nr. 19 zu § 611 BGB Haftung des AN.

[20] AP Nr. 33 zu § 611 BGB Haftung des AN; JZ 1969, 74.

[21] AP Nr. 56, 58 zu § 611 BGB Haftung des AN.

[22] AP Nr. 58, 59 zu § 611 BGB Haftung des AN.

[23] AP Nr. 61, 63 zu § 611 BGB Haftung des AN.

[24] BAG AP Nr. 33 zu § 611 BGB Haftung des AN mit Anm. *Mayer-Maly* ebd.

[25] BAG AP Nr. 19 zu § 611 BGB Haftung des AN.

[26] *Mayer-Maly*, AcP 163, 111; *ders.*, Anm. zu BAG AP Nr. 33 zu § 611 BGB Haftung des AN.

[27] BAGE 5, 1 (7 f.) mit Nachw.

[28] BAGE 7, 290 (297).

setzung bestätigt den Präventivcharakter der Arbeitnehmerhaftung. Dementsprechend hatte der BGH die Dreiteilung und starre Regeln über die Höhe der Haftung abgelehnt, gerade um die Sanktion in jedem Einzelfall flexibel und unter Berücksichtigung der genannten Umstände bestimmen zu können[29].

Das BAG scheint im Ergebnis nicht mehr weit davon entfernt zu sein, die Konstruktion der mittleren Fahrlässigkeit aufzugeben. Es hat den Anwendungsbereich dieser Differenzierung schon selbst so stark eingeschränkt, daß ihre praktische Bedeutung inzwischen in einem Mißverhältnis zu den dadurch verursachten Schwierigkeiten steht. Die Gerichte neigen schon seit langem dazu, im Bereich der mittleren Fahrlässigkeit die Haftung ganz entfallen zu lassen, wenn ein Mitverschulden des AG bei der Entstehung des Schadens mitgewirkt hat[30]. In seiner neueren Rechtsprechung verstärkt das BAG diese Tendenz noch. Bei fehlerhaftem Arbeitsgerät soll es nach seiner Ansicht auf ein Verschulden des AG überhaupt nicht ankommen. Dies ergebe sich aus einer entsprechenden Anwendung des § 618 BGB[31]. Der Anwendungsbereich der mittleren Fahrlässigkeit wird zusätzlich noch dadurch eingeschränkt, daß das Gericht auch hier die Konstruktionen Relativität des Verschuldens und Erhöhung des Betriebsrisikos anwendet[32] und das Betriebsrisiko als einen selbständigen Schadensquotelungsgrund heranzieht[33]. *Gamillscheg/Hanau* haben die Vermutung geäußert, daß die Instanzengerichte gern vor der Anwendung der mittleren Fahrlässigkeit ausweichen, um entweder leichteste oder grobe Fahrlässigkeit annehmen zu können[34]. Auch das BAG hat die Urteile, in denen die Landesarbeitsgerichte das Verhalten das AN als mittlere Fahrlässigkeit beurteilt hatten, aufgehoben und in den Fällen, in denen es über den Verschuldensgrad selbst entschieden hat, entweder grobe[35] oder leichteste[36] Fahrlässigkeit angenommen.

---

[29] BGHZ 16, 111 (120).

[30] Vgl. *Gamillscheg / Hanau*, 1. Aufl., 60.

[31] BAG AP Nr. 63 zu § 611 BGB Haftung des AN.

[32] BAG AP Nr. 58, 59 zu § 611 BGB Haftung des AN.

[33] BAG AP Nr. 61, 63 zu § 611 BGB Haftung des AN.

[34] *Gamillscheg / Hanau*, 79.

[35] BAG AP Nr. 19, 56, 59, 63 zu § 611 BGB Haftung des AN; AP Nr. 33 bildet nur scheinbar eine Ausnahme: Dort hatte der beklagte AN Revision nicht eingelegt; das BAG hält die Annahme mittlerer Fahrlässigkeit für „eher zu ungünstig" für den AN.

[36] BAG AP Nr. 19 zu § 611 BGB Haftung des AN.

§ 10 Das Mitverschulden des Arbeitgebers

I. Die Rolle des Mitverschuldens in der Rechtsprechung zur Haftung des Arbeitnehmers

Haben der AG oder seine Mitarbeiter die Entstehung des Schadens mitverschuldet, so mindert sich der Ersatzanspruch des AG (§§ 254 Abs. 1, Abs. 2 Satz 2, 278 BGB). Haftet der AN einem Dritten, so hat er in Höhe der Mitverschuldensquote des AG im Innenverhältnis einen Freistellungsanspruch[1]. Die Rechtsprechung zieht dabei § 254 BGB oft großzügig heran, um aus anderen Gründen als unbillig empfundene Ergebnisse zu vermeiden[2]. Die Neigung dazu wächst mit der Höhe der dem AN drohenden Haftung. Das soll hier an einigen Urteilen zu den drei Tatbestandsmerkmalen gezeigt werden, die für die Haftung des AN entscheidend sind, nämlich der Gefahrneigung der Arbeit, der groben und der mittleren Fahrlässigkeit.

Solange die Gefahrneigung der Arbeit nur nach abstrakten Merkmalen bestimmt wurde[3], führte die Ablehnung dieser ersten Voraussetzung einer Haftungsreduktion zu unbilligen Ergebnissen, wenn der Schaden hoch war. Die Gerichte nahmen deshalb oft eine so hohe Mitverschuldensquote des AG an, daß die verbleibende Belastung des AN erträglich erschien[4].

Auch die vom BAG lange Zeit vertretene Regel, der AN hafte bei grober Fahrlässigkeit in vollem Umfang, mußte manchmal zu unbilligen Härten führen. Das BAG wendete hier ebenfalls in einigen Fällen § 254 BGB korrigierend an. Es ließ die Berufungsinstanzen aufklären, ob der AG den Schaden nicht durch übermäßige Beanspruchung des AN mitverursacht habe, obwohl der Sachverhalt dafür keine Anhaltspunkte bot[5].

Selbst im Bereich der mittleren Fahrlässigkeit kann die nur anteilige Haftung bei hohen Schäden zu einer erheblichen Belastung des AN

---

1 BAG AP Nr. 47 zu § 611 BGB Haftung des AN.

2 So auch *E. von Hippel,* ZRP 1971, 218; vgl. auch *Gamillscheg / Hanau,* 84.

3 Vgl. § 2 II.

4 Vgl. z. B. LAG Düsseldorf BB 1958, 775; Schaden 20 000 DM, Haftung des AN 4000 DM; DB 1962, 1378: Schaden 32 000 DM, Haftung des AN 1000 DM.

5 BAG AP Nr. 24 (Schaden: 16 000 DM); AP Nr. 42 (Schaden: 22 700 DM) zu § 611 BGB Haftung des AN.

führen. Das BAG wendet hier den Gedanken des Betriebsrisikos, den es auf die entsprechende Anwendung des § 254 BGB stützt, als einen zusätzlichen Schadensteilungsgrund an[6].

Da die herrschende Meinung den Zweck der Arbeitnehmerhaftung im Schadensausgleich sieht, kann sie ihre Einschränkung nur mit den Mitteln des Schadensersatzrechts begründen. § 254 BGB bietet dazu ein scheinbar besonders gut geeignetes Mittel. Mit dieser Vorschrift in Verbindung mit dem unbestimmten Begriff „Betriebsrisiko" läßt sich dann jede — aus anderen Gründen als angemessen empfundene — Entlastung des AN rechtfertigen. Daß die Rechtsprechung § 254 BGB auch ohne Verschulden des AG anwendet, wenn die Haftung den AN nicht zu hart treffen soll, zeigt sich besonders deutlich in dem Urteil des BAG vom 3. 2. 1970: Der Senat meint, ein Mitverschulden des AN könne „vielleicht auch darin erblickt werden, daß die dem (AN) übertragene Verantwortung in keinem Verhältnis zu dem ihm gewährten Gehalt stand"[7]. Die Argumentation mit § 254 BGB stellt das Verhalten des AG in den Vordergrund. Das ist oft irreführend; denn häufig ist nicht ein Mitverschulden des AG, sondern der hohe Schaden, mit dem der AN nicht belastet werden soll, das in diesen Fällen Entscheidende. Konsequenter wäre es dann schon, die Haftung des AN bei Fahrlässigkeit der Höhe nach einzuschränken[8].

II. Die häufigsten Fallgruppen des Mitverschuldens

Das Mitverschulden des AG besteht oft in einer fehlerhaften betrieblichen Organisation und weniger in einem persönlichen Fehlverhalten des Unternehmensinhabers. Das Verschuldensprinzip wurde am Modell des eigenverantwortlichen Individuums entwickelt. Bei großen und kompliziert aufgebauten Betrieben funktioniert es nicht mehr lückenlos, wie auch die Diskussion um die Produzentenhaftung gezeigt hat[9]. Um dem Inhaber eines solchen Betriebes bestimmte Schäden mit den Mitteln der Verschuldenshaftung zurechnen zu können, hat die Rechtsprechung zahlreiche Organisationspflichten entwickelt. Das Verschulden liegt dann in einer fehlerhaften betrieblichen Organisation.

Häufig können die innerbetrieblichen Vorgänge im Zusammenhang mit der Schadensverursachung nicht mehr genau aufgeklärt oder von Außenstehenden nur schwer beurteilt werden. Ob eine bestimmte Maßnahme den Schaden verhindert hätte, kann oft nur entscheiden, wer mit

[6] BAG AP Nr. 61, 63 zu § 611 BGB Haftung des AN.

[7] BAG AP Nr. 53 zu § 611 BGB Haftung des AN.

[8] Vgl. oben 8 II.

[9] Vgl. *E. Rehbinder*, JuS 1969, 212.

dem Betrieb vertraut ist. Das dürfte ein Grund dafür sein, daß die Rechtsprechung zum Mitverschulden des AG bei betrieblichen Organisationsmängeln auf den konkreten Nachweis der Mitursächlichkeit verzichtet. Solche Organisationsfehler begründen ein Mitverschulden des AG nicht nur, wenn sie einen Einfluß auf die Entstehung des Schadens hatten, sondern bereits dann, wenn sie sich überhaupt hätten auswirken können[10].

Hierzu paßt die vom BAG entwickelte Konstruktion von der Erhöhung des Betriebsrisikos durch den AG[11]. Nach dieser Auffassung erhöht der AG sein Betriebsrisiko beispielsweise dadurch, daß er einen unerfahrenen oder übermüdeten AN einsetzt. Das BAG hat mit dieser Lehre die Auswirkungen einer ausschließlich objektive Faktoren berücksichtigenden Verschuldensprüfung zu korrigieren versucht. Wie schon oben ausgeführt, kann dabei das schuldhafte Verhalten des AG nicht angemessen berücksichtigt werden, da Gegenstand der Verschuldensprüfung nur der Sorgfaltsverstoß des AN ist. Das Verhalten des AG ist in diesem Zusammenhang nur ausnahmsweise bedeutsam, etwa dann, wenn er den AN zu einem rechtswidrigen Verhalten angewiesen hat[12]. Erst wenn feststeht, daß der AN trotz der subjektiv entlastenden Umstände schuldhaft gehandelt hat, kommt es darauf an, ob der AG diese gefahrerhöhenden Umstände kannte oder kennen mußte[13].

Das Mitverschulden des AG kann ferner darin liegen, daß er die in § 7 erörterten Umstände zu verantworten hat, die den AN auf der subjektiven Seite der groben Fahrlässigkeit entlasten. Diese Gesichtspunkte werden häufig schon das schwere Verschulden des AN ausschließen. Wo sie die persönliche Vorwerfbarkeit des Sorgfaltsverstoßes mildern, aber nicht ganz beseitigen, dürften sie zu Lasten des AG gehen, wenn er sie zu vertreten hat[14]. Das kann etwa der Fall sein, wenn er den AN nicht ausreichend in seine Aufgabe eingeführt und ihm nicht die erforderlichen Weisungen gegeben hat[15], wenn er ihn vor einer Gefahr nicht gewarnt hat[16], wenn er ihn zu selbständig hat arbeiten lassen[17] oder ihm zu schwierige Arbeiten übertragen hat[18]. In diesen Zusammenhang gehören auch die Fälle, in denen der AG den AN körperlich überan-

[10] BAG AP Nr. 57 zu § 611 BGB Haftung des AN; BGH LM Nr. 12 zu § 989 BGB.

[11] BAG AP Nr. 55, bestätigt in AP Nr. 58, 59, 62, 69 zu § 611 BGB Haftung des AN, oben § 3 III 5 b).

[12] Vgl. § 7 V 1.

[13] Vgl. § 3 III 5 c) a. E.

[14] Vgl. *Medicus,* Anm. zu BAG AP Nr. 63 zu § 611 BGB Haftung des AN.

[15] BAG AP Nr. 50, 57, 58, 59, 62 zu § 611 BGB Haftung des AN.

[16] RAG ARS 41, 263; BAG AP Nr. 61 zu § 611 BGB Haftung des AN.

[17] BAG AP Nr. 47 zu § 611 BGB Haftung des AN.

[18] LAG Hamm AP 1951, Nr. 75, LAG Hamburg ARSt XVI Nr. 82.

strengt[19], zur Überschreitung der zulässigen Arbeitszeit veranlaßt[20], trotz Übermüdung weiterhin eingesetzt[21] oder durch zu knappe Terminplanung zum Arbeiten unter Zeitdruck gezwungen hat[22].

Den AG kann ein Mitverschulden vor allem auch dann treffen, wenn er den AN nicht ausreichend überwacht hat. Der Umfang der Kontrolle hängt besonders von der Stellung des AN im Betrieb, von seiner Ausbildung und Erfahrung und von seinem Alter ab[23]. Bei jungen Fahrern hat sich der AG beispielsweise davon zu überzeugen, ob sie nicht zu schnell und vorsichtig genug fahren. Ein Lehrling, der noch keine Fahrerfahrung hat, muß bei den ersten Fahrten nach Ansicht des BAG unter Umständen von einem erfahrenen älteren Kollegen begleitet werden[24]. Einen minderjährigen Tankstellenlehrling darf der AN nicht allein seinen Dienst verrichten lassen, ohne die Schlüssel der abgestellten Kundenfahrzeuge sicherzustellen[25].

Das Urteil des BAG vom 3. 2. 1970 zeigt, wie strenge Anforderungen die Rechtsprechung an den AG und seine leitenden Mitarbeiter hinsichtlich der Überwachung stellt. Ein junger Kaufmannsgehilfe, der seine Tätigkeit wegen der Einberufung zum Wehrdienst für 18 Monate hatte unterbrechen müssen, arbeitete seit 8 Monaten wieder bei seinem früheren AG. Zu seinen Aufgaben gehörte es, Angebote für die Lieferung von Werbeartikeln anzufordern. Eine Herstellerin von Ansteckplaketten machte ihm auf Anfrage fernmündlich ein Preisangebot. Er teilte daraufhin dem Abteilungsleiter mit, der Preis für 100 000 Plaketten betrage 1700 DM. Der Abteilungsleiter hatte wegen des geringen Preises Bedenken und beauftragte den beklagten AN, sich den Preis schriftlich bestätigen zu lassen. Dieser erhielt auf eine erneute Anfrage ein Fernschreiben, in dem es unter anderem hieß: „Unser Angebot 100 000 DM 17 000 . . .“. Ihm fiel nicht auf, daß der bestätigte Preis zehnmal so hoch war wie er angenommen hatte. Die Anstecknadeln wurden bestellt, und dem AG entstand infolge der falschen Preiskalkulation ein Schaden von 7650 DM. Das BAG nahm im Gegensatz zum LAG Baden-Württemberg ein Mitverschulden des Abteilungsleiters an. Er habe sich einen Stückpreis von 0,20 bis 0,30 DM vorgestellt. Nachdem ihm der Beklagte einen Preis von nur 0,017 DM mitgeteilt hatte, hätte er sich das Fernschreiben vorlegen lassen und das Angebot selbst kontrollieren müssen. Das gelte um so mehr, als der Beklagte, der erst vor kurzer Zeit bei der Klägerin die Arbeit wieder aufgenommen hatte, noch nicht als eingearbeitete Arbeitskraft habe angesehen werden können[26].

---

19 BAG AP Nr. 24, 42, 53 zu § 611 BGB Haftung des AN.

20 BAG AP Nr. 42 zu § 611 BGB Haftung des AN.

21 BAG AP Nr. 69 zu § 611 BGB Haftung des AN.

22 LAG Leipzig ARS 46, 12.

23 BAG AP Nr. 47, 53, 59 zu § 611 BGB Haftung des AN.

24 BAG AP Nr. 59 zu § 611 BGB Haftung des AN.

25 BAG AP Nr. 1 zu § 67 VVG.

26 BAG AP Nr. 53 zu § 611 BGB Haftung des AN.

Sind die dem AN überlassenen Arbeitsmittel fehlerhaft, so trifft den AG ein erhebliches Mitverschulden, wenn der AN damit einen Schaden verursacht. Das BAG hat aus § 618 BGB den Satz entwickelt, daß für schadhaftes Arbeitsgerät in aller Regel der AG verantwortlich sei. Hier stehe „bei der gefahrgeneigten Arbeit der dem AG zuzuordnende Bereich ausschließlich in Rede, ohne daß die Frage des Mitverschuldens überhaupt von Bedeutung würde"[27]. Diese für den Bereich des mittleren Verschuldens aufgestellten Grundsätze dürften so zu verstehen sein, daß der AN in solchen Fällen ohne Rücksicht auf das Verschulden des AG nicht für den Schaden haften soll, der auf die Fehler des Arbeitsgeräts zurückgeht[28].

[27] BAG AP Nr. 63 zu § 611 BGB Haftung des AN.

[28] *G. Küchenhoff*, AuR 1972, 64; a. A. *Medicus*, Anm. zu BAG ebd.; vgl. auch *Gamillscheg / Hanau*, 82 f.

§ 11 Das Verschulden des Arbeitnehmers im Prozeß

I. Die Verschuldensprüfung und ihre Revisibilität

1. Methode der Verschuldensprüfung

Das Gericht hat alle Feststellungen zu treffen, die für die Beurteilung des Verschuldens erforderlich sind[1]. Die Wertung der Umstände kann dabei nach zwei Methoden erfolgen. Man kann jedes einzelne Element für sich prüfen oder das Zusammenwirken der erheblichen Faktoren beurteilen. Bei belastenden Umständen ist die erste, isolierte Betrachtungsweise für den Täter günstig, da ein einzelner Fehler für sich gesehen weniger schwer erscheint als ein Zusammentreffen mehrerer Sorgfaltsverstöße; bei der Bewertung entlastender Merkmale ist es umgekehrt.

In der Rechtsprechung werden die unterschiedlichen Auswirkungen der beiden Prüfungsmethoden nicht immer beachtet und die einzelnen Verschuldenselemente nur isoliert beurteilt. In einem vom BAG entschiedenen Fall[2] war ein Kippfahrzeug umgestürzt, weil der Fahrer gleich vier Fehler auf einmal gemacht hatte: Das Fahrzeug war beim Kippen unzulässigerweise in Bewegung gewesen, die Spannkette war nicht gelöst worden, ein Erdbrocken hatte sich an der Kette festgesetzt, und der Fahrer hatte trotz schräger Wagenposition nicht, wie es vorgeschrieben war, zur Seite, sondern nach hinten gekippt. Das BAG bewertete die Unfallursachen nur einzeln, obwohl eine Häufung leichter Sorgfaltsverstöße das Verschulden schwerer erscheinen lassen kann[3].

Dagegen betonte der BGH in dem „Magenkranken-Fall“[4] die Notwendigkeit einer umfassenden Würdigung mehrerer entlastender Umstände. In diesem Fall war ein Kraftfahrer nach rechts abgebogen und hatte nach einigen Metern entlang der ersten Straße führende Straßenbahnschienen zu überqueren. Dabei stieß sein Wagen mit der entgegenkommenden Straßenbahn zusammen. Der Fahrer hatte zu seiner Entlastung dreierlei vorgetragen: Er sei von der tiefstehenden Sonne ge-

---

[1] BAG AP Nr. 42, 59, 69 zu § 611 BGB Haftung des AN; DB 1969, 2281; BGH VersR 1972, 171, 879.

[2] BAG AP Nr. 58 zu § 611 BGB Haftung des AN.

[3] *Medicus,* Anm. zu BAG AP Nr. 58 zu § 611 BGB Haftung des AN.

[4] BGH VersR 1972, 197.

blendet worden und habe deshalb die Bahn nicht gesehen; außerdem habe er sich gerade sehr darüber geärgert, daß er seine Kollegen kurz zuvor vergeblich zu einer entfernten Baustelle gefahren habe; die Verärgerung habe sich bei ihm besonders ablenkend ausgewirkt, da er an Magengeschwüren leide. Das OLG Koblenz meinte, der Beklagte habe den Unfall grob fahrlässig verursacht. Die Sonnenblendung hätte ihn gerade zu noch größerer Vorsicht veranlassen müssen. Das Gericht maß der Verärgerung keine Bedeutung bei, da Verstimmungen im Berufsleben täglich vorkämen. Der Ärger sei kein ausreichender Grund gewesen, den Verkehr weniger aufmerksam zu beobachten[5]. Der BGH hob das Urteil auf, da das Berufungsgericht die Entschuldigungsgründe nicht in ihrer Gesamtheit, sondern nur isoliert bewertet habe. Ein Sachverständiger habe bestätigt, daß Magengeschwüre die Psyche des Patienten beeinflussen könnten. Es entspreche auch der Lebenserfahrung, daß sich Verstimmungen des Kraftfahrers nachteilig auf seine Aufmerksamkeit auswirken. Trete noch eine Sichtbehinderung durch Sonnenblendung hinzu, so könne das Zusammenwirken dieser Umstände dazu führen, daß die schwere persönliche Vorwerfbarkeit eines objektiv groben Sorgfaltsverstoßes fehle[6].

2. Die Revisibilität der groben Fahrlässigkeit

Die Revisibilität der groben Fahrlässigkeit ist in Rechtsprechung und Schrifttum nicht völlig geklärt.

a) Der BGH hat sie in seinem Grundsatzurteil zur groben Fahrlässigkeit weitgehend eingeschränkt[7]. Es könne bei der Bestimmung dieser Verschuldensform nämlich keine für alle Fälle gültige Norm geben; vielmehr könne die Abgrenzung nur von Fall zu Fall erfolgen. Der Richter habe nach pflichtgemäßem Ermessen zu prüfen, ob nach der Gesamtlage der Umstände die Sorgfaltsverletzung besonders schwer sei. Die grobe Fahrlässigkeit werde somit zu einer Tatfrage, deren Nachprüfung in der Revisionsinstanz nur in demselben Umfang wie bei jeder anderen Tatsachenfeststellung und -würdigung möglich sei[8]. Der BGH hat seine Auffassung in späteren Urteilen auch mit der „Verschlingung objektiver und subjektiver Gesichtspunkte" und der Notwendigkeit, auf die Umstände des Einzelfalles abzustellen, begründet[9]. In der Revision könne demnach nur geprüft werden, ob das Berufungsgericht gegen

[5] In BGH ebd.

[6] BGH VersR 1972, 197.

[7] BGHZ 10, 14.

[8] BGHZ 10, 17.

[9] BGH VersR 1967, 909; 1969, 77; BGH LM Nr. 2 a zu § 640 RVO.

§ 286 ZPO, gegen Denkgesetze oder Erfahrungssätze verstoßen[10] oder wesentliche Umstände nicht berücksichtigt hat[11].

Im Gegensatz hierzu hält das BAG die Feststellung der groben Fahrlässigkeit nicht für eine Tatfrage, sondern für eine grundsätzlich revisible Rechtsfrage[12]. Der Begriff grobe Fahrlässigkeit eröffne der Tatsacheninstanz allerdings einen bestimmten Beurteilungsspielraum, der sich, sofern seine Grenzen eingehalten werden, der Nachprüfung durch das Revisionsgericht entziehe. In der Revision könne nur festgestellt werden, ob die Tatsacheninstanz den Begriff „grob" in einer vertretbaren Weise angewendet habe[13]. Der Beurteilungsspielraum sei überschritten und damit der Rechtsbegriff der groben Fahrlässigkeit verkannt, wenn bei der Subsumtion gegen Rechtsvorschriften, gegen Denkgesetze oder allgemeine Erfahrungssätze verstoßen worden ist, insbesondere wenn bei der Bewertung offensichtlich fehlerhaft verfahren, etwa die einzelnen zugunsten oder zu Lasten des Schädigers sprechenden Gesichtspunkte und die von ihm geltend gemachten Umstände unzureichend berücksichtigt sind[14].

In ihren neueren Urteilen haben BGH und BAG eine praktisch besonders bedeutsame Anforderung an die Verschuldensprüfung entwickelt. Hiernach sei der Beurteilungsspielraum auch dann überschritten und damit der Begriff der groben Fahrlässigkeit verkannt, wenn das Tatsachengericht nicht alle für das Verschuldensurteil notwendigen Tatsachen aufgeklärt hat[15]. Es hat den Sachverhalt also von Amts wegen aufzuklären. *Sieg* hat zu Recht darauf hingewiesen, daß dies dem Verhandlungsgrundsatz des Zivilprozesses widerspricht[16]. Man kann in der Forderung der Rechtsprechung nach vollständiger Aufklärung der Verschuldenstatsachen eine weitere[17] Bestätigung der Ansicht sehen, daß die Haftung des AN die Funktion einer Disziplinarstrafe mit den Mitteln des Privatrechts hat. Es ist daher nur folgerichtig, wenn die Gerichte sich auch prozessual dem Untersuchungsgrundsatz des Strafrechts annähern.

---

[10] BGHZ 10, 16.

[11] BGH VersR 1967, 909; 1969, 39; 1973, 819; 1976, 688.

[12] BAG AP Nr. 8, 19, 23, 26, 30 zu § 611 BGB Haftung des AN; AP Nr. 1 zu § 640 RVO.

[13] BAG AP Nr. 8 zu § 611 BGB Haftung des AN.

[14] BAG AP Nr. 8 zu § 611 BGB Haftung des AN, ständige Rspr. wie § 1 Anm. 45.

[15] BAG AP Nr. 42, 59, 69 zu § 611 BGB Haftung des AN; DB 1969, 2281; BGH VersR 1972, 171, 879.

[16] *Sieg*, Anm. zu BAG AP Nr. 42 zu § 611 BGB Haftung des AN; vgl. auch *Gamillscheg / Hanau*, 84.

[17] Vgl. schon § 3 III 3 f), § 4, § 9, § 10.

Im Schrifttum ist die Revisibilität der groben Fahrlässigkeit umstritten. Einige Verfasser billigen die Rechtsprechung wegen der mangelnden Beispielswirkung des Subsumtionsergebnisses und der „Eigenart der Intensitätsbegriffe"[18] oder weil der Richter bei dieser Wertungsfrage einen gewissen Urteilsspielraum habe[19]. Andere sprechen sich für die volle Nachprüfbarkeit dieser Form der Fahrlässigkeit aus[20].

b) Bei der Stellungnahme zu der Frage ist davon auszugehen, daß die gesetzliche Aufgabenteilung zwischen Revisions- und Tatsachengericht die volle Revisibilität der groben Fahrlässigkeit nicht ausschließt. Das Revisionsgericht ist nur an die Tatsachenfeststellung des Berufungsgerichts gebunden (§ 561 Abs. 2 ZPO). Die Anwendung des Gesetzes auf diesen Tatbestand ist dagegen voll überprüfbar (§§ 549, 550, 559 ZPO). Diese Vorschriften unterscheiden nicht zwischen bestimmten und unbestimmten Rechtsbegriffen. Wird das Urteil des Berufungsgerichts lediglich wegen eines Subsumtionsfehlers aufgehoben und ist der Rechtsstreit entscheidungsreif, so kann das Revisionsgericht nach § 565 Abs. 3 Nr. 1 ZPO selbst entscheiden, wobei das Gesetz für die Anwendung unbestimmter Rechtsbegriffe keine besondere Regelung enthält. Auch die Verfasser, die wie die Rechtsprechung dem Tatrichter einen nicht revisiblen Beurteilungsspielraum einräumen, sprechen sich dafür aus, daß das Revisionsgericht im Falle des § 565 Abs. 3 Nr. 1 ZPO auch unbestimmte Rechtsbegriffe voll nachprüfen dürfe[21]. Dann leuchtet es aber nicht ein, warum in den übrigen Fällen die volle Nachprüfung unmöglich sein soll.

Eine möglichst umfassende Revision der unbestimmten Rechtsbegriffe ist auch rechtspolitisch erwünscht, um generalklauselartige Begriffe besser praktikabel zu machen. Nur dann kann der Ausgang eines Rechtsstreits, der von der Anwendung eines unbestimmten Rechtsbegriffs abhängt, voraussehbar werden. Die Funktion des Revisionsverfahrens besteht zumindest auch darin, die Rechtssicherheit zu fördern und das Recht fortzubilden[22]. Dazu gehört vor allem die Konkretisierung unbestimmter Rechtsbegriffe. Die Revisionsinstanz sollte sich dieser Aufgabe nicht dadurch entziehen, daß es die rechtlichen Wertungen in weiterem Umfang als notwendig dem Tatrichter überläßt. Auch das RG hatte sich im Bereich der einfachen Fahrlässigkeit zunächst geweigert, die Wertung des Berufungsgerichts zu überprüfen[23].

---

[18] *Henke*, Die Tatfrage, 282 f.

[19] *Larenz*, SchuldR I, § 20 V; *Sieg*, Anm. zu BAG AP Nr. 42 zu § 611 BGB Haftung des AN.

[20] *Jesch*, AöR 82, 198 ff.; *Enneccerus / Nipperdey*, I/1, § 50 II 3 b; *Rosenberg*, Gutachten in BGHZ 10, 16; *Weingart*, VersR 1968, 431, vgl. auch *Röhl*, JZ 1974, 521.

[21] *Henke*, Tatfrage, 271 f.

[22] *Henke*, 191 ff.

Der BGH rechtfertigt seine Zurückhaltung bei der Revision der groben Fahrlässigkeit mit der „Verschlingung objektiver und subjektiver Gesichtspunkte"[24], die es notwendig machten, auf die Umstände des Einzelfalles abzustellen, und die allgemeine Regeln ausschlössen. Bei dieser Begründung entsteht der Eindruck, daß die Ungewißheit über die Grenzen der groben Fahrlässigkeit sich hier auch auf die Frage der Revisibilität dieses Rechtsbegriffs ausgewirkt hat[25]. Unterscheidet man innerhalb der groben Fahrlässigkeit jedoch zwischen einem objektiv groben Pflichtenverstoß und seiner persönlichen Vorwerfbarkeit und differenziert man diese beiden Gesichtspunkte nach zahlreichen weiteren Merkmalen (§§ 6, 7), so ergeben sich daraus Folgerungen auch für die Feststellung dieser Verschuldensform. In der Rechtsprechung ist nämlich allgemein anerkannt, daß Erfahrungssätze revisibel sind[26]. Daraus folgt, daß es auch die Feststellung der groben Fahrlässigkeit zumindest insoweit sein muß, wie es dabei um die Anwendung von Erfahrungssätzen geht. Wann z. B. ein Verhalten objektiv zu einer erhöhten Gefahr führt, ist eine Frage der Anwendung von Erfahrungssätzen und daher grundsätzlich vom Revisionsgericht nachprüfbar.

Die Subsumtion des Tatsachenrichters ist dagegen einer Nachprüfung entzogen, sofern sie ohne einen persönlichen Eindruck unmöglich ist, etwa wenn zu entscheiden ist, ob ein bestimmter Täter im Hinblick auf seine Intelligenz die zur Abwendung des Schadens notwendigen Maßnahmen kennen mußte. Diese Einschränkung der Revisibilität entspricht dem Gedanken des § 561 Abs. 2 ZPO und wird auch bei der Beurteilung der einfachen Fahrlässigkeit gemacht[27].

c) Die Forderung nach grundsätzlich voller Revisibilität der groben Fahrlässigkeit scheint zu den engen Grundsätzen der Rechtsprechung in Widerspruch zu stehen. Prüft man die Urteile des BGH und des BAG aber genauer, so zeigt sich dabei eine geradezu verblüffende Gesetzmäßigkeit. Beide Gerichte haben nämlich — trotz gegenteiliger und oft eingehender theoretischer Ausführungen — die Feststellung der groben Fahrlässigkeit des Schädigers in sämtlichen hier untersuchten Fällen in vollem Umfang nachgeprüft.

Ordnet man die Urteile zunächst danach, ob die Revisionsgerichte mit dem Ergebnis der Subsumtion einverstanden waren oder nicht, so ergibt sich folgendes: Soweit sie die Ansicht der Berufungsgerichte teilen, betonen sie zuerst regelmäßig den Ermessens- bzw. Beurteilungsspielraum

---

[23] RG JW 1896, 628 Nr. 73; JW 1898, 176 Nr. 58; JW 1902, 592 Nr. 17; vgl. *Henke*, 232.

[24] Wie Anm. 9.

[25] Vgl. *Röhl*, JZ 1974, 521.

[26] BGHZ 10, 16; BAG AP Nr. 8 zu § 611 BGB Haftung des AN.

[27] BGH VersR 1960, 994; *Henke*, Tatfrage, 233; vgl. *Jesch*, 203.

der Tatsacheninstanz. Daraufhin begründen sie, warum er hier nicht verletzt sei, indem sie die Verschuldensprüfung oft bis in Einzelheiten hinein nachvollziehen[28]. In einigen Urteilen führen sie in diesem Zusammenhang aus, das Berufungsgericht sei zu einem rechtlich möglichen Ergebnis[29] gekommen oder seine Wertung sei frei von sachfremden Erwägungen[30]. Soweit das Revisionsgericht die Auffassung des Berufungsgerichts hingegen nicht teilt, sind zwei Fälle zu unterscheiden: Ist der Rechtsstreit entscheidungsreif, so urteilen die Revisionsgerichte in der Regel selbst, häufig ohne das Problem der beschränkten Revisibilität überhaupt zu erörtern[31] und ohne § 565 Abs. 3 Nr. 1 ZPO zu nennen[32]; bei fehlender Spruchreife weisen sie die Sache an das Berufungsgericht zurück, nachdem die grobe Fahrlässigkeit eingehend erörtert worden ist[33]. In diesen Fällen wird der Rechtsverstoß fast immer damit begründet, daß das Berufungsgericht nicht alle für die Beurteilung des Verschuldens erforderlichen Tatsachen festgestellt habe[34].

Daß die Revisionsgerichte die sich selbst auferlegte Beschränkung der Nachprüfbarkeit der groben Fahrlässigkeit immer dann unbeachtet lassen, wenn sie von der Wertung des Berufungsgerichts abweichen wollen, zeigen besonders deutlich zwei Urteile des BGH, die derselbe Senat an demselben Tag erließ[35]. In dem ersten Urteil billigte der BGH das Urteil des OLG und meinte, die grobe Fahrlässigkeit sei zwar ein Rechtsbegriff, ihre Feststellung im Einzelfall aber Aufgabe der tatrichterlichen Würdigung[36]. Im zweiten Fall hatte das OLG das Verhalten des Beklagten für grob fahrlässig gehalten. Der BGH war anderer Ansicht und betonte, daß die Beurteilung der Frage, ob ein Verhalten fahrlässig oder grob fahrlässig ist, *„in erster Linie“* dem Tatrichter zustehe. In der Revision dürfe nur geprüft werden, ob das Berufungsgericht den Begriff der groben Fahrlässigkeit verkannt und die insoweit erforderlichen Feststellungen rechtsfehlerfrei getroffen habe. Der Senat führte dann die in der Rechtsprechung entwickelten Grundsätze zur Revisibilität der groben Fahrlässigkeit und die Definitionen dieser Verschuldensform auf und stellte fest, das Berufungsurteil trage diesen

[28] BAG AP Nr. 8, 33, 70 zu § 611 BGB Haftung des AN; BGH VersR 1967, 127, 900; 1969, 39, 77; 1972, 270, 944; AP Nr. 52 zu § 611 BGB Haftung des AN; LM Nr. 2 a zu § 640 RVO.

[29] BGH VersR 1972, 270.

[30] BGH VersR 1972, 944.

[31] So z. B. BGH VersR 1972, 144, 197.

[32] BAG AP Nr. 19, 23, 58, 59 zu § 611 BGB Haftung des AN; AP Nr. 1 zu § 640 RVO; BGH VersR 1972, 144, 197, 877.

[33] BAG AP Nr. 26, 30, 42, 63, 69 zu § 611 BGB Haftung des AN; BAG DB 1969, 2281; BGH VersR 1972, 171.

[34] Wie Anm. 15.

[35] Urteile vom 20. 6. 1972, VersR 1972, 877 und 944.

[36] BGH VersR 1972, 944.

Grundsätzen nicht Rechnung. Wodurch das OLG diese Grundsätze verletzt habe, sagte der BGH nicht. Das OLG hatte den Begriff der groben Fahrlässigkeit nicht mißverstanden und auch die notwendigen tatsächlichen Feststellungen getroffen. Wenn der BGH das Urteil trotzdem aufhob und selbst entschied, daß der Beklagte grob fahrlässig gehandelt habe, so hat er in Wirklichkeit — zu Recht — wie in allen anderen Urteilen die Feststellung der groben Fahrlässigkeit in vollem Umfang nachgeprüft[37].

II. Die Beweislast für das Verschulden des Arbeitnehmers

Nach allgemeinen Grundsätzen muß der Kläger die klagebegründenden Tatsachen beweisen. Klagt ein Dritter gegen den AN auf Schadensersatz oder nimmt ihn der Sozialversicherungsträger nach § 640 RVO in Anspruch, so müssen sie das Verschulden des AN beweisen. Für Klagen des AG gegen den AN ist die Beweislast dagegen umstritten. Der Streit geht darum, ob § 282 BGB auf die positive Vertragsverletzung des AN entsprechend anwendbar ist. Würde man hier § 282 BGB heranziehen, so müßte der AN in allen Fällen haften, in denen er nicht beweisen kann, daß er sorgfaltsgemäß oder nur leicht fahrlässig gehandelt hat.

1. Der Streit um die Anwendbarkeit des § 282 BGB

Für das allgemeine Schuldrecht hat *Raape* die These aufgestellt, daß neben den §§ 280, 285 auch § 282 BGB auf die positive Vertragsverletzung entsprechend anzuwenden sei[38]. Diese Auffassung wird im Schrifttum z. T. noch vertreten[39].

Die Rechtsprechung hat sich dieser These nicht angeschlossen. Das RG nahm eine Umkehr der Beweislast bei positiver Vertragsverletzung nur bei bestimmten Vertragstypen (Beförderungs-, Dienst-, Werk-, Gastaufnahmevertrag) an, wenn die Sachlage einen Schluß darauf erlaubte, daß der Schuldner seine Sorgfaltspflicht verletzt habe[40]. In dem „Wasserwellen-Fall"[41] hat es die Lehre von den Gefahren- und Verantwortungskreisen entwickelt. Eine Umkehr der Beweislast ist nach dieser Auffas-

---

[37] BGH VersR 1972, 879.

[38] *Raape*, AcP 147 (1941), 217 ff.

[39] *Enneccerus / Lehmann*, SchuldR, § 55 II 3; *Rosenberg*, Beweislast, 350 ff., 360 ff.; *Staudinger / Werner*, 12 zu § 282; einschränkend bis ablehnend *Esser*, SchuldR I, § 52 VII 4; *Larenz*, SchuldR I, § 24 I b); *J. Prölss*, Beweiserleichterungen, 65 ff.; *H. Stoll*, Festschrift F. von Hippel, 517 ff.; *Fikentscher*, SchuldR, § 47 II.

[40] RGZ 148, 148; 160, 153; 169, 84; DR 1944, 182.

[41] RGZ 148, 148.

sung nur gerechtfertigt, wenn nachgewiesen ist, daß die Ursache des Schadens aus einem Gefahrenkreis hervorgegangen ist, für den im Zweifel der Schuldner verantwortlich ist. Der BGH hat die Gefahrenbereichslehre des RG übernommen und vertritt sie in ständiger Rechtsprechung[42]. Auch das BAG hat sich dieser Auffassung angeschlossen[43]. Diese Rechtsprechung beruht entscheidend auf der Erwägung, daß der Gläubiger keinen Einblick in die Vorgänge im Betrieb und im sonstigen Herrschaftsbereich des Schuldners habe und sich daher in einem Beweisnotstand befinde[44]. Der Schädiger hingegen sei zur Aufklärung der Schadensursache besser in der Lage[45].

Im neueren Schrifttum stößt die These Raapes zunehmend auf Ablehnung zugunsten einer differenzierenden Betrachtungsweise. § 282 BGB sei nur bei der Verletzung von Leistungspflichten anwendbar; bei der Mißachtung von Schutzpflichten sollten dagegen die allgemeinen Regeln gelten[46]. In § 282 BGB sei der Gedanke der Erfüllungsgarantie enthalten, den man nicht ohne weiteres auf die positive Vertragsverletzung übertragen könne[47]. Die Beweislast kehre sich nur dann um, wenn der Schaden aus dem Obhuts- und Gefahrenbreich des Schuldners stamme und der Gläubiger daher zur Aufklärung außerstande sei[48].

Die Rechtsprechung zur Arbeitnehmerhaftung hat eine Umkehr der Beweislast überwiegend abgelehnt. Das RAG verneinte die entsprechende Anwendung des § 282 BGB und kam der Beweisnot des AG durch die Anwendung des Anscheinsbeweises entgegen[49]. Einige Landesarbeitsgerichte hingegen haben § 282 BGB entsprechend herangezogen[50]. Das BAG lehnt die analoge Anwendung des § 282 BGB auf die „Fälle der gefahrgeneigten Arbeit“ ab und begründet dieses Ergebnis mit der Gefahrenbereichslehre des RG und des BGH[51]. Die Grundsätze zur Haftung bei schadensgeneigter Arbeit beruhten gerade auf der Erwägung, daß die Schadensursache in der Gefahrneigung der Tätigkeit liegen könne. Daß der AG auf die Verrichtung gefahrengeneigter Arbeit durch seine AN angewiesen sei und deshalb ihnen die Erledigung dieser Ar-

---

[42] BGHZ 8, 239; 23, 288; 27, 236; BGH AP Nr. 6 zu § 282 BGB.

[43] BAG DB 1972, 2165.

[44] BGHZ 23, 288; *Esser*, I, § 52 VII 4; *Larenz*, I, § 24 I b).

[45] BGHZ (GS) 51, 91 (105).

[46] *H. Stoll*, 534, 556; ähnlich *Esser*, *Larenz* ebd.

[47] *Larenz*, I, § 24 I b); ähnlich *Esser*, I, § 52 VII 4.

[48] *Esser*, *Larenz* ebd.; *Prölss*, 65 ff.

[49] RAG ARS 34, 357; 37, 269; ebenso LAG Stuttgart DB 1957, 459; LAG Bremen DB 1962, 442.

[50] LAG Stuttgart AP 1951 Nr. 147; LAG Bremen AP Nr. 3 zu § 611 BGB Haftung des AN.

[51] BAG AP Nr. 5 zu § 282 BGB.

beit übertragen habe, gehöre auch hinsichtlich der sich hieraus ergebenden Folgen zu seinem Gefahrenbereich und zu seinem Betriebsrisiko[52].

Im Schrifttum zur Haftung des AN ist die Frage der Beweislastverteilung bisher nur selten ausführlicher behandelt worden. Einige Verfasser fordern die entsprechende Anwendung des § 282 BGB[53], andere halten eine eingeschränkte Beweislastumkehr für gerechtfertigt, wenn die positive Vertragsverletzung des AN im konkreten Fall der Unmöglichkeit oder dem Verzug ähnelt, z. B. wenn der AG ihm Gegenstände anvertraut hat und diese später beschädigt werden[54]. Dabei sieht man den entscheidenden Gedanken des § 282 BGB ebenfalls darin, daß der Gläubiger, der keinen Einblick in die Entstehungsursachen des Schadens hat, ohne eine Beweislastumkehr in Beweisnot geriete[55].

2. Stellungnahme

Die Begründung des BAG, das eine Beweislastumkehr unter Hinweis auf das Betriebsrisiko ablehnt, überzeugt nicht. Sie beruht auf einem Fehlschluß, auf den schon *Sieg*[56] hingewiesen hat. Der Betriebsrisikogedanke wurde bisher lediglich als Begründung dafür herangezogen, warum der AN für leichte Fehler nicht haftet; wer den Sorgfaltsverstoß oder sein Fehlen zu beweisen hat, ergibt sich daraus nicht. Der Hinweis des BAG auf die Schadensneigung der Arbeit überzeugt ebensowenig, da dies ein inhaltsloses und künstliches Tatbestandsmerkmal ist[57].

Auch die Auffassung, die in § 282 BGB eine der Beweisnot des Gläubigers Rechnung tragende Vorschrift sieht[58], führt im Bereich der Arbeitnehmerhaftung zu allgemein als unbefriedigend geltenden Ergebnissen. Denn wäre sie richtig, so müßte z. B. ein Kraftfahrer ohne weiteres haften, sofern er nicht beweisen kann, daß er den Unfall unverschuldet oder nur leicht fahrlässig verursacht hat. Kassierer und Leiter von Zahlstellen müßten für Fehlbeträge ebenfalls aufkommen, wenn sie ihr fehlendes Verschulden nicht beweisen können. Auch die Vertreter der genannten Ansicht empfinden diese Folgerung als unbillig. Sie lehnen gerade in den praktisch bedeutsamsten Fällen des Problems die Beweis-

---

52 BAG ebd.; zustimmend *Brox*, SAE 1967, 144.

53 *Sieg*, Anm. zu BAG AP Nr. 5 zu § 282 BGB; *Richardi*, Fälle und Lösungen, Fall 5 I. 7.; *Medicus*, Anm. zu BAG AP Nr. 58 zu § 611 BGB Haftung des AN

54 *Hueck / Nipperdey*, I, 230 Anm. 33 a; ebenso LAG Düsseldorf, BB 1960, 1170.

55 *Brox*, SAE 1967, 145; *Trinkner*, BB 1967, 672; BB 1968, 505; *Stehl*, AuR 1970, 261; *Medicus*, Anm. zu BAG AP Nr. 58 zu § 611 BGB Haftung des AN.

56 *Sieg*, Anm. zu BAG AP Nr. 5 zu § 282 BGB.

57 Oben § 2 III.

58 Wie Anm. 19.

lastumkehr ab[59]. Das spricht dagegen, den entscheidenden Gedanken des § 282 BGB darin zu sehen, die Beweisnot des Gläubigers zu mildern. Den Ergebnissen der Rechtsprechung ist vielmehr aufgrund folgender Erwägungen zuzustimmen:

Die Umkehr der Beweislast bedeutet oft den Verlust des Rechtsstreits. Man hat die Beweislast deshalb das „Rückgrat des Prozesses" genannt[60]. Die Beweislastumkehr hat die Wirkung einer widerlegbaren Vermutung[61], da der Schuldner verurteilt wird, wenn er den streitigen Umstand nicht beweisen kann. Sie enthält somit ein Vor- oder Wahrscheinlichkeitsurteil. Ein solches Vorurteil mit seiner oft prozeßentscheidenden Wirkung ist nur gerechtfertigt, wenn es in den meisten Fällen auch zutrifft.

Bei § 282 BGB ist das regelmäßig der Fall; denn entweder hat der Schuldner mehr versprochen als er leisten kann; oder er hat sich nicht hinreichend bemüht, die Leistung zu erbringen. Dagegen kommt es nur ausnahmweise vor, daß er ohne sein Verschulden nicht erfüllen kann. Da die nicht zu vertretende Unmöglichkeit somit eine Ausnahme ist, muß sie der Schuldner beweisen. § 282 BGB läßt sich also als eine spezielle Ausprägung des allgemeinen beweisrechtlichen Regel-Ausnahmeprinzips deuten.

Im Bereich der Arbeitnehmerhaftung wäre das Vorurteil, daß der AN die Schadensverursachung zu vertreten habe, regelmäßig falsch. Die bei weitem meisten Schäden entstehen nämlich aufgrund von auf Dauer für jeden AN unvermeidbaren leichten Unaufmerksamkeiten, für deren Folgen der AN nicht haftet. Die grob fahrlässige Schadensverursachung ist somit eine Ausnahme. Das ergibt sich bereits aus der Definition der groben Fahrläsigkeit, die einen ungewöhnlich schweren Fehler voraussetzt[62]. Würde man § 282 BGB auch auf die Arbeitnehmerhaftung entsprechend anwenden, so hätte der Richter also von einer regelmäßig falschen Vermutung auszugehen. Den Entlastungsbeweis zu führen ist dem AN aber oft unmöglich, obwohl ihn kein Verschulden trifft. Darauf hat schon das Arbeitsgericht Plauen hingewiesen[63]. Wollte man im Bereich der Arbeitnehmerhaftung die Beweislast wie bei § 282 BGB umkehren, so würde dem AN damit in den meisten Fällen der Vorteil einer nur beschränkten Haftung wieder genommen[64]. § 282 BGB ist daher auf die Arbeitnehmerhaftung nicht anwendbar[65].

---

59 *Brox*, SAE 1967, 145; *Stehl*, AuR 1970, 261.

60 *Rosenberg / Schwab*, Zivilprozeßrecht, § 118 IV.

61 BAG AP Nr. 1 zu § 1 TVG Friedenspflicht; *Esser*, I, § 52 VII 4; *Larenz*, I, § 24 I b).

62 Vgl. § 5.

63 ArbG Plauen 4. 11. 1936 = ARS 29, 62.

64 *Brox*, SAE 1967, 145/146.

III. Grobe Fahrlässigkeit und Anscheinsbeweis

Die Zulässigkeit des Anscheinsbeweises im Bereich der groben Fahrlässigkeit ist umstritten. Er ist nach Ansicht des BGH[66] und jetzt auch des BAG[67] hinsichtlich der subjektiven Seite der groben Fahrlässigkeit nicht anwendbar. Das Schrifttum ist geteilter Ansicht[68]. Der BGH begründet seine Auffassung damit, daß wegen der „Verschlingung objektiver und subjektiver Gesichtspunkte" und der Notwendigkeit, auf die Umstände des Einzelfalles abzustellen, sich allgemeine Regeln dafür, wann eine Fahrlässigkeit grob ist, nur mit großen Vorbehalten aufstellen ließen[69]. Mit demselben Argument hatte der BGH schon die Revisibilität der groben Fahrlässigkeit verneint, im Ergebnis seiner Urteile dann aber entgegengesetzt verfahren[70]. Auch die Bemerkung der BAG, subjektive Umstände ließen sich nicht derart von der Person lösen, daß aus ihnen allgemein gültige auf einen typischen Geschehensablauf hinweisende Erfahrungssätze hergeleitet werden können[71], leuchtet nicht ein[72]. Denn es ist beispielsweise eine bekannte Tatsache, daß das Steuern eines Kraftfahrzeuges nach erheblichem Alkoholgenuß besonders gefährlich ist; ein solches Verhalten begründet daher in der Regel ohne weiteres einen schweren Vorwurf.

Trotzdem ist der Rechtsprechung im Ergebnis aus folgenden Erwägungen zuzustimmen. Auch im Strafrecht wird nämlich der Anscheinsbeweis als unzulässig erachtet[73]. Zu dieser Ansicht muß gelangen, wer für die Beweisführung mit Hilfe des Anscheinsbeweises — wie in der Prozeßrechtswissenschaft der nordischen Staaten[74] — lediglich eine überwiegende Wahrscheinlichkeit genügen läßt[75]. Der für eine Bestrafung erforderliche volle Beweis dagegen setzt die Überzeugung des Richters

---

[65] Ebenso für die grobe Fahrlässigkeit *Sieg*, Anm. zu BAG AP Nr. 5 zu § 282 BGB; *Richardi*, Fälle und Lösungen, Fall 5 I. 7.

[66] BGH VersR 1967, 127; 909; 1968, 668; 1969, 78; 1972, 171, 270, 944; 1974, 854; BGH LM Nr. 4 zu § 640 RVO.

[67] BAG AP Nr. 72 zu § 611 BGB Haftung des AN; anders noch BAG AP Nr. 33, 42 zu § 611 BGB Haftung des AN; BAG AP Nr. 1 zu § 640 RVO.

[68] Für Anwendbarkeit des Anscheinsbeweises *Schneider*, MDR 1971, 535 mit Nachw.; *Hagel*, VersR 1973, 796; *Röhl*, JZ 1974, 528; a. A. *Sander*, VersR 1966, 205; 1967, 1018; *Lohe*, VersR 1968, 328; *Weingart*, VersR 1968, 431.

[69] BGH VersR 1967, 127, 909.

[70] Oben I 2 c).

[71] BAG AP Nr. 72 zu § 611 BGB Haftung des AN.

[72] Ebenso *Schneider*, 353 ff.; *Röhl*, 528.

[73] *Grunsky*, Grundlagen des Verfahrensrechts, § 43 II 1 a. E.; *Löwe / Rosenberg / Gollwitzer* StPO, 6 b) zu § 261; *Louven*, MDR 1970, 295.

[74] Vgl. hierzu *Bruns*, Zivilprozeßrecht, § 32 II 6 e); *Ekelöf*, ZZP 75, 289 f.

[75] So *Grunsky*, § 43 II f.; *Diederichsen*, ZZP 81, 63 f.; vgl. auch *Bruns*, § 32 V 4; *Ekelöf* ebd.

voraus[76]. Das ist zwar weniger als eine statistische, jede theoretische Möglichkeit des Gegenteils ausschließende Gewißheit[77], aber mehr als nur eine überwiegende Wahrscheinlichkeit. Hat der Richter — wenn auch nur geringe — Zweifel, weil Anhaltspunkte für entlastende Umstände bestehen, so muß er freisprechen (in dubio pro reo)[78]. Vieles deutet darauf hin, daß auch die Rechtsprechung zur groben Fahrlässigkeit einer Schadensverursachung nach einem Grundsatz „im Zweifel für den Beklagten" entscheidet.

Es fällt bereits auf, daß die Regel von der Unanwendbarkeit des Anscheinsbeweises bei grober Fahrlässigkeit an solchen Sachverhalten entwickelt wurde, bei denen der Schadensverursacher durch sein Fehlverhalten in Todesgefahr geriet. Dabei handelte es sich fast ausschließlich um Kfz-Unfälle[79], einmal um einen Flugzeugabsturz[80]. Wenn der Täter bei einem Unfall sein Leben gefährdet und eine leichtsinnige Sorgfaltsverletzung nicht erkennbar ist, dann spricht die Lebenserfahrung gerade dafür, daß sein Fehlverhalten aus irgendeinem Grund nicht persönlich vorwerfbar ist[81]. Zumindest bestehen Zweifel an der schweren persönlichen Vorwerfbarkeit des Fehlverhaltens, so daß die Voraussetzungen des Grundsatzes „in dubio pro reo" gegeben sind.

Auch die Argumentation der Gerichte in den einzelnen Fällen läßt Parallelen zu diesem Grundsatz erkennen. Der BGH lehnte die Verurteilung eines jungen Kraftfahrers aus § 640 RVO ab, weil die Gesamtumstände (fast keine Fahrpraxis, erste Fahrt mit einem schweren Wagen, holperige und enge Fahrbahn) ein subjektiv nicht schwer vorwerfbares Verhalten „offensichtlich nicht ausschlossen"[82]. In einem anderen Urteil stellte er darauf ab, daß kein anderer Grund für den Unfall „in Frage steht"[83]. Die Haftung eines Fahrers, dessen Wagen mit einer entgegenkommenden Straßenbahn zusammengestoßen war, verneinte der BGH u. a. deshalb, weil nicht ausgeschlossen werden könne, daß der Beklagte bereits am Unfalltag an Magengeschwüren gelitten habe und die von ihm behauptete, seine Aufmerksamkeit beeinträchtigende seelische Erregung nicht widerlegt sei[84]. Damit hat der BGH Entschuldigungsgründe berücksichtigt, die nicht bewiesen waren, für deren Vor-

---

76 BGHSt 10, 208; *Löwe / Rosenberg / Gollwitzer*, 2 a) zu § 261 mit Nachw.

77 BGH NJW 1951, 83; *Löwe / Rosenberg / Gollwitzer* ebd.

78 *Löwe / Rosenberg / Gollwitzer* ebd.; *Kleinknecht*, StPO, 8 zu § 261.

79 BGH VersR 1967, 127, 909; VersR 1972, 171, 270, 944; LM Nr. 4 zu § 640 RVO; BAG AP Nr. 72 zu § 611 BGB Haftung des AN.

80 BGH VersR 1967, 909.

81 BGH VersR 1967, 909; LM Nr. 4 zu § 640 RVO; ebenso *Röhl*, JZ 1974, 527 f.

82 BGH LM Nr. 4 zu § 640 RVO.

83 BGH VersR 1972, 271.

84 BGH VersR 1972, 199.

liegen es aber einige Anhaltspunkte gab. Deshalb bestanden Zweifel an der schweren persönlichen Vorwerfbarkeit des Sorgfaltsverstoßes. Wenn der BGH vom Kläger fordert, er müsse die vom Beklagten behaupteten, nicht ganz unwahrscheinlichen Entschuldigungsgründe widerlegen, weil „etwaige Zweifel zu (seinen, des Klägers) Lasten gehen“[85], so bedeutet dieses „im Zweifel gegen den Kläger“ zugleich „im Zweifel für den Beklagten“.

Somit kann auch die Rechtsprechung zur Zulässigkeit des Anscheinsbeweises bei grober Fahrlässigkeit einer Schadensverursachung als eine weitere[85] Bestätigung der These betrachtet werden, daß die Haftung des AN der Strafe ähnlicher ist als dem Schadensersatz.

[85] Vgl. oben § 3 III 3 f. (Zweck der Arbeitnehmerhaftung und subjektiver Verschuldensbegriff); § 4 (Vorsatz muß Schaden umfassen); § 7 (Entschuldigungsgründe); § 9 (flexible Bemessung der Sanktion); § 11 I 2 a) (Sachverhaltsaufklärung von Amts wegen).

Literaturverzeichnis

Achterberg: Der Rechtsgrund der Haftungsbeschränkung und der Ersatzansprüche des AN bei schadensgeneigter Arbeit, AcP 164, 14

— Die Haftung bei schadensgeneigter Arbeit im öffentlichen Dienstrecht, DVBl 1964, 605 und 655

Andresen: Rechtsfragen zur schadensgeneigten Arbeit für die betriebliche Praxis, DB 1962, 489

Arnold: Angewandte Psychologie, 1970

Baum: Arbeitnehmerhaftung und Betriebsrisiko, AuR 1966, 355

Baumert: Die Haftung des Arbeitnehmers gegenüber Dritten, Festschrift Wengler, Band 2, 1973, 139

Becker-Schaffner: Anm. zu LAG Frankfurt, 4. 8. 1964 = NJW 1965, 1981

— Der Begriff der gefahrengeneigten Arbeit, BB 1967, 504

— Gelten die Haftungsbeschränkungen der gefahrengeneigten Arbeit auch im Dienstverhältnis der selbständig Tätigen? NJW 1969, 1235

— Wann ist eine Tätigkeit gefahrengeneigt? VersR 1971, 21

Blomeyer, Arwed: Allgemeines Schuldrecht, 4. Aufl. 1969

Bobrowski/Gaul: Das Arbeitsrecht im Betrieb, 6. Aufl. 1970

Boller: Der Begriff der groben Fahrlässigkeit gemäß § 640 RVO unter Erörterung der bisher vorliegenden Rechtsprechung, VersR 1967, 108

Böhmer: Benachteiligung unfallverletzter AN? MDR 1959, 531

Boergen: Der personale Geltungsbereich der arbeitsrechtlichen Haftungsgrenze, MDR 1971, 178

Bokelmann: Die Haftung des Arbeitnehmers — Schadensausgleich oder notwendige Erziehungsmaßnahme? — ZRP 1972, 283

— Grobe Fahrlässigkeit, 1973

Bringezu: Begrenzung der Arbeitnehmerhaftung in der Bundesrepublik Deutschland, in England und Frankreich, 1974

Brodmann: Über die Haftung bei Fahrlässigkeit, AcP 99, 327

Brox: Anm. zu BAG 30. 8. 1966 = SAE 1967, 144

Buchner: Die Beurteilung des Verschuldens nach bürgerlichem Recht, NJW 1967, 2381

— Anm. zu BAG 3. 8. 1971 = AP Nr. 66 zu § 611 BGB Haftung des AN

— Berufshaftpflichtversicherung oder gesetzliche Beschränkung der Arbeitnehmerhaftung? — Zu den Möglichkeiten einer versicherungsmäßigen Lösung und zum Entwurf des 2. Arbeitsrechtsbereinigungsgesetzes, RdA 1972, 153

Bulla: Schadensausgleich im Arbeitsverhältnis, DAR 1942, 19, 34

von Caemmerer: Wandlungen des Deliktrechts, Festschrift Deutscher Juristentag 1960, Band 2, 74

Canaris: Risikohaftung bei Tätigkeit in fremdem Interesse, RdA 1966, 41

Clauss: Haftungsbeschränkung zwischen Gemeinschaftsangehörigen im Arbeits-, Dienst- und Familienrecht, NJW 1959, 1409

Dahns: Gefahrbehaftete Arbeit, DB 1956, 869

Däubler: Anm. zu BAG 3. 2. 1970 = SAE 1970, 222

Denecke: Die Frage der Beschränkung der Haftung des AN, RdA 1952, 209

Dersch: Anm. zu LAG Bremen, 22. 6. 1949 = RdA 1951, 78

— Anm. zu LAG Düsseldorf (Köln) 6. 12. 1950 = AP 1951, II, 389

— Anm. zu LAG Bremen 23. 1. 1952 = AP 1953, 196

— Arbeitnehmerhaftung bei gefahrgeneigter Arbeit, BB 1956, 501

Deutsch: Fahrlässigkeit und erforderliche Sorgfalt, 1963

— Privilegierte Haftung und Schadensfolge, NJW 1966, 705

— Entwicklungstendenzen des Schadensrechts in Rechtsprechung und Wissenschaft, JuS 1967, 152

— Die Zwecke des Haftungsrechts, JZ 1971, 244

— Finalität, Sozialadäquanz und Schuldtheorie als zivilrechtliche Strukturbegriffe, Festschrift Welzel, 1974, 227

— Haftungsrecht, Band 1: Allgemeine Lehren, 1976

Diederichsen: Fortschritt im dogmatischen Verständnis des Anscheinsbeweises, ZZP 81 (1968), 63

Enneccerus/Lehmann: Recht der Schuldverhältnisse, 15. Bearb. 1958

Enneccerus/Nipperdey: Allgemeiner Teil des Bürgerlichen Rechts, 1. Halbband, 15. Aufl. 1959, 2. Halbband, 15. Aufl. 1960

Ekelöf: Beweiswürdigung, Beweislast und Beweis des ersten Anscheins, ZZP 75 (1962), 289

Erman: Handkommentar zum Bürgerlichen Gesetzbuch, Band I, 6. Aufl. 1975

Esser: Schuldrecht, Band I, Allgemeiner Teil, 4. Aufl. 1970

Esser/Schmidt: Schuldrecht, Allgemeiner Teil, Band I, Teilband 1, 5. Aufl. 1975

Fikentscher: Schuldrecht, 5. Aufl. 1975

Fischbach: Bundesbeamtengesetz, 1. Halbband, 3. Aufl. 1964

Frey: Die Beschränkung der Schadensersatzpflicht des Arbeitnehmers, AuR 1953, 7

— Die unzureichende Arbeitsleistung (Schlechterfülung) als Gegenstand der Schadensersatzpflicht des AN, BB 1960, 411

Galperin: Haftung des AN bei positiver Vertragsverletzung, Blattei III

Gamillscheg: Empfiehlt es sich, die Haftung des AN gegenüber dem AG abweichend vom Schuldrecht des BGB zu regeln? Verhandlungen des 45. DJT 1964, Band 2, G 7

— Entgegnung, AcP 165, 384

— Zum Vorsatz bei der Haftung des AN, RdA 1967, 375

— Zur Haftung des AN gegenüber Dritten, VersR 1967, 513

Gamillscheg: Die Haftung des AN gegenüber Dritten, Festschrift M. Rheinstein, Band 2, 1969, 1043

Gamillscheg/Hanau: Die Haftung des Arbeitsnehmers, 1965; 2. Aufl. 1974

Gaul: Zur Haftung des AN bei schadensgeneigter Arbeit, DB 1958, 1011

— Die Haftung des AN und des AG in Fällen schadensgeneigter Arbeit, DB 1962, 202

— Zur Haftung im Arbeitsverhältnis, NJW 1966, 329

Geigel: Der Haftpflichtprozeß, 16. Aufl. 1976

van Gelder: Die Rechtsprechung des BAG im Jahre 1970, JurA 1971, 221

Gerhardt: Der Befreiungsanspruch, 1966

Graf: Arbeitsphysiologie, 1960

Grandjean: Die zentrale Ermüdung, in Handbuch der gesamten Arbeitsmedizin, herausgegeben von G. Lehmann, Band 1, Arbeitsphysiologie, 1961, 442

Grunsky: Grundlagen des Verfahrensrechts, 2. Aufl. 1974

Gumpert: Wann muß der AG den AN von Schadensersatzpflichten gegenüber Dritten freistellen? BB 1958, 480

— Gefahrgeneigte Arbeit in der Rechtsprechung, BB 1958, 740

— Was ist gefahrgneigte Arbeit? BB 1961, 372

Güntner: Wesen und Probleme der Schichtarbeit, AuR 1958, 129

— Auswirkungen der Nachtschichtarbeit, BB 1960, 1209

Hanau: Hinkende Gesamtschulden, VersR 1967, 516

— Aktuelle Probleme des Schadensausgleichs im Arbeitsunfallrecht, ZfA 1970, 431

— Anm. zu BAG 10. 6. 1969 = SAE 1970, 80

— Anm. zu BAG 3. 2. 1970 = BAG AP Nr. 53 zu § 611 BGB Haftung des AN

— Anm. zu BAG 28. 4. 1970 = SAE 1970, 253

— Anm. zu BAG 13. 5. 1970 = AP Nr. 56 zu § 611 BGB Haftung des AN

— Die Versicherung des beruflichen Haftungsrisikos der AN, BB 1972, 4

Hanau/Adomeit: Arbeitsrecht, 4. Aufl. 1976

Hattenhauer: Die Kritik des Zivilurteils, 1970

Helm: Der arbeitsrechtliche Freistellungsanspruch bei schadensgeneigter Arbeit und seine Auswirkungen auf die beschränkte Unternehmerhaftung, insbesondere im Verkehrsrecht, AcP 160, 134

Henke: Die Tatfrage, 1966

Herschel: Unternehmerwagnis im Arbeits- und Wirtschaftsrecht, Jh Jb 90, 145

von Hippel, Eicke: Reform der Haftung des AN? ZRP 1971, 217

Hohlfeld: Arbeitnehmerhaftung und Wirtschaftsordnung, 1968

Hueck, Alfred: Anm. zu RAG 8. 11. 1939 = ARS 37, 269

— Anm. zu RAG 14. 1. 1941 = ARS 41, 259

— Anm. zu LAG Stuttgart 17. 9. 1954 = AP Nr. 2 zu § 611 BGB Haftung des AN

— Anm. zu BAG 19. 3 1959 = AP Nr. 8 zu § 611 BGB Haftung des AN

Hueck, Alfred: Anm. zu BAG 29. 9. 1961 = AP Nr. 26 zu § 611 BGB Haftung des AN

Hueck, Götz: Anm. zu BGH 1. 4. 1958 = AP Nr. 19 zu § 898, 899 RVO

— Anm. zu BAG 3. 3. 1960 = AP Nr. 22 zu § 611 BGB Haftung des AN

— Anm. zu BAG 6. 7. 1964 = AP Nr. 34 zu § 611 BGB Haftung des AN

— Anm. zu BAG 18. 1. 1966 = AP Nr. 37 zu § 611 BGB Haftung des AN

Hueck/Nipperdey: Lehrbuch des Arbeitsrechts, Band 1, 7. Aufl. 1963

HUK-Unfallbericht: Ursachen und Begleitumstände der Verkehrsunfälle mit schwerem Personenschaden in der Bundesrepublik Deutschland, herausgegeben vom Verband der Haftpflicht-, Unfall- und Kraftverkehrsversicherer e. V., Bände A—L, 1971—72

Hübner, Jürgen: Schadenszurechnung nach Risikosphären, 1974

Isele: Empfiehlt es sich, die Haftung des AN gegenüber dem AG abweichend vom Schuldrecht des BGB zu regeln? NJW 1964, 1441

— Besprechung von Gamillscheg/Hanau, Die Haftung des AN, 1965, AcP 165, 378

— Anm. zu BAG 5. 3. 1968 = SAE 1968, 191

Jesch: Unbestimmter Rechtsbegriff und Ermessen in rechtstheoretischer und verfassungsrechtlicher Sicht, AöR 82, 163

Jescheck: Lehrbuch des Strafrechts, Allgemeiner Teil, 2. Aufl. 1972

Kaskel/Dersch: Arbeitsrecht, 5. Aufl. 1957

Klein: Rechtsfortbildung und Billigkeitsrechtsprechung, JZ 1958, 585

— Schadenshaftung im Arbeitsverhältnis, 1964

Kleinknecht: Strafprozeßordnung, 32. Aufl. 1975

Köbler: Mittlere Fahrlässigkeit und dogmatische Einordnung der Arbeitnehmerhaftung, AcP 1969, 404

Küchenhoff, Günther: Schadenshaftung im Arbeitsverhältnis, AuR 1969, 1

— Modernisierung des Schuldbegriffs aus arbeitsrechtlichen Einsichten, AuR 1969, 193

Larenz: Anm. zu BAG 19. 3. 1959 = SAE 1959, 189

— Anm. zu BAG 12. 5. 1960 = AP Nr. 16 zu § 611 BGB Haftung des AN

— Methodenlehre der Rechtswissenschaft, 3. Aufl. 1975

— Schuldrecht, Band I, Allgemeiner Teil, 11. Aufl. 1976; Band II, Besonderer Teil, 10. Aufl. 1972

Lehmann, Gunther: Das physische Leistungsvermögen des Menschen, Handbuch der gesamten Arbeitsmedizin, Band 1, Arbeitsphysiologie, 1963, 320

Leipziger Kommentar: Strafgesetzbuch, Band 1, 9. Aufl. 1974

Leonhard: Fahrlässigkeit und Unfähigkeit, Festschrift für Enneccerus, 1913, Abschnitt II

Loebell: Haftung des AN bei Kraftfahrzeugunfällen, DB 1964, Beilage 8

Lohe: Der Rechtsbegriff der groben Fahrlässigkeit, VersR 1968, 323

Lorenz, Egon: Anm. zu BAG 7. 7. 1970 = SAE 1971, 202

Löwe/Rosenberg: Die Strafprozeßordnung und das Gerichtsverfassungsgesetz, Band 2, 22. Aufl. 1973

Louven: Prima-facie-Beweis im Strafprozeß? MDR 1970, 295

Maurach: Deutsches Strafrecht, Allgemeiner Teil, 4. Aufl. 1971

Mayer-Maly: Probleme der Kodifikation des Arbeitsrechts in Österreich, JZ 1961, 553

— Die Wiederkehr der culpa levissima, AcP 163, 114

— Anm. zu BAG 29. 6. 1964 = AP Nr. 33 zu § 611 BGB Haftung des AN und SAE 1965, 35

— Besprechung von Gamillscheg/Hanau, Die Haftung des AN, 1965, RdA 1967, 112

— Besprechung von Hohlfeld, Arbeitnehmerhaftung und Wirtschaftsordnung, 1968, RdA 1974, 120

Medicus: Haftungsbefreiung und Gesamtschuldnerausgleich, JZ 1967, 398

— Anm. zu BAG 7. 7. 1970 = AP Nr. 58, 59 zu § 611 BGB Haftung des AN

— Anm. zu BAG 18. 12. 1970 = AP Nr. 63 zu § 611 BGB Haftung des AN

— Bürgerliches Recht, 7. Aufl. 1975

Menzel: Zur Physiologie und Pathologie des Nacht- und Schichtarbeiters, Arbeitsphysiologie 14 (1950), 304

Mertens: Der Begriff des Vermögensschadens im bürgerlichen Recht, 1967

Monjau: Haftung leitender Angestellter, insbesondere bei Fehlentscheidungen, DB 1969, 84

Münzberg: Verhalten und Erfolg als Grundlagen der Rechtswidrigkeit und Haftung, 1966

Mühlhaus: Die Fahrlässigkeit in Rechtsprechung und Rechtslehre, 1967

Neumann-Duesberg: Das Haftungsbeschränkungsprinzip bei schadensgeneigter Tätigkeit außerhalb des Arbeitsverhältnisses, JZ 1964, 433

Niese: Finalität, Vorsatz und Fahrlässigkeit, 1951

— Die moderne Strafrechtsdogmatik und das Zivilrecht, JZ 1956, 457

Nikisch: Anm. zu LAG Hamburg 26. 4. 1947 = RdA 1948, 106

— Arbeitsrecht, Band 1, 3. Aufl. 1961

Nipperdey: Rechtswidrigkeit, Sozialadäquanz, Fahrlässigkeit, Schuld im Zivilrecht, NJW 1957, 1777

— Tatbestandsaufbau und Systematik der deliktischen Grundtatbestände, NJW 1967, 1985

Oehmann: Die Haftung für typischen Arbeitnehmerschaden, DB 1964, 1555

Ohr: Haftungsbeschränkung für AN, NJW 1960, 1596

Palandt: Bürgerliches Gesetzbuch, 35. Aufl. 1976

Plog/Wiedow/Beck: Kommentar zum Bundesbeamtengesetz, Stand 1975

Prölss, Erich: Anm. zu BAG 19. 5. 1961 = AP Nr. 25 zu § 611 BGB Haftung des AN

Prölss, Jürgen: Beweiserleichterungen im Schadensersatzprozeß, 1966

— Haftungsausschluß und Schadensausgleich, JuS 1966, 400

Raape: Die Beweislast bei positiver Vertragsverletzung, AcP 147, 217

Rehbinder, Eckard: Pyrrhus-Sieg in der Produzentenhaftung? JuS 1969, 208

Reuss/Siebert: Die konkrete Ordnung des Betriebs, 3. Aufl. 1942

Rewolle: Die Haftung des AN bei gefahrengeneigter Arbeit, DB 1961, 1066

Richardi: Anm. zu BAG 9. 11. 1967 = SAE 1968, 194

— Fälle und Lösungen zum Arbeitsrecht, 3. Aufl. 1976

Rohling: Zur Versicherung „schadensgeneigter" Arbeit, AG 1971, 613

Ronke: Die Rechtsprechung des Bundesgerichtshofes zur gefahrengeneigten Arbeit, Festschrift Günther Küchenhoff, Band 1, 1972, 351

Röhl: Zur Abgrenzung der groben von der einfachen Fahrlässigkeit, JZ 1974, 521

Rosenberg: Die Beweislast, 5. Aufl. 1965

Rosenberg/Schwab: Zivilprozeßrecht, 11. Aufl. 1974

Rother: Die Haftungsbeschränkung im Schadensrecht, 1965

Ruppert: Die Haftung des AN bei schadensgeneigter Arbeit, 2. Aufl. 1961

Rudolphi: Vorhersehbarkeit und Schutzzweck der Norm in der strafrechtlichen Fahrlässigkeitslehre, JuS 1969, 549

Sanden: Der prima-facie-Beweis in der Verkehrsrechtsprechung des BGH und seine Ausstrahlung auf die Haftpflichtschäden, VersR 1966, 201

— Zum Rechtsbegriff der groben Fahrlässigkeit, VersR 1967, 1013

Siber: Schuldrecht, 1931

Sieg: Anm. zu BAG 30. 8. 1966 = AP Nr. 5 zu § 282 BGB

— Anm. zu BAG 13. 3. 1968 = AP Nr. 42 zu § 611 BGB Haftung des AN

Söllner: Einseitige Leistungsbestimmung im Arbeitsverhältnis, 1966

— Anm. zu BAG 26. 11. 1969 = AP 50 zu § 611 BGB Haftung des AN

Soergel: Bürgerliches Gesetzbuch, Band 2, 10. Aufl. 1967

Scheuerle: Der arbeitsrechtliche Fahrlässigkeitsbegriff und das Problem des innerbetrieblichen Schadensausgleichs, RdA 1958, 247

Schmidt, Hans-Dieter: Fahrlässigkeit und Entscheidung in Schmidt/Kasielke, Psychologie und Rechtspraxis, 1967, 140

Schmidt, Reimer: Praktisch wichtige Auswirkungen der neuen Schuldtheorie im Zivilrecht, NJW 1958, 488

Schmidtke: Ergonomie 1, Grundlagen menschlicher Arbeit, 1973

Schneider, Egon: Der Anscheinsbewies grober Fahrlässigkeit, MDR 1971, 535

Schnorr von Carolsfeld: Arbeitsrecht, 2. Aufl. 1954

— Anm. zu BAG 18. 12. 1970 = AP Nr. 62 zu § 611 BGB Haftung des AN

Schöneich: Besprechung von Bringezu, Begrenzung der Arbeitnehmerhaftung in der Bundesrepublik Deutschland, in England und Frankreich, 1974, AcP 175, 270

Schubert: Management für alle Führungskräfte in Wirtschaft und Verwaltung, 1972

Schütz: Der Begriff der groben Fahrlässigkeit und seine Anwendung auf §§ 61 VVG, 640 RVO, VersR 1967, 733

Staudinger: Kommentar zum Bürgerlichen Gesetzbuch, 2. Band, Teil 1 c, 10./11. Aufl. 1967

Stehl: Die Beweislast bei positiver Vertragsverletzung im Arbeitsverhältnis, AuR 1970, 257

Steindorff: Fahrlässigkeit der Arbeitnehmer, JZ 1959, 1
— Bemerkungen zur Haftung des AN für die von ihm verursachten Schäden, AuR 1966, 65
— Anm. zu BAG 18. 6. 1970 = AP Nr. 57 zu § 611 BGB Haftung des AN

Stoll, Hans: Unrechtstypen bei Verletzung absoluter Rechte, AcP 162, 203
— Die Beweislastverteilung bei positiven Vertragsverletzungen, Festschrift F v. Hippel, 1967, 517

Trinkner: Anm. zu BAG 25. 2. 1967 = BB 1967, 672
— Anm. zu LAG Baden-Württemberg/Stuttgart 29. 2. 1968 = BB 1968, 505

von Tuhr: Der Allgemeine Teil des deutschen Bürgerlichen Rechts, Band 3, 1918

Venzmer: Mitverursachung und Mitverschulden im Schadensersatzrecht, 1960

Volkmar: Anm. zu RAG 12. 6. 1937 = ARS 30. 10.
— Anm. zu RAG 23. 11. 1938 = ARS 34, 361

Vollmar: Die Kollegenhaftung bei Arbeitsunfällen und der Forderungsübergang gem. § 1542 RVO, VersR 1963, 700

Weingart: Grobe Fahrlässigkeit, VersR 1968, 427

Weitnauer: Anm. zu BAG 11. 1. 1966 = AP Nr. 36 zu § 611 BGB Haftung des AN
— Anm. zu BAG 9. 11. 1976 = AP Nr. 1 zu § 67 VVG

Welzel: Fahrlässigkeit und Verkehrsdelikte, 1961
— Die deutsche strafrechtliche Dogmatik der letzten 100 Jahre und die finale Handlungslehre, JuS 1966, 421
— Ein unausrottbares Mißverständnis? Zur Interpretation der finalen Handlungslehre, NJW 1968, 425
— Das deutsche Strafrecht, 11. Aufl. 1969

Weyer: Verstoß gegen Unfallverhütungsvorschriften und Rückgriff gem. § 640 RVO, VersR 1971, 93

Weyers: Unfallschäden, 1971

Wieacker: Rechtswidrigkeit und Fahrlässigkeit im Bürgerlichen Recht, JZ 1957, 535

Wiethölter: Der Rechtfertigungsgrund des verkehrsrichtigen Verhaltens, 1960

Wussow: Anm. zu BAG 24. 1. 1974 = AP Nr. 74 zu § 611 BGB Haftung des AN

FSC
www.fsc.org
MIX
Papier | Fördert gute Waldnutzung
FSC® C083411

Kolibri 360 GmbH
Ferdinand-Jühlke-Straße 7
99095 Erfurt, Deutschland
produktsicherheit@kolibri360.de

Druck:
CPI Druckdienstleistungen GmbH
im Auftrag der
Kolibri 360 GmbH
Ferdinand-Jühlke-Str. 7
99095 Erfurt